重庆铁路发展历史与愿景

马述林　孙力达　张海荣　编著

重庆大学出版社

内容提要

本书整理了新中国成立70周年来重庆铁路发展的历史资料，全景式反映了重庆铁路发展的壮阔画卷，并从独特角度描绘了铁路建设者的业绩与风采；同时，从重庆城市定位和2030年发展目标出发，研究了未来时期重庆铁路发展战略，提出了铁路大通道、城际与市郊铁路、铁路枢纽建设的轮廓设想。本书资料丰富，数据翔实，图文并茂。将历史梳理与未来发展并行研究，是本书的特点，也是创新。

图书在版编目（CIP）数据

重庆铁路发展：历史与愿景 / 马述林，孙力达，张海荣编著. -- 重庆：重庆大学出版社，2020.12

ISBN 978-7-5689-2488-7

Ⅰ.①重… Ⅱ.①马… ②孙… ③张… Ⅲ.①地方铁路—铁路运输发展—研究—重庆 Ⅳ.①F532.871.9

中国版本图书馆CIP数据核字（2020）第231378号

重庆铁路发展：历史与愿景

马述林　孙力达　张海荣　编　著

责任编辑：肖乾泉　　版式设计：叶抒扬

责任校对：万清菊　　责任印制：赵　晟

*

重庆大学出版社出版发行

出版人：饶帮华

社址：重庆市沙坪坝区大学城西路21号

邮编：401331

电话：（023）88617190　88617185（中小学）

传真：（023）88617186　88617166

网址：http://www.cqup.com.cn

邮箱：fxk@cqup.com.cn（营销中心）

全国新华书店经销

重庆新金雅迪艺术印刷有限公司印刷

*

开本：889mm×1194mm　1/16　印张：14.75　字数：344千

2020年12月第1版　　2020年12月第1次印刷

ISBN 978-7-5689-2488-7　　定价：168.00元

审图号：GS（2020）7118号

序

XU

为国史增添新篇章

——《重庆铁路发展：历史与愿景》

周 勇

沭林同志的《重庆铁路发展：历史与愿景》即将出版，嘱我作序。这可是我们重庆史研究的新成果、大成果啊！

重庆曾诞生了新中国第一条铁路，70 年来重庆更是创造了铁路建设的新业绩，更是新中国铁路建设历史的重要组成部分。这部著作完整了这段历史，为国史增添了新篇章。

这部书完成于新中国 70 华诞之日，出版于中国共产党百年诞辰之时，因此便成为重庆学人向中华民族伟大复兴第一个百年交出的新答卷。

一

铁路，是人类近代工业化的产物，始于 1825 年英国修建的第一条蒸汽机车牵引的铁路。从那以后，铁路便成为社会进步和现代化的标志。中国的铁路始于 1876 年，是英国人修筑的吴淞铁路。对于近代中国来说，用自己的力量、技术修建铁路，更是实现国家富强的梦想，人民为之向往的目标。

重庆僻处西南，身处内陆，交通不便。晚清时期，修建铁路既是西方列强的觊觎，更是四川人民的向往，要求自办川汉铁路，以抵制侵略。但是这一愿望在旧中国无法实现。

1903 年，清外务部便提出："川省特产充盈，必达汉口，销路始畅。惟其间山峡崎岖，滩流冲突，水陆转运，皆有节节阻滞之虞，非修铁路以利转输，恐商务难期畅旺。现在重庆业已通商，万县亦将开埠。外人经营商务，每以川江运道不便为言，必将设法开通，舍轮舶以就火车之利”。[①]拟议中的川汉铁路东起汉口，西经重庆而达成都，全长 1 980 km。于是，1904 年（清光绪三十年）在成都便成立了官办“川汉铁路公司”。到 1907 年（清光绪三十三年），川汉铁路改为商办，川汉铁路便与全川人民有了直接的经济联系。修路经费主要来自强制性“抽租之股”，而重庆是四川全省征收租股最多的地方。1911 年，清政府突然宣布“铁路国有”政策，不仅收去了人民的股款，而且出卖路权，转向西方列强四国银行团借贷，由此引发了声势浩大的四川“保路运动”。清政府急调湖北清军入川镇压，造成武昌空虚，革命党人趁势发动武昌起义，重庆革命党人也于 11 月 22 日举行武装起义。在武昌起义后的短短两个月内，湖南、广东等十五个省纷纷宣布脱离清政府。1912 年 1 月 1 日，中华民国临时政府在南京成立，孙中山被推举为临时大总统。1912 年 2 月 12 日，清帝溥仪退位，清朝灭亡，两千多年封建帝制结束。因此，川汉铁路和四川“保路运动”诱发了这场推翻封建帝制的革命。

中华民国建立以后，孙中山出任全国铁路督办，提出了在全国修 20 万 km 铁路的宏大计划，重庆和其他各地一样也热闹过一阵。1914 年，政府拟修钦渝铁路，计划从广东经广西、四川，直达重庆。但是， 在当时地方军阀统治下，此举很快便销声匿迹。1935 年初，国民党中央势力进入四川。为了围剿红军，统一川政，以重庆为中心，建立战略后方，国民党政府加快了交通建设，提出了三年建成成渝、宝成、川湘、成会、川滇、川康为干线的四川铁道网计划，以及湖南到四川的长渝铁路、川黔铁路等计划，也做了一些技术准备。但在旧中国，重庆没有修成一寸铁路。

直到 1949 年重庆解放，在中国共产党的领导下，1950 年 6 月，人民解放军和成渝人民动工修建成渝铁路，仅两年时间，1952 年 7 月 1 日，成渝铁路胜利通车。川渝人民 40 年的愿望终于实现了。

二

《重庆铁路发展：历史与愿景》忠实记录了在旧中国、旧重庆寸路未有、一穷二白基础上，重庆铁路从无到有，从低到高，从路到网，从大到强这一翻天覆地的历史变革。

全书有一半的篇幅还原了新中国成立 70 年来重庆铁路建设的历史，既有纵向的梳理，也有横向的描述。从纵向上，该书把重庆铁路建设史划分为 3 个时期：筚路蓝缕、奠定基础（1950—1979 年），调整巩固、稳定发展（1980—1996 年），快速发展、提档升级（1997—2019 年），按照历史的进程还原了重庆铁路建设的开拓、调整和大发展的轨迹。从横向上，作者概述了 70 年来成渝铁路、成渝高铁、川黔铁路、渝贵铁路、襄渝铁路、渝怀铁路、遂渝铁路、达万与宜万铁路、渝万城际高铁、渝利铁路、兰渝铁路、三万南与南涪铁路、黔张常铁路等 13 个建成项目的简要历史，也记录了郑万高铁、渝湘高铁渝黔段、重庆铁路枢纽东环线、

① 宓汝成编：《中国近代铁路史资料》第 3 册，第 1058 页。

渝昆高铁、渝合铁路、成渝铁路改造等6个在建项目的基本情况。这19个单元几乎就构成了重庆铁路的全景图，特别是这些重点项目的简要历史。可以说，一册在手，重庆在新中国铁路建设的历史一览无余。这是一部新中国重庆铁路建设史、发展史。

铁路史属于经济史的范畴。在既有的此类著作中，我们往往看到的是经济建设的进程，大多由数据构成，较少甚至看不到创造这些成就的人和他们的精神遗产。该书对建设重庆铁路的“人”做了专篇记录。中铁二院就是一个因新中国西南铁路建设、重庆铁路建设而诞生的集体。1949年12月31日，中共中央西南局决定兴建成渝铁路。1950年，中共中央、政务院批准了西南军政委员会关于修建成渝铁路的报告。西南军政委员会决定在重庆成立西南军政委员会交通部西南铁路工程局，下辖设计科。正是从这里开始，他们在成渝铁路建设中应运而生并崭露头角，70年来从重庆出发，走向全国，走向世界。作者历数了中铁二院，特别是中铁二院重庆公司参与建设的重庆铁路及其他重大建设工程项目，从而为重庆铁路的巨大发展增添了建设者的独特风采。像这样把经济建设成就与建设者的作业结合起来撰写专题史书的写法，实在少见，值得仿效。

该书的研究并未就此止步，而是把研究的视野向后延伸到2035年。作者从重庆城市定位与2035年发展目标出发，深入细致地梳理了国家中长期铁路网规划对重庆铁路发展的描述，进而从西北、东南和西南、华北与华东、城际与市郊、铁路枢纽5个方向、方面，对未来重庆的铁路建设作了战略性的研究，从而提出了2035年重庆铁路发展的预期目标。这对于重庆经济，特别是铁路建设的长期发展，具有重要的资政意义。

三

对新中国重庆铁路发展历史的精准还原，对铁路规划设计与铁路建设人的结合论述，对历史的梳理和未来的展望并行研究，是该书对铁路发展史书写方式的3个创新之举。我之所以称之为“创新”，是因为这是我所看到的关于当代重庆城市历史中最独一无二的著作。

是不为也，非不能也。然，马述林做到了。

述林同志毕业于西南财经学院工经系国民经济计划专业，有宏观经济学的扎实功底。从1980年起，他就进入重庆市计划委员会工作，1985年起任综合处处长，一直处在经济核心部门从事顶层设计和管理工作，1990年以后任分管长远规划和交通、能源建设工作的副主任。他更是相当一个时期重庆铁路建设的直接组织者和推动者，曾担任重庆市支援铁路领导小组办公室主任、重庆市开发投资集团公司董事长，参与了渝怀铁路、渝利铁路、南渝铁路等一系列重大项目的论证、组织和实施。可以说，他是改革开放新时期重庆铁路发展建设的参与者和见证者。这使他能以亲身的感受来描述历史，思路宏阔，游刃有余。同时他的资历和见闻，使他有条件大量采用政府部门和铁路建设管理、设计、施工等相关单位的资料，从而使全书来源可靠、数据翔实、图文并茂，得以构成这幅重庆铁路发展历史的恢宏图卷。

我是20世纪90年代认识述林同志的。那时他是官员，在经济部门工作，我在意识形态部门工作，常常因为研究重庆经济发展战略而相互交流。他当时重权在握，分管规划和能源、交通。但让我们看到更多的却是学者风范，讷言谨行，不事表现，在他身上有中国传统知识分子经世致用的“谋士”之风。

如今他退休了，多年的积淀让他华丽转身，厚积而薄发，连续出版了《重庆改革发展探索》《渝怀壮歌》《只研朱墨作春山》《重庆计划单列》《重庆发展和布局研究》《鸿爪雪泥话当年：重庆发展改革口述史料》，发表了若干论文，还运用新媒体为重庆发展鼓与呼。我以为，这些著述亦官亦学，是不能完全用“官”或“学”的标准来衡量的。这或正体现了述林同志的独特之处。

为城市存史，为国史增添新篇章。这是述林同志的追求。这部著作的出版让我对他有了更高的期待。

是为序。

目　录

MULU

绪论

重庆铁路发展70年辉煌成就综述

一、重庆铁路发展历程

铁路是国民经济的大动脉，是发展经济、巩固国防和满足人民出行需要的主要交通工具，是社会经济的先行产业。

从 1825 年英国修建了世界上第一条蒸汽机车牵引的铁路以来，铁路已有近 200 年历史。它是各种现代化运输方式中资格最老的成员。铁路运输从它开始出现时起，就显露出明显的优越性，因而在较短的时期内就得到了迅速的发展。到 19 世纪末，全世界铁路总长已达 65 万 km，第一次世界大战前夕增加到 110 万 km，20 世纪 20 年代增加到 127 万 km。其后，由于飞机和汽车的发明与发展，铁路运输的发展逐渐缓慢，后趋于稳定。目前，世界铁路总长度约 120 万 km。

从铁路在中国出现到今天，已有 140 多年，大体分为两个 70 年。从英国修筑吴淞铁路的 1876 年到 1949 年的 70 多年，经历了清末、北洋军阀时期和国民党统治时期。帝国主义与国内统治者勾结，通过铁路攫取经济利益，并借以实现政治经济控制。这一时期的中国是半殖民地半封建社会，铁路发展十分缓慢，到 1949 年全国解放时中国大陆铁路总里程只有 2.1 万 km，平均每百平方千米国土面积上只有铁路 0.206 km。铁路分布也极不合理，占全国面积 60% 的西南、西北地区拥有的铁路里程仅占全国铁路的 5.5%，整个川渝地区没有一条干线铁路。铁路线路和技术装备的标准低、质量差，各路各自为政，没有统一调度，因而运输事故多、运输效率低。

从 1949 年至 2019 年的 70 年，在中国共产党的领导下，中国铁路实现了突飞猛进、天翻地覆的变化。新建铁路里程十余万千米，既有铁路也得到根本性改造。到 2018 年年底，全国铁路通车里程达到 13 万 km，每百平方千米国土面积拥有铁路 1.3 km。中国铁路通车里程占全球铁路的 1/9，居世界第二位。铁路布局趋于合理，形成全国性铁路网，所有省、自治区、直辖市均已通行铁路。高速铁路通车里程达到 2.3 万 km，居世界第一位，而且超过了世界其他各国的总和。中国铁路货运安全准点与运输效率世界领先，电气化率、复线率居世界前列。技术装备水平也登上了世界高峰，中国的高铁成套设备技术成为“中国制造”的亮丽名片。

重庆铁路发展的历程，是中国铁路发展的缩影，但是具有自己的特点。在旧中国沿海出现铁路几十年以后，地处内陆的重庆仍然没有一条干线铁路。新中国成立以后，重庆铁路建设发展揭开了历史新篇章。70年历程，大体可以分为3个时期：1950—1979年、1980—1996年、1997—2019年。

1950—1979年，是筚路蓝缕、奠定基础的时期。30年里，国家在重庆修建了成渝、川黔、襄渝3条铁路。成渝铁路修建于新中国成立初国民经济恢复时期，是新中国兴建的第一条干线铁路。当时百废待兴，依靠3万名解放军干部战士和10万名民工艰苦奋战，短短3年实现了全线开通，四川人民40年的愿望终于变成了现实。川黔铁路修建经历了上马下马多次周折，终于在“三线建设”发端的1965年通车，为川渝地区开辟出了一条接通全国路网、通往东南沿海的钢铁大道。“三线建设”时期，20多万铁道兵战士和50多万民工沐风栉雨、战天斗地，经过10年奋战，在崇山峻岭中开辟出了川渝地区北向大通道，极大地缩短了重庆与首都北京以及华中华东的距离。前30年，整个国家物质、技术基础薄弱，技术装备落后，筑路大军英勇奋斗，流汗流血，在难于上青天的蜀道创造出了人间奇迹。铁路沿线地区的人民支援铁路建设，积极投工投劳、征地拆迁，显示出极大的奉献精神。成渝铁路造价每千米仅37.6万元，川黔铁路每千米造价仅128万元，襄渝铁路造价每千米仅403万元。这里面凝聚老一辈的奉献和劳动积累。

1980—1996年，重庆铁路运输经历了一段调整巩固、稳定发展的时期。这一时期初期国民经济调整压缩基本建设，中后期实行沿海发展战略，能源成为国家投资重点，铁路投资比重有所下降，全国范围内铁路新开项目较少。地处内陆的重庆没有新建一条铁路，仅对既有成渝、川黔、襄渝3条干线进行了电气化改造。3条铁路电气化改造均是国家重点建设工程。工程竣工以后，客货运输速度和输送能力均有大幅度提高。例如，成渝铁路年输送能力由改造前650万t提高到1 300万t；川黔铁路小南海至赶水段由900万t提高到2 050万t，赶水至贵阳段由400万t提高到1 279万t；襄渝铁路改造后，成为双线电气化大能力通道，货物输送能力成倍增长，客车运行速度超过100 km/h，成为当时西南地区运行速度最快的线路。

1997—2019年，重庆铁路进入了快速发展、提档升级的时期。1997年重庆成为直辖市，经济社会发展加速。为支持三峡库区移民工作，1997年直辖市成立当年，即开工了通往三峡库区的达万铁路。2000年，中国西部大开发拉开序幕，渝怀铁路作为西部大开发十大项目之一实现开工。其后，陆续开工遂渝铁路、兰渝铁路、渝利铁路、成渝高速铁路、渝万城际铁路、渝贵铁路、黔张常铁路、渝怀铁路二线等新的干线，这些项目均已竣工并交付运营。正在建设中的铁路干线有郑万高铁、渝湘高铁渝黔（重庆至黔江）段，陆续开工的新线还有渝昆（重庆至昆明）高铁、渝万（重庆经忠县至万州）高铁、渝西（重庆至西安）高铁等项目。这些铁路干线，仅有达万铁路为单线（已实现电气化改造），渝怀铁路正在建设复线，其余线路均为双线电气化快速铁路或高速铁路，成渝高速铁路、渝万城际设计时速目标值均在250 km以上，线路标准和装备技术水平上了新的台阶。

二、重庆铁路发展现状

到2019年底，重庆市境内共建成13条铁路，其中，时速250 km以上高速铁路2条，时速200 km快速铁路5条；国家Ⅰ级干线11条，Ⅱ级线路2条；双线9条，单线4条；电气化率达到100%。重庆市境内铁路通车里程为2 394 km，其中高速铁路（速度250 km / h及以上）营业里程为381 km。全市每百平方千米国土面积上有铁路2.88 km，有高铁0.46 km。全国平均水平为1.36 km和0.24 km。重庆铁路和高铁分布密度均高于全国平均水平，在西部各省区中居第一。目前，重庆市在建铁路里程1 078 km，其中高铁447 km。

表Ⅰ　重庆铁路线路概况

铁路线路			铁路等级	正线数目	性质	设计行车速度
状态	名称	区段				
既有	成渝高速铁路	重庆—成都	客运专线	双线	客专	350 km / h
	渝万城际	重庆—万州	客运专线	双线	客专	250 km / h
	成渝铁路	重庆—内江	Ⅱ线	单线	客货混	80 km / h
	遂渝铁路	重庆—遂宁	Ⅰ线	双线	客货混	200 km / h
	兰渝铁路	重庆—广元	Ⅰ线	双线	客货混	200 km / h
		广元—兰州	Ⅰ线	双线	客货混	160 km / h
	襄渝铁路	重庆—襄阳	Ⅰ线	双线	客货混	160 km / h
	渝怀铁路	重庆—涪陵	Ⅰ线	双线	客货混	120 km / h
		涪陵—怀化	Ⅰ线	单线	客货混	120 km / h
	渝利铁路	重庆—利川	Ⅰ线	双线	客货混	200 km / h
	川黔铁路	重庆—贵阳	Ⅰ线	单线	客货混	80 km / h
	渝贵铁路	重庆—贵阳	Ⅰ线	双线	客货混	200 km / h
	三万南涪铁路	三江—万盛—南川—涪陵	Ⅱ线	双线	客货混	120 km / h
	达万宜铁路	达州—万州	Ⅰ线	单线	客货混	80 km / h
		万州—利川	Ⅰ线	单线	客货混	120 km / h
	黔张常铁路	黔江—常德	Ⅰ线	双线	客货混	200 km / h
在建	郑万高铁	郑州—万洲	高速铁路	双线	客专	350 km / h
	渝湘高铁	重庆—黔江	高速铁路	双线	客专	350 km / h
	渝怀铁路二线	涪陵—怀化	Ⅰ线	—	客货混	120 km / h
	重庆铁路枢纽东环线	磨心坡—珞璜南	Ⅰ线	双线	客货混	160 km / h
	渝合铁路	磨心坡—渭沱	—	双线	客货混	160 km / h
	渝昆高速铁路	重庆—昆明	高速铁路	双线	客专	350 km / h
	成渝铁路改造	重庆—江津	Ⅰ线	双线	客专	160 km / h

目前，既有的10条铁路干线（成渝铁路、遂渝铁路、成渝高速铁路、兰渝铁路、襄渝铁路、渝万城际铁路、渝利铁路、渝怀铁路、川黔铁路、渝贵铁路）组成了重庆通往市外的七大通

道，加上在建的渝湘高铁、郑万高铁、渝昆（重庆—昆明）高铁、西渝（西安—重庆）高铁，将形成重庆连接成都、兰州、西安、郑州、武汉、长沙、贵阳、昆明的八大区域性交通通道。

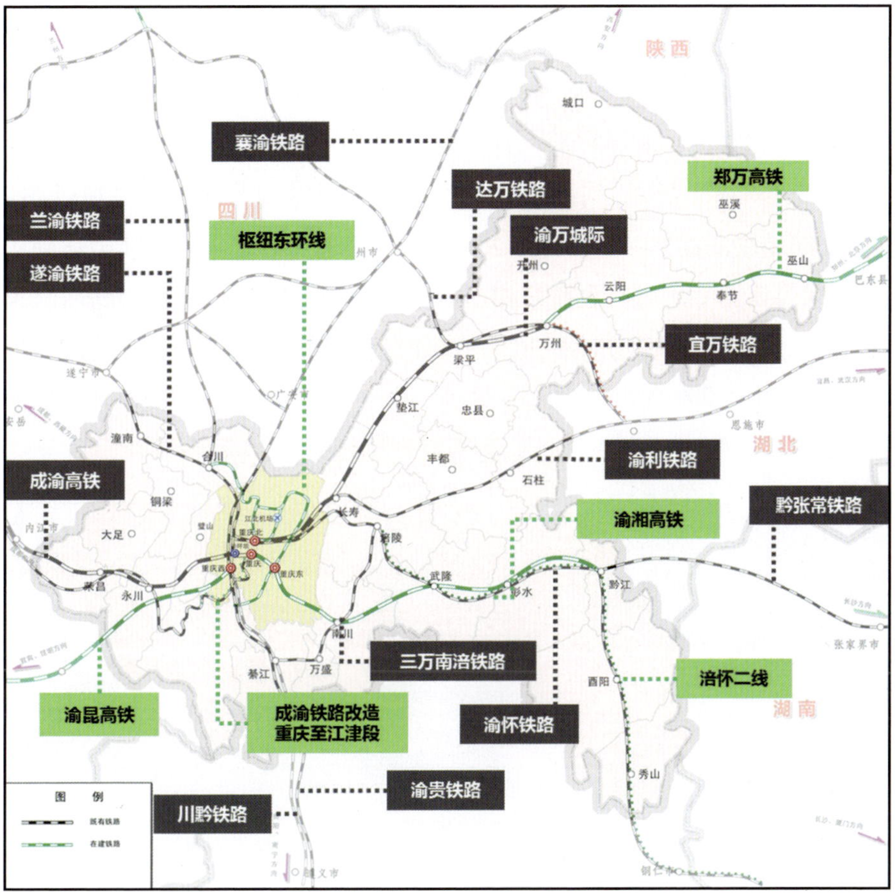

图 I　重庆铁路现状示意图

在 20 世纪 80 年代初，重庆铁路枢纽随着成渝、川黔、襄渝 3 条铁路干线的建设逐步成型。在枢纽内，重庆站、沙坪坝站为主要客站，有九龙坡、大渡口、茄子溪、伏牛溪、小南海、铜罐驿、珞璜、上桥、梨树湾等 18 个货站，重庆西站为主要编组站。进入 21 世纪以后，铁路建设加快，不断有新线引入，重庆铁路枢纽相应扩大完善。枢纽内部结构与布局也进行了调整，增建大型客站，完善客运系统，减少货运站，整合编组站，促进货物运输集中化和集装箱化，使作业相对集中。加强场站现代化建设，提高货物装卸机械化水平和列车编组直达水平。

现在，重庆铁路枢纽主要承担西南四省市内部及对外的客货交流，旅客运输以始发终到为主，货物运输地方运量和通过运量并重，成为我国西南地区的特大型铁路枢纽。

客运系统方面，已建成重庆站、重庆北站、重庆西站。重庆站建于成渝铁路兴建之时，实施成渝铁路电气化工程时按高峰聚集 5 000 人规模新建站房，属于一级车站。重庆北站南广场站房，在兴建渝怀铁路时新建，2006 年 10 月投运，站房面积为 1.6 万 m^2，特别是 5.6 万 m^2 的无柱站台雨棚是国内客站率先采用的新结构，是当时西南地区现代化程度最高的车站。车站通过地下通道与城市轨道、公交汽车衔接，实现换乘。重庆北站北广场站房于 2016 年 11 月投入使用，站房面积为 11 万 m^2，整个北站合计有 14 站台、29 股道，站房面积近 13 万 m^2，高峰聚集容纳 25 000 人，属于特级客站。重庆西站于 2018 年 1 月投入运营，站房面积为 12 万 m^2，设置 15 个站台 31 股道，设计日接发车能力为 381 对，年客流量 4 218 万人次，属于特级站，位列全国十大火车站之一。

货运系统方面，形成“1+8”格局。以团结村铁路集装箱中心站为中心，枢纽内设有磨心坡、北碚、白市驿、珞璜、黄磏、小岚垭、唐家沱、鱼嘴 8 座货站。团结村铁路集装箱站是全国 18 个铁路集装箱中心站之一，占地 2 200 多亩，目前年办理集装箱能力达到 48 万标箱。重庆港果园港区通过铁路专用线与鱼嘴站相连接，实现水陆无缝衔接，可与渝新欧大通道直通。

解编系统方面，兴隆场编组站承担重庆枢纽内各个方向货物列车的解编作业，为全国路网性编组站之一，占地 5 000 多亩，设计为双向三级七场，分上行和下行系统。日解编能力为

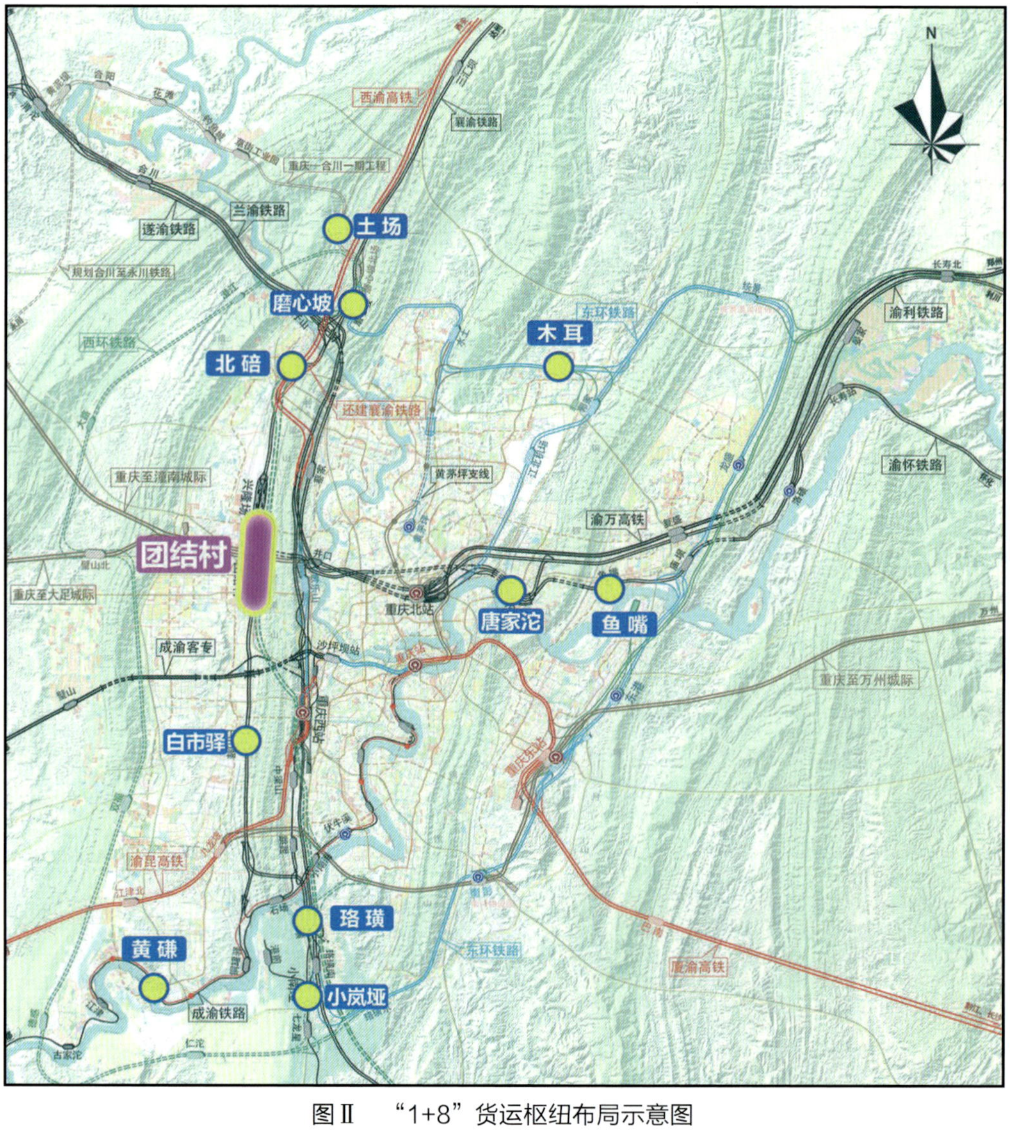

图Ⅱ “1+8”货运枢纽布局示意图

2.4 万辆，为原重庆西编组站能力 5 倍以上。原重庆西编组站改为重庆西客站的动车维护所。

三、新时期重庆铁路运输的结构性变化

新中国成立以来，随着铁路路网的快速发展，铁路客货运输一直处于持续增长态势。进入 21 世纪以后，特别是近年来，国民经济转向集约化发展、人民生活进入全面小康阶段，铁路运输发生了重要的结构性变化。铁路客运快速增长，货运转入稳定状态。铁路的发展，特别是高速铁路的出现，为旅客出行提供了安全、便捷、舒适的服务，乘坐高铁成为人们长途旅行的首选交通方式。重庆铁路运输出现和全国同样的发展趋势。2005 年重庆铁路旅客运输量 1 224 万人，旅客周转量 40.37 亿人千米，以后持续快速增长；2019 年旅客运量增加到 8 406.8 万人，旅客周转量达到 236.35 亿人千米，平均每年分别增长 14.8% 和 13.5%（值得注意的是，旅客出行距离有逐步缩短的趋势）。特别是成渝高速铁路、渝万城际高速铁路分别于 2015 年底、2016 年底开通以后，次年重庆客运量分别比前一年增长 23.0% 和 29.3%，但旅行距离有所下降。这种情况表明，中等距离的城际高速铁路将是铁路客运的重要增长源。

表Ⅱ 2005—2019 年重庆铁路旅客运输情况

年份	旅客运输量（万人）	旅客周转量（亿人千米）	平均旅行距离（km）
2005	1 224.0	40.37	328.9
2006	1 387.8	44.93	323.7
2007	2 171.0	73.82	340.0
2008	2 472.0	90.63	366.6
2009	2 603.0	93.28	358.4
2010	2 663.0	95.11	357.2
2011	2 933.3	106.02	361.4
2012	3 040.3	110.93	364.9
2013	3 251.4	119.80	368.5
2014	4 056.7	142.30	350.8
2015	3 993.6	146.59	367.1
2016	4 911.0	160.22	326.3
2017	6 349.2	196.96	310.2
2018	7 706.8	223.79	290.4
2019	8 406.8	236.35	281.14

注：①旅客运输量即发送量，旅客不论行程远近或票价多少，均按一人一次统计；旅客周转量，通常按发出站与到达站之间的最短距离计算，也就是票价距离计算，计算公式为：旅客周转量 $=\sum$ 旅客运输量 × 旅行距离。

②2004 年铁道部管理体制改革，撤销重庆铁路分局。2005 年以后统计范围与以前年份不同，故前后数据不可比较。

进入 21 世纪以后，随着高速公路的发展，铁路中短途运输货物有转向公路运输的趋势。同时，随着重庆产业结构调整的深化，本地煤炭等大宗货物通过铁路发送数量大幅度减少。新投产的綦江安稳电厂（2×15 万千瓦 + 2×60 万千瓦）、万盛官坝电厂（2×30 万千瓦），实际上属于坑口电厂，吃掉了松藻煤矿和南桐煤矿的相当一部分产量。关井压产大幅度减少了本地煤炭产量，由最高年产 4 000 万 t，减少到 1 000 多万吨。本市各大电厂用煤由本地为主供应转向调入陕西、贵州煤炭。因此，近年来重庆铁路运输格局发生了重要转折，大宗货物运输量减少，高附加值长距离货物运量增加，对运输质量和时效提出了更高的要求。2019 年与 2005 年相比，全市铁路货运量减少 229 万 t，减少 12.0%；货物周转量增加 127.39 亿吨千米，增长 1.70 倍；货物运输里程由 390.2 km 增加到 1 195.7 km，增长 2.04 倍。近 30 年来，我国铁路货物平均运输距离一直维持在 700 多千米。过去重庆货物运距远低于全国水平，现在已经超过全国水平。预计今后重庆货物平均运输距离，将会随着渝新欧通道、国际陆海大通道的扩展，还将进一步延长。

表Ⅲ　2005—2019 年重庆铁路货运情况

年份	货物运输量（万 t）	货物周转量（亿吨千米）	平均运输里程（km）
2005	1 921.4	74.98	390.2
2006	2 000.2	115.17	575.8
2007	2 050.9	143.98	702.0
2008	2 085.8	166.98	800.6
2009	2 181.6	171.81	787.5
2010	2 279.5	179.81	789.3
2011	2 190.8	191.27	873.1
2012	2 240.5	174.63	779.4
2013	2 236.7	175.30	750.2
2014	1 951.7	157.98	809.5
2015	1 756.4	153.24	872.5
2016	1 789.0	151.23	845.3
2017	1 808.4	174.13	962.9
2018	1 705.3	201.08	1 179.2
2019	1 692.45	202.37	1 195.7

注：①货物运输量即发送量，不论货物运输距离或类别，均按实际发送质量计算。货物周转量，即货物发送量与其相应运输距离的乘积。计算货物周转量通常按发出站与到达站之间的最短距离，也就是计费距离。计算公式为：货物周转量 $=\sum$ 货物运输量 × 运输距离。

②2004 年铁道部管理体制改革，撤销重庆铁路分局。2005 年以后统计范围与以前年份不同，故前后数据不可比较。

值得注意的是，重庆作为国家中心城市和国家级物流中心，每天要吸纳各地大量的物质资源。近年来，全国国家铁路地区间货物交流量平稳增长，而运达重庆的货物量却一直持续快速增长。2019年，国家铁路运达重庆的货物达到6 395万t，比2015年增长44.7%，平均每年增长9.7%，超过同期全国国家铁路地区间货物交流增长率3.7个百分点。各地区运达重庆货物量增长最快的地区是西北地区，2019年达到2 350万t，占各地货物抵渝总量的36.75%。陕西运达重庆货物量为1 852万t，比2015年增长1.95倍。现在，陕西省已经成为重庆市最大的物资调入地区。新疆是增长率仅次于陕西的省区。西北地区运达重庆的货物主要是煤炭，预计今后增长趋势将长期保持下去。除了重庆自身对西北优质煤炭的需求外，通过重庆港口转运长江中下游地区，将成为西北煤炭外运的一个主要通道。这本是国家能源长远发展规划所确定的，随着铁路通道的增加将变成现实。此外，西北各省区进口海外的优质铁矿砂和铝土矿，通过长江运输经重庆转运，亦将是一大增长趋势。

表Ⅳ 国家铁路地区间货物交流运达重庆货物量

单位：万t

发送地区	2015年	2016年	2017年	2018年	2019年	备注
总计	4 420	4 403	4 938	5 911	6 395	—
华北地区	584	481	556	665	781	含京津冀晋蒙5省区
其中：山西	370	273	328	405	483	—
东北地区	69	73	150	136	127	含辽吉黑3省
华东地区	299	327	325	390	370	含沪苏浙皖闽赣鲁7省
其中：山东	120	128	116	160	173	—
中南地区	705	672	707	735	713	含豫鄂湘粤桂琼6省区
其中：广东	134	118	133	108	98	—
广西	191	164	194	214	204	—
西南地区	1 839	1 824	1 721	1 890	2 047	含渝川贵滇藏5省区
其中：重庆	501	589	368	375	421	—
四川	699	619	702	725	766	—
贵州	547	548	571	658	743	—
西北地区	926	1 024	1 480	2 093	2 350	含陕甘宁青新5省区
其中：陕西	628	718	1 121	1 647	1 852	—
甘肃	111	118	121	168	148	—
新疆	74	85	126	161	204	—

注：重庆数即市内交流量。

四、铁路对重庆经济社会发展的贡献

（一）铁路支持重庆经济实现长期持续增长

铁路是国民经济基础结构的重要组成部分，是社会再生产过程中的重要环节，构成了其他产业直接和间接的动力和支持系统。几十年来，重庆铁路运输有力地支撑了重庆作为国家制造业基地的持续发展以及区域性流通市场的不断扩大。同时，铁路建设又创造出巨大的社会需求，带动了钢铁、能源、建材、机械等重工业部门的发展。可以预料，今后十余年重庆境内铁路特别是高铁建设，将为经济增长提供源源不断的动力。

（二）铁路促进重庆综合交通体系成长

铁路运输是我国交通运输业中的主要运输方式，随着重载铁路、集装箱运输技术和高速铁路的发展，铁路在综合运输体系中将具有更加突出的地位。过去几十年，通过铁路联系毗邻地区并发展水陆联运，重庆成为西南地区综合交通枢纽。可以预料，西南、西北铁路大通道的建设和内陆腹地铁路路网的扩展，将为重庆综合交通体系的成长壮大奠定坚实的基础。

（三）铁路推动重庆生产力布局和城市体系扩展

铁路是生产力布局需要考虑的重点因素。铁路通道的形成对沿线经济发展起重要的作用，促使生产力布局向铁路通道靠近。新中国成立 70 年来，特别是“三线建设”，国家在重庆境内沿几条铁路干线布置了一系列重要工厂，初步形成了国家现代制造业基地，以及国家中心城市的基本格局。今后十几年，我们要以铁路为骨干，在加快建设大通道铁路的同时，加快市域（郊）铁路建设，配合高速公路建设形成快速化网络化综合交通体系，形成广域城市空间，接纳产业扩散与转移，加快形成重庆现代化大都市圈和现代化城镇体系。

（四）铁路支持和加快重庆对外开放

铁路在满足物资的空间位移方面，具有安全、迅速、经济、便利等特点和优势，是对外开放的重要载体。近年来，重庆率先打通中欧班列（重庆）国际物流大通道，开行重庆至杜伊斯堡、布达佩斯、米兰、曼海姆等班列，目前运营线路达到 20 多条，开行数量和货值均居中欧班列前列。重庆牵头推进国际陆海新通道建设，通过深圳、钦州发展铁海联运，加强重庆与东南亚等地的联系。重庆牵头推进并得到国家有关方面认可，上升为国家行为的中欧班列国际物流大通道和国际陆海物流新通道，是铁路运输的重大创新，有力地促进了陆海双向开放，推动西部大开发形成新格局。通过国际铁路联运、铁海联运，北接丝绸之路经济带，南连海上丝绸之路，协同衔接长江经济带，重庆正在成为“一带一路”的内陆国际物流枢纽。

（五）铁路支持和促进人民生活实现全面小康

铁路是安全、方便、快捷、舒适的交通方式，是我国旅客中长途出行的首选方式。随着人民生活进入全面小康阶段，老百姓外出旅游成为寻常事情。铁路特别是高铁的发展顺应了人民消费需求升级的变化。近年来，重庆境内铁路旅客运输量爆发式增长。高速铁路促进了人际交往和旅游经济的发展，支持和促进了人民生活向全面小康的转换。

五、未来重庆铁路发展愿景

2035 年是中国实现现代化两步走战略的关键节点。到那时，中国将基本实现社会主义现代化，重庆将基本建成现代化、国际化大都市。未来重庆铁路发展要按照这一目标要求超前谋划。

到 2035 年，在主要对外方向建成大能力客货运输通道。铁路完成“八纵八横”高速铁路网纵线京昆通道、包（银）海通道、兰（西）广通道，横线沿江通道、渝厦通道，形成重庆与北京（往郑州）、包头—银川（经西安）、乌鲁木齐（经兰州）、西宁（经成都）、昆明（经宜宾）、广州（经贵阳、南宁）、厦门（经长沙）、上海（经武汉）8 个方向的高速铁路通道。

按照发展趋势，未来高速磁浮列车将是陆上 1 500 km 运程范围内最快的交通方式。我们要争取建成时速 600 km 的成渝高速磁浮交通线，争取建设连接成渝城市群与京津冀城市群、长三角城市群和粤港澳大湾区城市群的高速磁浮交通系统，实现重庆与北京、上海、广州之间 3 h 到达。

建设大能力货运专线，形成西北经由重庆与长江中下游、东南沿海地区的大通道，通过铁水联运，通江达海，实现战略物资快速输送。

重庆铁路枢纽完成客运系统调整，建成完善四大客站，实现各站之间互联互通；货运系统，完成东、西枢纽环线的建设，实现铁路货运与产业园区、主要港区的无缝衔接。

建成发达的城际铁路和市域（市郊）铁路网络，在重庆大都市区和成渝城市群通过快速化铁路衔接联系，扩大“同城效应”，引导产业空间布局和城镇聚合，促进地域经济一体化。

加强铁路与公路、水路、民航和管道运输的协调配合，充分发挥各种交通方式的比较优势和组合优势，走出一条资源节约型、环境友好型发展道路。

Chongqing Tielu
Fazhan Lishi Yu Yuanjing

第一章

新中国 70 年重庆铁路建设

一、新中国 70 年重庆铁路干线建设

（一）1950—1979 年重庆干线铁路发展

重庆地处四川盆地东南部。四川盆地四周被高山环绕，“蜀道之难，难于上青天”，李白的诗句真切地反映了出川通道的艰难。中华人民共和国建立，掀开了中国铁路历史发展的新篇章。重庆铁路在基本上一片空白的基础上起步，并迅速发展。在新中国成立初期，建成了新中国动工的第一条铁路干线——成渝铁路，形成了四川盆地内部的交通大动脉，促进了国民经济恢复和“一五”时期四川经济的快速增长。在“三线建设”期间，先后建成了川黔铁路（重庆至贵阳）和襄渝铁路（重庆至襄阳）两大干线铁路，形成了四川向南和向北的交通大通道，并连通了全国铁路网。川渝地区从此告别了自古以来由于地理环境所造成的封闭状况，工业建设得到快速发展，并基本建成了我国的战略后方基地。

1. 新中国兴建的第一条铁路——成渝铁路

新中国成立初期，百业待举，而且西南地区刚刚解放，战争尚未完全平息，社会秩序尚未完全安定，在国家财政相当困难的情况下，党和国家极其重视交通基础建设，特别是对运输量大、方便快捷的铁路建设尤其重视。在党和国家的高度重视下，新中国第一条铁路——成渝铁路开始修建。

1949 年 11 月 30 日重庆解放。12 月 8 日，中共中央西南局正式进驻重庆。邓小平即向中央提议修建成渝铁路，“以修建成渝铁路为先行，带动百业发展，帮助四川恢复经济”。中共中央西南局关于修建成渝铁路局的报告，很快通过周恩来总理审定，得到毛泽东主席批准。1950 年 6 月，解放军筑路部队在重庆九龙坡、油溪等地开始施工，随后全线动工。当时还存在国民党败兵残匪骚扰，筑路部队一边施工，一边剿匪。成渝铁路开工半年后，抗美援朝战争爆发，各筑路部队归还建制准备参战。西南军政委员会作出决定，川东、川南、川北、川西 4 个行署负责动员组织 10 万民工接替部队施工。

经过筑路军民英勇奋斗，1952 年 7 月 1 日成渝铁路胜利通车，2 万多人参加了在重庆菜园坝火车站举行的通车典礼。铁道部部长滕代远代表毛泽东主席向成渝铁路通车表示祝贺，并将毛泽东主席题写的“庆祝成渝铁路通车，继续努力修筑天成路”大幅锦旗授予西南铁路工程局。

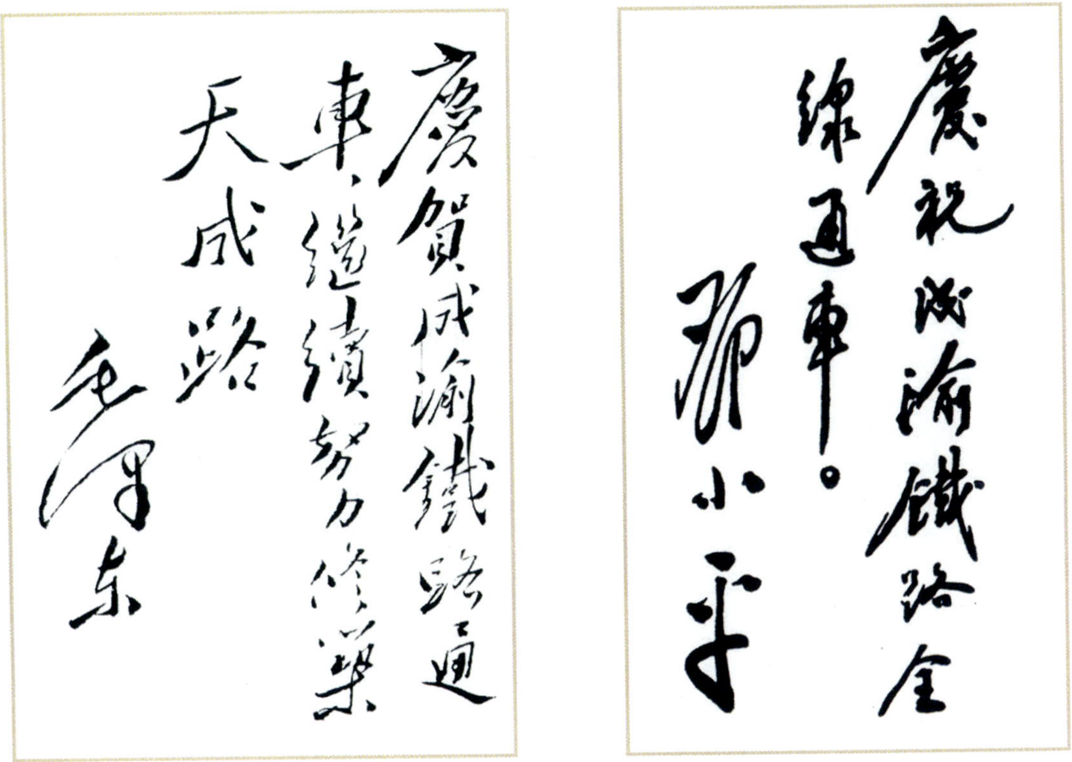

图 1.1　毛泽东、邓小平为成渝铁路通车题词

图 1.2　1952 年 7 月 1 日贺龙在成都为成渝铁路通车剪彩

图 1.3　1952 年 7 月 1 日铁道部部长滕代远为成渝铁路通车剪彩

成渝铁路是新中国建立后，完全依靠中国人自己设计、自己修建的第一条铁路。这对于刚刚诞生不久的新中国来说，具有极其特殊的意义，说明党和政府关心人民群众，想人民之所想，急人民之所急。这就是中国共产党人的初心和使命。

成渝铁路连接重庆与成都两大城市，贯穿四川盆地腹地，形成沿线各地交通大动脉，对促进四川经济的恢复和迅速发展起到了极大作用，并且为西南地区工业建设开展准备了基础条件。

解放前重庆铁路发展的概况

1. 引发辛亥革命的“保路”运动

重庆地处内陆，是中国铁路出现较晚的地区。清朝末年，重庆作为当时全国七大商埠之一，商业贸易发展迅速，各界积极推动铁路建设。1904 年（光绪三十年）在成都成立官办“川汉铁路公司”。1907 年（光绪三十三年），川汉铁路公司改为商办，四川各界人民踊跃集资修路。股本的主要来源是“按租出股，收租在十石以上者，百分取三”，因此，川汉铁路与全川人民都有直接的经济联系。重庆更是成为四川省集资最多的地区。1911 年 5 月，清政府突然宣布“铁路国有”政策，并于当月向英法德美四国银团贷款，出卖铁路主权，同时清政府还要侵吞既有的川汉铁路股款。消息传来，举国沸腾。6 月 17 日，四川保路同志会成立，提出了“保路破约”的口号。重庆各界积极响应，6 月 28

日，成立重庆保路同志协会，在全川各道府州中率先。重庆所属荣昌、永川、大足、铜梁、江津、长寿等县纷纷集会，成立了保路同志协会。9 月 2 日，督办粤汉川铁路大臣端方奉旨率一支鄂军入川镇压。9 月 7 日，护理四川总督赵尔丰在成都制造血案，枪杀手无寸铁的请愿群众，激起全川人民极大愤慨，起义风波席卷全川。10 月 10 日，革命党人乘机发动武昌起义，各地风起云从，纷纷宣告独立。重庆革命党人于 11 月 22 日起事夺取政权，成立蜀军政权。清政府在轰轰烈烈的辛亥革命中轰然倒台，两千年封建帝制在中国结束。这场革命的诱因就是四川的“保路运动”。其后，历经袁世凯、北洋军阀、国民政府统治时期，成渝铁路始终没有全线正式动工。

2. 解放前重庆修建的两段铁路

北川铁路是重庆修建的第一条铁路。1927 年，由卢作孚等发起成立的“北川民生铁路股份有限公司”修建北川铁路，其目的是将天府煤矿原煤运到嘉陵江边。北川铁路于 1928 年 11 月破土动工，至 1929 年底，一期工程 8.7 km 建成通车。1930 年以后陆续开工二、三期工程，至 1934 年底全线建成通车。北川铁路是窄轨铁路，线路全长 16.8 km，总投资 75 万元，日运煤量可达千吨。在抗日战争时期，天府煤矿生产的原煤维持了“战时首都”重庆的能源供应，其中北川铁路起了重要的作用。新中国成立以后，随着交通运输发展，北川铁路逐渐失去功效，1968 年全线被拆除。

綦江铁路，是重庆解放以前修建的一条准轨铁路。綦江地区的煤炭和铁矿，是重庆工业基地的原料。为了解决运输问题，抗战期间国民政府决定修建猫儿沱至三江全长 85 km 的綦江铁路。綦江铁路于 1943 年 1 月开工，至 1949 年完成猫儿沱至大佛寺段 67.5 km。解放以后，继续续建，1950 年 10 月通车到綦江，1952 年 1 月始通车到赶水。后来，这段路经过改建成为川黔铁路的一部分。

2. 川渝地区南通道——川黔铁路

在成渝铁路开始建设以后，党中央、政务院决定修建川黔铁路。西南军政委员会及时安排组织了川黔铁路的前期准备工作，完成线路方案比选。

川黔铁路连接重庆与贵州省贵阳市，再通过黔桂线连接广西出海港口或直到广州。早在 20 世纪 50 年代初，在全力以赴修建成渝铁路的同时，西南军政委员会即开始规划这一南向通道。经过多方案比较，决定利用重庆綦江五岔至赶水的既有铁路，北接成渝线上的小南海站，南通贵州省贵阳市的川黔铁路方案，先后由西南设计分局、铁道部第二设计院勘测设计。

川黔铁路的修建经过了漫长曲折的过程。大体分为 3 个时期：第一个时期是 1950 年至 1951 年。利用已有的綦江铁路，向贵州方向延伸。1950 年 3 月，由西南工业部批准延修綦江至三江 18 km 线路，同年 10 月通车。1951 年 1 月，经西南财经委员会决定将綦江铁路延修至贵州松坎。到同年 10 月，修通三江至赶水段 41 km，于 1953 年 1 月通车。第二个时期是 1956 年至 1960 年初。1956 年初，川黔铁路勘测设计任务完成，当年 6 月全线重点工程开工建设，12 万筑路大军分期分批源源不断地开赴沿线重点工程，一场声势浩大的川黔铁路建设轰轰烈烈展开。1960 年，国民经济进行调整，川黔铁路建设下马。第三个时期是 1963 年至 1965 年。1963 年，全国经济形势好转，川黔铁路恢复建设。1964 年，“三线建设”开始后作为铁路重点项目加快建设进度。1965 年 7 月，与北段接轨通车。川黔铁路于 1965 年 10 月 1 日全线通车。

川黔铁路工程艰巨。穿越大娄山山脉的凉风垭隧道，全长 4 270 m，当时长度为全国隧道之最。1957 年 4 月开工，筑路工人曾先后创造了平均每月成洞 116 m 的好成绩，单口月成洞 181.83 m 的新纪录和全国铁路隧道快速施工新纪录。重庆段的白沙沱小南海长江大桥是我国继武汉长江大桥后第二座跨越长江的大桥，由铁道部大桥工程局第四桥梁工程处施工。大桥全长 820.30 m，共 16 孔，1958 年 9 月开工，原计划两年建成。经过工程技术人员和筑路工人的努力，仅用 14 个月就于 1959 年 10 月建成。

川黔铁路的修建具有深远的意义。川黔铁路打通了川渝地区南向出口，开辟了重庆通往东南沿海特别是“两广”的捷径。川黔铁路打通了贵州与长江水道的联系，促进了贵州境内磷矿煤矿资源的大规模开发。川黔铁路的建成，加速了西南铁路路网的形成，有力地支持了随后大规模展开的“三线建设”。川黔铁路沿线为红军长征经过的地区，而且为少数民族贫困地区，铁路对地区经济发展起到了极大促进作用。

3. 川渝地区北通道——襄渝铁路

襄渝铁路是川渝地区的北通道，东起湖北襄阳，中经陕西南部，西至重庆。该线东接汉丹、焦枝铁路，中连阳安铁路，西通成渝铁路，南接川黔铁路，是我国西部地区路网骨架性质干线。

襄渝铁路的前身是川豫铁路。1958 年，铁道部计划修建川豫铁路，委托铁道部第二设计院编制《川豫线成都至襄樊段初步设计》。同年 7 月，四川省成立川豫铁路修建指挥部，开始组织施工。1959 年，因缩短基本建设战线停工。1960 年再度开工，1961 年又因缩短基本建设战线停工。

1967 年 1 月，铁道部第二设计院完成《襄成线初步设计》，1968 年初，国家决定“先修渝达段，缓建襄成线达成段”，并要求渝达段于 1969 年底铺轨至达县。于是决定采取边勘测、边设计、边施工和现场鉴定等措施，加快建设进度。1969 年底，中央决定改为修建襄渝铁路。其定测和施工设计任务由铁道部第二设计院和第四设计院担任，大型桥梁由铁道部大桥工程局设计，电气化工程由铁道部第三设计院和电气化工程局设计。全线由中国人民解放军铁道兵负责施工，并要求于 1972 年通车。1968 年 4 月，中国人民解放军铁道兵 8 个师另 6 个师属团、2 个独立团开始进场施工；1970 年，由川、陕、鄂三省组织的数十万民兵开始进场施工。1971—1972 年，襄渝铁路全线共投入中国人民解放军铁道兵 24 万人和 58 万多民兵，投入各种机械 1.4 万台，运输车辆 8 500 多辆，展开了一场声势浩大的襄渝铁路大会战。1973 年 10 月 19 日，在棕溪车站举行接轨仪式，经过 4 年奋战，襄渝铁路终于全线连通。1975 年 11 月，襄渝铁路临时运营。1979 年 12 月，全线交付正式运营。

襄渝铁路全长 897 km，其中四川境内 395 km（重庆境内 97.3 km），投资 36.18 亿元，平均每千米投资 403 万元。全部工程用工 40 438 万工天，其中部队完成 10 576 万工天，民工完成 30 062 万工天。工程耗用水泥 309.4 万 t，钢材 32 万 t，木材 131.3 万 m^3。

襄渝铁路东段是鄂西北丘陵低山区，中段为秦岭大巴山区，西段为四川盆地丘陵区。铁路横穿武当山、白云山，再经华蓥山、中梁山，几跨汉江、渠江、嘉陵江，前期施工条件极为困难，沿线有数百千米长的地区没有公路，不通电力，工程机具和施工用材料及生活物资全靠人背肩扛。铁道兵与民工沐风栉雨，披荆斩棘、英勇奋斗，终于完成了这一艰险工程。

襄渝铁路开辟了川渝地区的北向大通道，具有极其重要的意义。襄渝铁路的修通，直接缩短了重庆与首都北京的距离，与原来经由成渝、宝成、陇海线去往北京的路径相比，缩短了上千千米的绕行里程。襄渝线在沪汉渝通道形成以前，还具有川渝地区东通道性质，是川渝地区联系华中、华东的捷径。襄渝线是重要的国防战略干线，沿线布置了"二汽"及若干重要的国防工业企事业单位。襄渝线穿越秦巴山区，连接西部与中部，对国土开发、连片贫困地区发展起着不可估量的促进作用。

表 1.1　1950—1979 年重庆铁路建设项目

序号	项目名称	线路里程（km）	其中：重庆境内里程（km）	建设时期
1	成渝铁路	505	229	1950.6—1952.7
2	川黔铁路	424	177	1956.6—1960 1963—1965
3	襄渝铁路	897	97.3	1968.4—1979.12

（二）1980—1996 年重庆铁路建设

1980—1996 年，是重庆铁路发展比较缓慢的时期。这一时期正值中国"六五""七五""八五"计划时期，初期正值国民经济调整，中后期实行沿海发展战略，重庆铁路基本建设投资占全社会固定投资比重有所下降，西部铁路新建项目很少。重庆境内没有新开工铁路干线，仅对成渝、川黔、襄渝 3 条铁路进行了电气化改造。1983 年，中共中央决定在重庆进行经济体制改革综合试点，重庆市国民经济和社会发展在全国计划中单列户头，享有省级经济管理权限。此后，重庆经济长期保持持续稳定增长势头，增长速度高于全国平均水平。到 1990 年，全国城市按国内生产总值排序，重庆排第五位，仅次于上海、北京、广州、天津。但是，铁路建设滞后于经济发展。到"八五"末期，重庆境内各条铁路干线通过能力均严重饱和，重庆去往全国各大区域均存在限制，去往东南沿海，尤其是广东的客货运输严重堵塞。到 1996 年，重庆境内干线铁路延线长 589 km，维持在 20 世纪 80 年代水平，经过电气化改造以后，通过能力大幅度提高，但仍然落后于经济发展需要。铁路运输成为制约国民经济发展的瓶颈。

图 1.4　川黔铁路电气化改造施工

1. 成渝铁路改造及电气化

成渝铁路通车后，为了适应运输量的逐年增长，曾不断进行了一些技术改造和设备更新，但随着经济社会的发展，成渝铁路的运输能力日益紧张，运能与运力的矛盾突出。1978 年技改工程开工，1980 年 2 月电气化工程开工。电气化工程从成都站逐段推向重庆。1992 年 7 月 1 日，随着重庆站改建工程完工，成渝铁路电气化工程全面完工。全线输送能力由 650 万 t 提高到 1 300 万 t，重庆至内江段能力提高到 1 520 万 t。

2. 川黔铁路电气化改造

1965 年川黔铁路建成通车后，随着工农业生产发展和“三线建设”的展开，已远不能适应经济社会的发展。赶水以北年运输能力只有 900 万 t，赶水以南年运输能力仅有 400 万 t。为了从根本上提高川黔铁路的运输能力，1982 年国务院批准铁道部《关于川黔铁路电气化计划任务书的报告》，决定对川黔铁路进行技术和电气化改造。1985 年完成工程招标工作，1986 年 3 月开始施工建设，到 1991 年 12 月完成川黔铁路电气化工程改造。至此，该线小南海至赶水段年输送能力由 900 万 t 提高到 2 050 万 t，赶水至贵阳段由 400 万 t 提高到 1 279 万 t。

3. 襄渝铁路电气化改造

襄渝铁路主要穿行山区，长大隧道多，开始建设即确定电气化。整条线路电气化分三段进行：襄阳至安康电气化工程 373 km，于 1980 年 10 月竣工，基本上与全线正式交付运营同步；安康至达县电气化工程 272 km，于 1983 年 12 月竣工；达县至重庆电气化工程 255 km，于 1998 年 12 月全段建成开通。电气化改造后，渝达段客车运行时速达到 120 km，达县至襄阳达到 100 km；全线货物输送能力由每年 850 万 t 增至 1 724 万 t，远期可达 2 200 万 t。

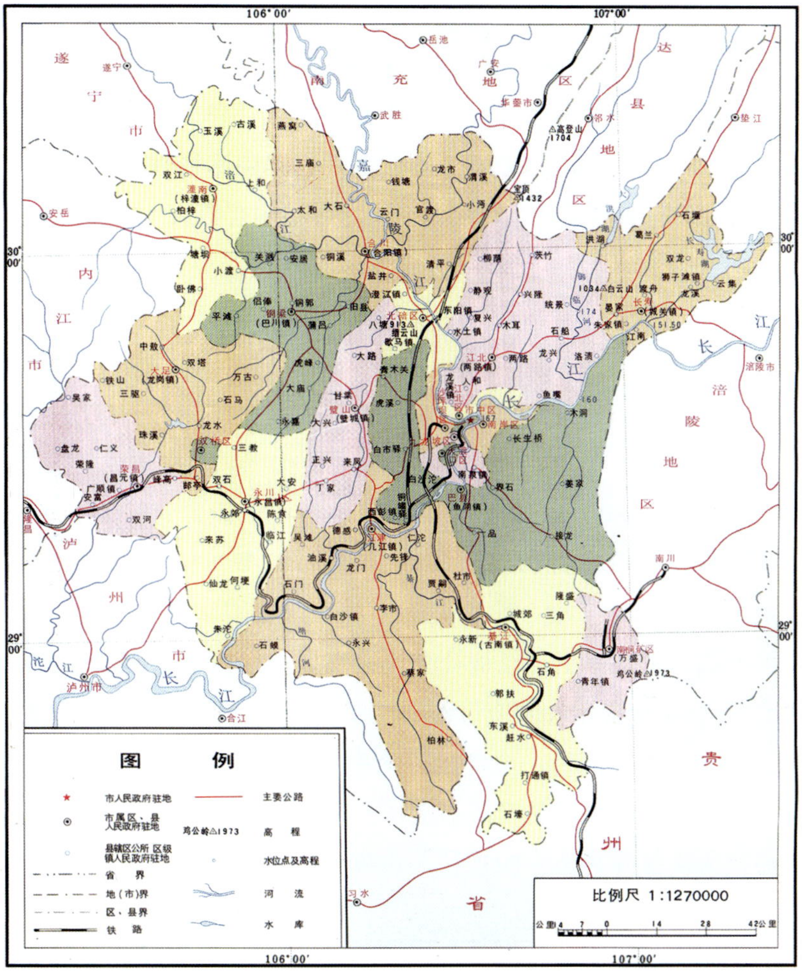

图 1.5　1996 年重庆行政区铁路交通图

表 1.2　1980—1996 年重庆铁路建设情况

序号	项目名称	建设内容及新增能力	建设时期
1	成渝铁路电气改造	改造正线及枢纽环线 554 km，改建重庆站房，全线输送能力由 650 万 t 提高到 1 300 万 t，其中重庆至内江段提高到 1 520 万 t	1980.2—1992.7
2	川黔铁路电气化改造	全线电气化，年输送能力重庆境内小南海至赶水段由 900 万 t 提高到 2 050 万 t，赶水至贵阳段由 400 万 t 提高到 1 279 万 t	1986.3—1991.12
3	襄渝铁路（渝达段）电气化改造	襄渝铁路全线电气化早已陆续进行并完成。此次渝达（重庆至达县）段电气化工程完成以后，襄渝线客车通过能力由每日 7 对增至 10 对，远期 12 对，货物输送能力由每年 850 万 t 提高到 1 724 万 t，远期 2 200 万 t	1993.8—1998.12

（三）1997—2019 年重庆干线铁路建设

1997 年重庆成为直辖市，经济社会发展步入快车道，铁路建设也进入了快速发展的新时期。直辖当年即开工建设达万（达州至万州）铁路。2000 年西部大开发肇始之年即开工渝怀（重庆至怀化）铁路，该项目列入西部大开发十大重点项目。2003 年开工建设遂渝（遂宁至重庆）铁路，3 年后开工建设遂渝铁路二线。2004 年开工建设宜万（宜昌至万州）铁路。2008 年开工建设兰渝（兰州至重庆）铁路、渝利（重庆至利川）铁路。2009 年开工建设渝怀铁路二线。2011 年开工建设成渝客运专线、渝万（重庆至万州）城际铁路、渝贵（重庆至贵阳）新线。2014 年 12 月开工建设黔张常铁路。到 2018 年，上述铁路除渝怀铁路二线、黔张常铁路尚未完工，其余各线均已完工并交付运营。目前，正在建设中的有郑万（郑州至万州）高速铁路、渝昆高速铁路。

1. 通往三峡库区的干线——达万铁路

达万铁路西起襄渝铁路达州站襄阳端，东至三峡库区重庆市万州区。达万铁路是国家支援三峡库区的重要基础设施，于 1997 年 10 月开工，2002 年 10 月建成开通货运，2004 年 11 月开通客运。当时设计时速 80 km，单线内燃机牵引，最大设计运输能力客车 8 对，货运量 661 万 t / 年。达万铁路全线开挖路基土石方 1 854 万 m^3，架设桥梁 93 座，开挖隧道 56 座，桥隧总长 51.76 km。

三峡库区在国家的大力支持下，经济社会快速发展。2012 年，神华集团在万州落户投资建设万州电力项目及千万吨储煤基地项目，一期工程 2 × 105 万千瓦项目。项目于 2013 年 1 月开工，2015 年 9 月全部投入运行。全年运行该项目耗煤约 300 万 t。二期 2 × 105 万千瓦项目待建。万州神华电厂发电用煤，从宁夏、陕西等地由铁路运输经达万铁路进入万州。按照达万铁路运输能力，无法保障神华集团项目的用煤需求，更不能满足三峡库区经济社会和产业快速发展需要。

2010 年初，达万铁路开始升级改造，只用了不到 10 个月，实现了当年完成的高速度。12 月 7 日，电气化改造竣工。改造后的最大设计通过能力为 2 000 万 t / 年，2014 年达 1 700 万 t / 年，已接近电气化改造后的最大能力。

达万铁路是重庆直辖以后开工并建成的第一条国家干线铁路，通车之时是一条断头路。2003 年 12 月，宜万（宜昌至万州）铁路开工，2010 年 12 月全线运营。宜万铁路宜昌至凉雾段是沪汉蓉通道的组成部分，按双线电气化设计，设计时速 160 km；凉雾至万州为单线，内燃牵引，设计时速 120 km。达万铁路与宜万铁路接通以后，万州成为全国铁路网中的重要站点，并成为水铁联运的节点。

达万铁路的建设具有重要的意义。达万铁路使万州融入了全国铁路网，随着万州深水良港的建设，万州成为三峡库区综合交通枢纽，为库区经济发展提供有力的支撑。达万铁路沟通了四川腹地及西北内陆与长江黄金水道的联系，成为西部物流通江达海的一条捷径，对西部开发开放起着促进作用。

2. 川渝地区铁路东通道——渝怀铁路

渝怀铁路是国家西部大开发的十大重点项目之一，全长 625 km，为Ⅰ级单线、预留复线条件，一次建成电气化铁路，总投资 198.1 亿元。该线跨重庆、贵州、湖南三省（市），穿过的区县多为贫困地区，因此渝怀铁路又被称作“扶贫铁路”。

渝怀铁路在重庆境内 461.7 km，投资约 150 亿元，占总投资 70% 以上，全线重大难点控制工程全在重庆境内，是新中国成立以来重庆市投资额最大的基本建设工程项目。

渝怀铁路于 2000 年 12 月 16 日举行开工典礼，到 2005 年底竣工交验，历时 5 年。完成土石方施工 6 600 万 m^3，若用这些土石方修长高宽各 1 m 的矮堤，大约可以绕地球赤道一周半；修建特大桥梁 14 座、大中型桥梁 354 座；修建 1 000 m 以上的隧道 57 座，其中长于 5 000 m 的隧道 8 座，超过了以艰险闻名于世的成昆铁路。2006 年 1 月渝怀铁路开行货车，2007 年 4 月 18 日客运全线通车。

渝怀铁路的开通有利于当地资源开发，客货运量快速增长，很短时间运能趋于饱满，新建渝怀铁路二线提上议事日程。2009 年 9 月，渝怀铁路二线渝涪（重庆北至涪陵）段开工。全线长 97.7 km，投资 35.9 亿元。到 2013 年 12 月底，渝涪段建成投运。渝怀铁路二线涪梅段（涪陵至秀山梅江）2015 年底开工，这段线路全长 339.5 km，投资 193 亿元。梅江经铜仁至怀化南，全长约 170 km，亦将同时竣工。届时，渝怀铁路将形成双线电气化大能力通道。

渝怀铁路的建设具有深远的意义。渝怀铁路打通了川渝地区通往东南沿海尤其是珠江三角洲的大通道，而且随着兰渝铁路的修建并与其相连，形成了大西北通往沿海的捷径，将有力地支持中国西部的开发开放。渝怀铁路的修建对沿线地区的经济社会发展起到重要作用。这一地区属于老革命根据地、少数民族地区和连片贫困山区。铁路的开通改善了区位条件，有利于当地资源开发，为脱贫致富奔小康奠定了基础。

3. 成渝之间便捷通道——遂渝铁路

遂渝铁路，起于达成铁路的遂宁南站，经潼南、合川后，在沙坪坝井口接入重庆枢纽至重庆北站。遂渝铁路按国家Ⅰ级铁路干线标准建造，全线为电气化牵引，2003 年 2 月开工建设单线，2006 年 1 月开通运行。设计速度为 160 km / h，是当时西南地区设计速度最高的线路。2009 年遂渝铁路二线开工，2012 年 12 月正式开通运行，与遂渝铁路既有单线基本平行，正线长 131.166 km，旅客列车设计速度为 200 km / h，建筑限界满足双层集装箱列车通行要求。遂渝铁路从单线变双线后，列车的发车频度加大，发车间隔时间缩短，列车的运营最高速度提高到 200 km / h，与成遂铁路共同构成了成都至重庆之间的便捷铁路通道。

遂渝铁路在修建中，开展了无碴轨道综合试验。所谓无碴轨道，是指采用混凝土、沥青混合料等整体基础取代散粒碎石道床的轨道结构，是国外高速铁路普遍采用的轨道形态。遂渝铁路无碴轨道综合试验成功，为以后我国客运专线建设提供了一项成熟技术。

4. 沪汉渝蓉快速客运通道组成段——渝利铁路

渝利铁路（重庆至湖北省利川市）是我国《中长期铁路网规划》中“四纵四横”快速客运通道中沪汉蓉快速客运通道的组成部分，以客运为主、兼顾货运的国铁Ⅰ级双线电气化铁路干线。渝利铁路不利用既有渝怀铁路重庆至涪陵段，而是新建从重庆北站至利川市凉雾站的新线路。线路全长 264.4 km，从位于重庆市渝北区的重庆北站出发，经长寿、涪陵、丰都、石柱，在湖北省利川市的凉雾与万宜铁路相接。渝利铁路在湖北境内仅有 28 km，其余均在重庆境内。全线为双线电气化，设计客运速度为 200 km / h，双层集装箱货运速度为 160 km / h，总投资为 261.8 亿元。

渝利铁路于 2008 年 12 月开工建设，2013 年 7 月完成铺轨，当年 12 月正式开通运营。至此，上海、武汉、重庆、成都之间的快速客运通道正式打通。

渝利铁路工程异常艰难。从重庆北站到凉雾的桥隧长度占正线长度的 79.2%。全线共有 32 座高墩大跨度特殊结构桥梁。其中，涪陵蔡家沱特大桥桥墩高 137 m，相当于 40 多层楼高。涪陵韩家沱长江大桥为主跨 432 m 钢桁梁斜拉桥，且在三峡库区深水区施工。全线 71 座隧道，其中 9 ~ 13 km 长大隧道 5 座，存在世界级施工难题。工程建设者英勇奋斗，战胜了所有困难，按期完成了这一铁路建设史上的宏伟工程。

渝利铁路的建成具有重要的意义。通过渝利铁路形成沪汉渝蓉快速铁路通道，大大增强了西南地区与中部地区及长三角地区的联系，缩短了我国东部、中部和西部的时空距离，成为长江经济带重要的交通基础设施。渝利铁路的建成通车，为渝东北和鄂西的经济社会发展打下了坚实的基础。过去因为交通闭塞，渝东北和鄂西地区都是全国出名的贫困地区。铁路通车以后，丰富的矿产自然资源和人文资源吸引了国内外投资者和旅游者，大大加快了地区脱贫致富奔小康的步伐。现在这一地区旅游业快速发展，成为国内旅游的“热点”地区。

5. 西南西北大通道——兰渝铁路

兰渝铁路，是北起甘肃省兰州市南到重庆市的干线铁路，是我国《中长期铁路网规划》中西北至西南区域间客货并重的大能力运输新通道，是我国“四纵四横”铁路网中第三条纵贯中国南北的铁路大动脉。

2005 年，甘肃省、四川省、重庆市、铁道部共同商议合资建设兰渝铁路。2007 年 5 月，国家发展改革委正式批复建设兰州至重庆的铁路项目建议书，标志着兰渝铁路获国家正式立项。2008 年 8 月，国家发展改革委审查批准项目可行性研究报告；同年 9 月 29 日在兰州市举行兰渝铁路开工典礼。兰渝铁路，北起兰州站、南至重庆北站，穿越甘、陕、川、渝三省一市 22 个市县（区），正线双线全长 820 km，总投资 774 亿元，全线桥隧比达 72%。另从南充东站出发经岳池县、广安市止于襄渝铁路高兴站，建设南高支线（南充至高兴段），单线长 94 km。西南最大的铁路编组站——重庆兴隆场编组站一并纳入兰渝铁路建设。

兰渝铁路在重庆境内主要工程有：重庆枢纽渭沱至重庆北、磨心坡至蔡家增建三、四线，蔡家至重庆北新建双线，磨心坡至团结村增建二线，新建兴隆场编组站。兰渝铁路为国铁Ⅰ级双线电气化客货共线快速铁路，旅客旅行速度目标值 160 km / h，有条件路段预留 200 km / h 条件，设计运输能力兰州至重庆为客车 50 对 / 日，货运能力 5 000 万 t / 年。

兰渝铁路工程艰巨，线路经过四川、甘肃交界处的崇山峻岭，穿越 10 条区域性大断裂带、87 条大断层。这一地带号称“地质博物馆”，多发地震、山洪、泥石流灾害。兰渝铁路有 4 大高风险隧道：西秦岭隧道长 28.2 km，木寨岭隧道长 19.1 km，胡麻岭隧道长 13.6 km，新城子隧道长 9.2 km。10 万筑路大军英勇奋战，艰苦攻关，克服了一系列世界级工程难题。

兰渝铁路于 2008 年 9 月正式开工，预定建设工期为 6 年。因为长大隧道工程地质状况异常复杂形成限制性因素，2014 年中国铁路总公司审时度势作出“逐年分段开通”的决策。2014 年 7 月，南充至高兴支路开通。2015 年 12 月，广元至重庆段建成通车。2017 年 6 月，胡麻岭隧道经过 8 年奋战终于胜利贯通。同年 9 月，夏官营至岷县段开通。9 月 29 日，由兰州开出了前往重庆的第一列火车。至此，兰渝铁路全线胜利通车，共历时整整 9 年，比原定工期多用 3 年。

兰渝铁路的修建具有重大深远的意义。兰渝铁路的开通，极大地改善了我国西部地区的交通格局，改善了重庆、兰州的区位条件，实现了“丝绸之路”经济带通过长江“黄金水道”与 21 世纪“海上丝绸之路”的连接，极大地促进我国内陆的开发开放。兰渝铁路也是精准扶贫的长大干线，沿线六盘山区、秦巴山区国家级连片贫困地区交通条件得到根本性改善，经济和社会发展加速，贫困群众脱贫致富奔小康的步伐大大加快。

6. 川渝地区第一条高速铁路——成渝高速铁路

成渝高速铁路，又称成渝客运铁路专线，是国家“四纵四横”客运专线之一的沪汉渝蓉快速铁路通道的重要组成部分，是第三条贯通成渝城市群的铁路交通走廊。

成渝高速铁路起自成都铁路枢纽成都东站，向东经简阳、资阳、资中、内江、隆昌后进入重庆境内，再经荣昌、大足、永川、璧山、沙坪坝到重庆北站，正线长 308 km。其中四川境内 185.5 km，重庆市境内 122.5 km。新建车站 9 个，分别是简阳北、资阳北、资中北、内江北、隆昌北、荣昌、大足东、永川东、璧山站；改建既有车站 2 个，分别是沙坪坝、重庆北站。连同已经投用的成都东客站，全线共设 12 个车站。正线设桥梁 298 座，共 158.9 km；共设双线隧道 46 座，合计 44.6 km，左右分修单线隧道 2 座 8.24 km（中梁山隧道左线 4 124 m、右线隧道 4 119 m）；桥隧总长 207.7 km，桥隧里程占线路总里程的比重达 67.5%。

全线采用双线无碴轨道，旅客列车设计行车速度目标值为 350 km / h，于 2010 年 11 月 17 日正式开工。成渝高速铁路的开工建设，是西部大开发和成渝城市群建设进程中的一件大事。工程投资总额 398.9 亿元，建设总工期为 5 年。

2013 年 12 月 16 日，成渝客专全线控制性工程——中梁山左线新隧道全部贯通。2014 年 7 月 30 日，开始铺轨。2015 年 9 月，进入联调联试阶段。经过 3 万多名建设者 5 年多的艰苦施工，2015年成渝高速铁路成都东站至重庆北站正式开通运营。

成渝高速铁路的修建具有重要的意义。成渝高速铁路的建成通车，形成了川渝地区综合交通网中的主骨架和快速客运通道，把成都和重庆的时空距离缩短至2 h以内，极大地提高了成渝之间旅客运输的质量和能力，对充分发挥成渝双城的辐射功能，带动沿线和周边地区经济社会发展，加快成渝城市群快速崛起，起到重要的作用。

7. 重庆主城连接三峡库区的高速铁路——渝万城际高速铁路

渝万城际高速铁路连接重庆都市区和渝东北中心城市万州，是川渝铁路网主骨架线路之一，也是我国铁路网中长期规划中的重要客运专线郑渝高速铁路（郑州—重庆）的组成部分，是中长期规划中的京昆高铁大通道（北京—郑州—重庆—昆明）中的一段，同时也是联系西南地区和中原地区、华北地区的主要客运快速通道，兼顾沿线城际及旅游客流运输。

渝万城际高速铁路从重庆北站出发后，经复盛站、长寿北站、长寿湖站、垫江站、梁平南站，抵达万州北站。2011年3月15日，铁道部批复了渝万城际高速铁路初步设计。根据批复，渝万城际高速铁路正线全长248 km，项目一次新建双线，速度目标值为250 km / h，并预留进一步提速条件。此外，铁道部还批复同意增加复盛站和长寿湖站。项目总投资311.5亿元，建设工期4年。渝万城际高速铁路穿越四川盆地东部平行岭谷区，正线共设桥梁239座，隧道56座，桥隧长度占线路总长的72.3%。全线最长隧道为分水岭隧道，全长9 167 m，也是全线控制性工程。

2012年底至2013年初，渝万城际高速铁路全线陆续开工。2016年3月，全线完成铺轨，7月进行联调联试，11月底渝万城际高速铁路正式开通营运。

渝万城际高速铁路的建设具有重要的意义。渝万城际高速铁路连通郑渝高铁、渝昆高铁及沪渝沿江铁路，成为联系西南地区和中原地区、华北地区的主要客运快速通道，同时也是沿线城际及旅游客流的主要运输通道。渝万城际高速铁路是联系重庆主城和三峡库区核心地区的快捷通道，有利于促进三峡库区加速发展，社会安定，经济繁荣。

8. 渝黔快捷通道——渝贵铁路

渝贵铁路最初立项是以既有川黔铁路扩能改造名义而来。川黔铁路是时速低的普速铁路，线路通过能力早已饱和。建设渝贵铁路之后，川黔铁路转为货运线路，渝贵铁路执行客运任务。

渝贵铁路又名渝黔铁路（或渝黔快速铁路），为国铁Ⅰ级双线电气化客货共线快速铁路，日均客车通行能力80对。其线路走向是：从重庆中梁山东侧的重庆西站引出，向南经綦江，进入贵州省遵义市桐梓县境内，经遵义市、息烽县接入贵阳市贵阳北站。

2011年3月，铁道部批复了渝贵铁路新线初步设计。根据批复，渝贵铁路正线全长345 km，总投资516亿元，其中重庆市境内116 km，投资额268亿元。项目一次新建双线，速度目标值为200 km / h。重庆铁路枢纽内将同步建设相关客货通道联络线。

渝贵铁路走向与川黔铁路大体一致，所经过的大娄山区地质条件十分复杂，沿线高桥、长隧很多，施工难度大。渝贵铁路主要的重点工程有：一是新白沙沱长江特大桥，桥梁全长 5 324 m，上层桥面为 4 线客运专线，下层桥面为双线货车线。主跨采用（81+162+432+162+81）m 钢桁梁斜拉桥。这种类型的特大桥为全国第一座，设计和施工达到了世界级水平。二是夜郎河双线特大桥，桥梁全长 1 114 m。三是朝门乌江双线大桥，桥梁全长 433 m。四是天坪隧道，该隧道全长 13 978 m，是全线最长的隧道工程，穿越瓦斯煤层和高地温地段，也是渝贵铁路控制性工程之一。

2010 年 10 月 23 日，渝贵铁路全线开工。经过数万筑路大军英勇奋战，2017 年 3 月 26 日，渝黔铁路轨道全部铺通。2017 年 5 月，重庆至贵阳铁路的扩能改造工程正式命名为渝贵铁路，此前使用的渝黔铁路名称不再使用。同年 10 月 12 日，渝贵铁路正式开始联调联试。12 月 23 日起，渝贵铁路全面进入运行试验。2018 年 1 月 25 日，渝贵铁路正式投入运营。

渝贵铁路的修建具有重要的意义。渝贵铁路在重庆铁路枢纽与兰渝铁路、成渝高速铁路连接，在贵阳铁路枢纽与贵广高铁、沪昆高铁连接，成为西部通往华南珠三角地区的一条重要的快速出海通道，成为我国西北、西南至华南地区快速铁路通道的重要组成部分，与兰渝铁路、贵广高铁共同构成高标准、大能力、快速度的铁路通道。渝贵铁路有效拉近了成渝城市群与贵州省内各县市之间的时空距离，起到我国南北纵向交通纽带作用。渝贵铁路通车以后，川黔铁路功能转换为货运专线，对于建设铁海联运新通道，促进中国内陆腹地加大对外开放，起到支撑作用。同时，对于扩大黔煤入渝，也创造了有利条件。

图 1.6　铁水联运煤炭东下

9. 黔张常铁路

黔张常铁路是我国“八纵八横”高速铁路网中渝厦快速铁路通道的一段，西起重庆市黔江区，经湖南张家界，东接石长铁路常德市常德站，横跨渝怀线、枝柳线、石长线，沟通成渝、京广、浙赣等铁路干线，是成都、重庆至长沙最便捷的铁路通道。

2014 年 9 月 29 日，国家发展改革委批复新建黔江至张家界至常德铁路可行性研究报告，同意修建该条铁路。同时 10 月 11 日，中国铁路总公司和湖南省、湖北省、重庆市批准项目初步设计，项目业主为黔张常铁路有限责任公司。

黔张常铁路总长 336 km，设计速度为 200 km / h，是以客为主、客货混线的国家Ⅰ级双线铁路，输送能力：货运 3 000 万 t / 年，客运 2 900 万人次 / 年。建设工期 5.5 年。重庆境内黔江段长 23.1 km，设黔江、黔江北站。

黔张常铁路总投资估算为 384.4 亿元，其中工程投资 373.4 亿元。项目资本金占总投资的 50%，分别由中央预算内投资和重庆市、湖北省、湖南省政府出资。中国铁路总公司和三省市共同组建合资公司——黔张常铁路有限责任公司，负责组织工程建设。

2014 年 12 月 16 日，黔张常铁路正式动工。2019 年 7 月，黔张常铁路开始联调联试，同年 12 月开通运营。

10. 目前在建的 3 条国家干线铁路

（1）郑万高速铁路

郑万高速铁路是国家快速铁路网的组成部分，是西南地区与中原、华北地区之间的干线铁路。

郑万高速铁路主要建设内容和技术标准：线路从郑州南站引出，经河南长葛、平顶山、方城、南阳，湖北襄阳、兴山、巴东，重庆市巫山、奉节、云阳，接入渝万城际高速铁路万州北站，全长 818 km；双线电气化客运专线，设计速度为 350 km / h；全线设 20 座车站，其中重庆境内设巫山、奉节、云阳、万州北 4 座车站。项目总投资 1 180 亿元，由中国铁路总公司、河南省、湖北省、重庆市共同出资建设。出资方依法组建合资铁路公司，负责项目建设和经营管理。

郑万高速铁路建设工期 5 年。2015 年 10 月，郑万高速铁路河南段开工。同年 12 月，重庆段开工。2016 年 12 月，湖北段开工。郑万高速铁路穿越伏牛山、武当山、巫山山脉，桥隧比达到 83.18%。郑万高速铁路重庆段全长 184 km，主要路段经过三峡地区，地质状况复杂，生态环境脆弱，桥隧比达到 98.1%，工程施工异常艰难。位于云阳境内的彭溪河多线特大桥全长 741.6 m，主墩桩基最深处在水面下 60 多米。位于万州境内的小周隧道长 2 357 m，最大埋深 210 m。位于巫山境内的大宁河双线大桥，穿越著名的小三峡风景区。承担施工的建筑队伍精心组织施工，克服一个又一个困难，正按照目标推进施工，确保 2021 年全线贯通。

（2）渝湘高速铁路（渝黔段）

重庆至黔江高速铁路，是国家“八纵八横”高速铁路网重庆至厦门高速铁路主通道的一段。2018 年 10 月 19 日，国家发展改革委批复新建重庆至黔江铁路可行性研究报告，同意建设该条铁路。

主要建设内容：线路起自重庆站，经巴南、南川、武隆、彭水，终至黔江，正线全长

265 km，设站 8 座，其中新建 6 座，同步建设重庆东动车所动车出入线、重庆枢纽东环线联络线。

主要技术标准：高速铁路，双线。速度目标值：重庆至重庆东，120 km / h；重庆东至黔江，350 km / h。规划远景年输送能力单向 4 000 万人次 / 年。

投资估算及建设安排：项目投资估算总额为 535 亿元，其中工程投资 514.1 亿元，动车组购置费 20.9 亿元。

本项目由中国铁路总公司和重庆市人民政府共同筹资，项目资本金占总投资的 50%，计 267.5 亿元。项目建设工期 5 年半。

2018 年 11 月 23 日，渝湘高速铁路渝黔段开工。目前，这条铁路正在建设中。

（3）渝昆高速铁路

渝昆高铁是国家“八纵八横”高铁网中京昆大通道的重要组成部分，是贯彻落实“一带一路”、长江经济带等国家战略，促进区域发展与国家战略有效融合的有效措施；可以加快西部区域经济实现“稳增长、调结构、惠民生”，构建和谐社会，促进沿线经济发展；可以增强重庆、昆明等中心城市辐射力，促进沿线城市群城镇化发展；完善区域高速铁路网布局，形成昆明与川渝地区快速旅客交流新通道，并进一步辐射西北地区，兼顾成渝、滇中两城市群城际客流，提高重庆铁路枢纽地位。

线路自重庆铁路枢纽重庆西站引出后，沿途经过重庆江津和永川区、四川泸州和宜宾市、贵州毕节市、云南昭通和曲靖市后接入昆明铁路枢纽昆明南站渝昆场。北端衔接兰渝线、遂渝线、渝万线、渝利线、成渝客专和规划的渝西客专、渝长客专、渝黔客专，与新建的渝贵线在重庆西分场交接；线路中部与川南城际和在建成贵线相连；南端衔接在建长昆客专、云桂线和昆明枢纽东南环线。本线是京昆快速铁路通道的组成部分，也是云南与川渝、西北地区客运通道的重要组成部分。

2019 年 9 月 4 日，国家发展改革委批复新建渝昆高铁可行性研究报告，同意修建该条铁路。同年 9 月 29 日，渝昆高铁重庆段、四川段项目建设正式启动；12 月 20 日，云南段正式开工建设。

渝昆高铁设计速度为 350 km / h，客运专线、国家 Ⅰ 级双线铁路，线路全长 699 km，其中，重庆境内 84.4 km，四川境内 204.2 km，贵州境内 22.1 km，云南境内 388.3 km，共设车站 19 个，其中新建站 16 个，引入既有站 2 个，预留车站 1 个；桥梁 371 座，长 220.6 km；隧道 83 座，长 342.6 km，桥隧总长 563.2 km，占线路比重 80.57%。

渝昆高铁投资总额约 1 309 亿元，技术经济指标 1.9 亿元 / 正线千米。其中，重庆市总投资 151 亿元。本项目资本金比例按总投资的 50% 安排，其余 50% 考虑国内银行贷款。资本金部分，中国国家铁路集团有限公司与地方政府暂商议按比例出资。

表 1.3　1997—2019 重庆铁路建设项目简表

序号	项目名称	线路等级	线路里程（正线长度）（km）	投资总额（亿元）	设计速度标准（km/h）	建设时期
一、既有铁路						
1	达万铁路	国铁Ⅰ级单线	157	28.8	120	1997.12—2002.10
2	渝怀铁路	国铁Ⅰ级单线电气化	625	198.8	120 ~ 140	2000.12—2006.4
3	遂渝铁路	国铁Ⅰ级单线电气化	155	49.3	200	2003.2—2006.1
4	遂渝铁路二线	国铁Ⅰ级	131	48.2	200	2009.1—2012.12
5	渝利铁路	国铁Ⅰ级双线电气化	261	270.7	200	2008.12—2013.7
6	渝怀铁路二线渝涪段	国铁Ⅰ级	97.7	35.9	120	2009.9—2013.12
7	渝怀铁路二线涪梅段	国铁Ⅰ级	339.5	361.6	120	2015.12—2020.12
8	兰渝铁路	国铁Ⅰ级双线电气化	820	774	160 ~ 200	2008.9—2017.9
9	成渝高速铁路	高速铁路	308	398.9	300	2010.11—2015.12
10	渝万城际高速铁路	高速铁路	248	311.5	250	2012.12—2016.3
11	渝贵铁路	国铁Ⅰ级双线电气化	345	516	200	2010.10—2017.12
12	黔张常铁路	国铁Ⅰ级双线电气化	336	384.4	384.4	2014.12—2019.12
二、在建铁路						
1	郑万高铁	高速铁路	818	1 180	350	2015.10—2022
2	渝湘高铁渝黔段	高速铁路	265	535	350	2018.11—2023.5
3	渝昆高铁	高速铁路	699	1 309	350	2019.9—2025.9

二、重庆铁路枢纽与支线、专用线建设

（一）重庆铁路枢纽建设

重庆铁路枢纽经过半个多世纪的规划、建设，现在已经成为路网性枢纽，是“铁公水”衔接、现代化水平高的特大型枢纽。

1. 重庆铁路枢纽发展历史

重庆铁路枢纽，从“一五”期末开始规划建设，经过 20 多年持续不断的扩建，到 20 世纪 80 年代初基本形成规模。1957 年 12 月，第一次制定完成了重庆铁路枢纽总布置图，选定重庆西为主要编组站，江津珞璜为辅助编组站。1958 年初，“重庆枢纽勘测技术任务书”经铁道部设计总局批准，并下达给铁道部第二设计院，对枢纽范围内各站点进行初测。1959 年 6 月，完成枢纽初期工程的施工设计。

1961 年，重新编制了重庆枢纽的初步设计，决定先扩建重庆客运站和九龙坡编组站，扩建大渡口为工业编组站，小南海为川黔、成渝两条铁路的换重作业站。1965 年，对重庆铁路枢纽总布置图进行了修改，增加川黔铁路与成渝铁路的联络线、川黔铁路至中梁山的联络线，

以及新建珞璜编组站和梨树湾货运站。1969年，《关于重庆铁路枢纽总图设计原则的报告》推荐沙坪坝为枢纽第二客站、梨树湾为枢纽新货场，长江以南扩建珞璜站，长江以北新建重庆西编组站。直到1970年8月，建议发展上桥为新货场后，重庆铁路枢纽总布局图才基本定局。

为引入襄渝铁路与重庆菜园坝客运站相连接，同时接通成渝铁路形成环线，增加枢纽运输的灵活性，缓解大渡口、九龙坡区间通过能力紧张的状况，先后修建了四梨、梨菜两条联络线。四梨线起自襄渝铁路中梁山隧道出口至梨树湾车站；梨菜线起自梨树湾车站，经沙坪坝、大坪，向西接成渝铁路的黄沙溪站，向东进入重庆菜园坝站。1972年初全面开始施工，1978年9月投入营业。

修建南北疏解区是完善重庆西编组站的重要措施，也是形成3条铁路干线和重庆铁路枢纽辐射型线路网络的重要举措，使重庆地区内铁路与公路、水路相互衔接。南北疏解区北起襄渝铁路中梁山隧道口，经上桥、重庆西站、跳蹬站，南端分别延伸至川黔铁路的珞璜站和成渝铁路的石场站。1971年10月开始施工，1978年由铁道部主持对重庆铁路枢纽重庆西编组站和南北疏解区进行初步验收，1980年交付营运。

重庆九龙坡站主要担负成渝铁路、川黔铁路、三万支线的客货列车到发、解编、取送和货物装卸作业，以及重庆水陆联运换装业务，是西南地区最大的水陆联运换乘站。"三线建设"期间，为适应西南地区建设需要，建设了水铁联运重件运输系统，配置起重能力为180吨级的浮吊、岸吊设施。

重庆西站曾是西南地区货物列车编组站之一，位于中梁山东麓。1971年该站由铁道部第二设计院进行勘测设计，1972年施工，1979年竣工，1980年交付营运。车站线路总规模设计32股，铺轨26股。1985年增铺东西场6条线路。重庆西编组站型为一级三场，即东、西到发场和编组场，承担成渝、川黔、襄渝3条干线和重庆铁路枢纽货物列车的分解与编组任务，并对货运车辆例行清理，日解编能力为3 600辆。

重庆站是重庆主要客站，1952年投运，初期简陋，经过1960年、1965年、1975年和1980年的改建扩建，1985年新建综合服务大楼。在成渝铁路电气化改造工程中，按高峰聚集5 000人规模修建客运站房。旅客发送量由1953年的73万人次增加到1985年的516.9万人次，增长6.1倍。

到1985年，重庆铁路枢纽的总体情况如下：范围包括成渝铁路铜罐驿—重庆段、襄渝铁路西永—重庆西段、小南海—梨树湾站、梨树湾—菜园坝（重庆站）线、四线路所—梨树湾线、铜罐驿—西永便线，以及重庆西编组站和西端的南北疏解线，正线总里程161.743 km。枢纽内有重庆、黄沙溪、九龙坡、大渡口、茄子溪、伏牛溪、小南海、石场、铜罐驿、珞璜、跳蹬、中梁山、重庆西、西永、白市驿、上桥、梨树湾、沙坪坝等19个车站，形成双环状。其中，重庆、沙坪坝为主要客站，重庆西为主要编组站，九龙坡为地区编组站和主要货运站，伏牛溪为危险货物装卸站。1985年，重庆铁路枢纽内各站共发送旅客735.3万人次，占重庆市域内发送人数的54%；发送货物374.4万t，到达货物948.1万t，分别占重庆市域内的27%和72%。

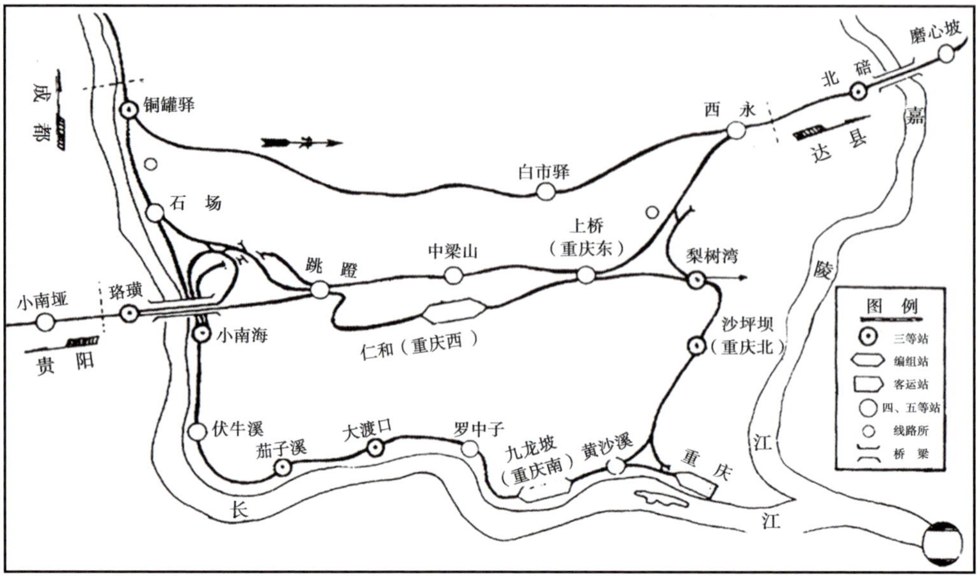

图 1.7 重庆铁路枢纽示意图（1985 年）

图 1.8 九龙坡货站

2. 重庆铁路枢纽发展现状

从20世纪80年代中期到90年代，重庆地区没有新开铁路干线建设项目，在完成成渝铁路、川黔铁路、襄渝铁路电气化工程时，国家对重庆铁路枢纽也相继进行了改造和扩建，以与新增客货运力相适应。进入21世纪以后，重庆迎来了铁路建设高潮。随着渝怀铁路、遂渝铁路、渝利铁路、兰渝铁路、渝贵铁路、成渝高速铁路、渝万城际等新干线的建设，重庆铁路枢纽进行了大规模改造和扩建。客运系统方面，新建设了重庆北站、重庆西站，改扩建了沙坪坝站，形成了“三主一辅”新格局。货运系统方面，根据重庆国家中心城市发展和生产力布局调整的需要，大力发展集装箱和集疏运输能力，提高货物运输的方便快捷程度，强化解编系统，为此新建了团结村集装箱站中心站、兴隆场大型编组站，新建和改扩建了一批重点货站，适当收缩一般货运站点。目前，重庆铁路枢纽已经形成国家级特大型铁路枢纽，成为重庆国家级特大型综合运输枢纽的主要组成部分。

目前，重庆铁路枢纽客运系统中，重庆北、重庆西是主要客站，重庆站（菜园坝）相对功能退化即将全面重建，沙坪坝站为辅助客站。

（1）重庆北站

重庆北站为全国客运特等站，分为南、北两个广场。重庆北站南广场在重庆铁路枢纽引入渝怀线、遂渝线时建设，2006 年 10 月投入运营，站房建筑面积 16 121 万 m^2。该站 5.6 万 m^2 无柱站台风雨棚是全国铁路车站最先采用的先进结构形式。重庆北站南广场站房为玻璃幕墙现代风格建筑，整体为银灰色；站房主体为两层，局部 3 层；内设 7 个候车室，站内设多部自动扶梯与电梯；出站口有电梯与站前广场地下通道连接，可与轨道交通、公交汽车换乘，是当时全国现代化程度最高的车站之一。随着渝利铁路引入枢纽而建设的重庆北站北广场，2015 年 1 月投入运营。北广场规模宏大，总建筑面积 25.5 万 m^2，站房面积 11 万 m^2。北广场站房以“山城迎宾至”为建筑立意，以层叠群山为外立面造型，采用屋面玻璃采光顶及阶梯幕墙透光，提高候车大厅亮度。站房主体共 6 层，其中 5 层在地下。地面层及负 1 层为铁路车站功能层，负 2 层为社会交通服务设施层，负 4、负 5 层为轨道交通站台。

图 1.9　70 周年国庆时的重庆北站北广场

目前，重庆北站共设有 14 个站台 29 股道，可以同时容纳 25 000 人乘车。重庆北站主要承担以下线路的客运业务：成渝高铁、遂渝铁路、兰渝铁路、襄渝铁路、渝怀铁路、渝利铁路、渝万城际。重庆北站融铁路、轨道交通、长途汽车、公共汽车等多种交通方式为一体。现有 4 条轨道交通线路在此设置站点，分别为轨道 3 号线、4 号线、10 号线、环线。

图 1.10　全国人大代表视察建设中的重庆北站

图 1.11　重庆北站北广场候车大厅

图 1.12　重庆北站北广场站房

图 1.13　重庆北站北广场进站厅

图 1.14　重庆北站南广场

图 1.15　重庆北站客车到发场

图 1.16　重庆北站无柱站台

图 1.17　动车从重庆北站出发

（2）重庆西站

重庆西站为全国铁路特等客站，入围“中国十大高铁车站”之列。站房形态表达的是“两江汇聚”的形象；用岩石和江水刚柔相济的建筑外观，体现“两江潮涌”的气势。站房主体南北宽 276 m，东西进深 455 m；高架候车室长度为 335.4 m；站房总高度为 38.4 m，檐口标高 33 m；建筑面积为 11.99 万 m^2。先进的设计理念、先进的建筑材料和先进的施工技术，造就了无比宽敞明亮的公共空间。这座辉煌的殿堂式车站，已经成为重庆国际大都市一座新的标志性建筑。重庆西站设计有 3 个“中国之最”：一是面积达 8.1 万 m^2 的无台柱清水混凝土预应力结构雨棚；二是采用 182 m 大跨度组合拱结构支撑；三是在出站通道上设置 4 部电动平步道，这是中国铁路客站首次采用。重庆西站采用高架候车模式，站房内部共设 5 层，立体布置综合交通方式。地面层为铁路主站房候车大厅，地下负 1、负 2 层为铁路服务功能区和公共换乘区，地下负 3、负 4 层为轨道交通层，设有轨道环线、5 号线、12 号线站台。铁路站台布置 29 站台面 31 条股道，设计接发车 381 对 / 日，年客流量 4 218 万人次。重庆西站主要服务线路为渝贵铁路、成渝高速铁路、兰渝铁路、襄渝铁路。

图 1.18　歌乐山下的重庆西站

图 1.19　重庆西站外景

图 1.20　重庆西站广场

图 1.21　重庆西站站房

图 1.22　重庆西站内景

图 1.23　重庆西站过厅

图 1.24　重庆西站入口

图 1.25　重庆西站候车大厅

图 1.26　重庆西站进站过厅

图 1.27　重庆西站站台

（3）重庆站

重庆站亦称菜园坝站，为铁路一等站，于 1952 年 7 月建成并投入使用。重庆站站房共两层，设置候车和出站层，车站高峰聚集人数为 5 000 人，重庆站于 1989 年至 1994 年进行了扩建改造。2005 年，重庆站运送旅客近千万人次。重庆站为尽头式车站，已经不能满足发展需要。重庆北站建成启用以后，重庆站作为重庆铁路枢纽主客站的功能被其逐渐替代。目前，重庆站站场规模为 4 座站台 7 个站台面，服务线路为成渝铁路、川黔铁路、襄渝铁路。随着东环线及渝昆高铁、渝湘（厦）高铁的启动建设，将对重庆站进行根本性改造。

图 1.28　重庆站（菜园坝站）

（4）沙坪坝站

沙坪坝站是重庆铁路枢纽辅助客站。改造扩建后的沙坪坝站交通综合体是国内首例高铁车站上盖城市综合体开发案例。作为铁道部与重庆市人民政府确定的部市共建示范项目，总投资 105 亿元（不含上盖物业），其中综合交通换乘枢纽工程投资 84 亿元，并引入“站城融合”的设计理念，打造成全国第一个高铁商圈 TOD。沙坪坝站衔接成渝高速铁路与城市轨道公交、出租车等多种交通方式，充分利用地下空间。地下分 8 层，设有高铁站台、高铁换乘厅以及轨道交通站台（环线、1 号线、9 号线）、出租车站、公交车站，以及停车库（4 300 个停车位）。沙坪坝站位于沙坪坝城区中心地域，工程量大，拆迁建筑面积达 9.78 万 m^2，土石方挖填达 260 万 m^3，施工组织十分困难。2013 年 4 月开工，因拆迁困难，2016 年才形成规模化施工。

沙坪坝站是全国大城市铁路客站中首例在铁路枢纽站上盖城市物业综合体的车站。尽管拆迁费用高，支付各类征收、补偿款高达 24 亿元（不含涉及铁路的补偿费用），但由于地处城市中心黄金地段，上盖物业开发权以 34.1 亿元的土地挂牌综合价成功出让，仍实现出让资金与拆迁费用基本平衡。沙坪坝站创造了高铁车站建在城市中心区的成功范例，得到国家有关部门及兄弟省市的好评。中国工程院副院长、原铁道部总工程师何华武称，重庆沙坪坝站铁路综合交通枢纽项目是构建铁路客运站为商服综合体的范例。目前，地面上 4.9 万 m^2 综合体正在建设中。

沙坪坝站设 3 个铁路站台、7 条线，2019 年 1 月 28 日正式开通。成都至重庆高铁运行由 1.5 h 缩短至 58 min。在重庆站未完成改扩建工程的过渡期，沙坪坝站承担成渝高速铁路始发终到功能，日接发车能力为 56 对。重庆站改造完成后，沙坪坝站将作为中间站。

图 1.29　建设中的沙坪坝站

图 1.30　沙坪坝站内厅

图 1.31　沙坪坝站（建设中的上盖物业）

图 1.32　沙坪坝站前厅

（5）铁路枢纽调整建设

根据现代物流发展趋势，以及重庆生产力布局调整和城区扩展的实际情况，重庆铁路枢纽货运系统相应进行了调整，重点发展集装箱运输，加强“铁公水”衔接，适当集中一般货物运输。现在形成了“1+8”货运系统布局，即团结村集装箱中心站和磨心坡、北碚、白市驿、珞璜、小岚垭、黄磏、唐家沱、鱼嘴等一般货运站。

团结村集装箱中心站占地 2 200 亩，是全国铁路系统 18 个集装箱中心站之一，根据现代物流要求进行全新规划和设计，设有完善的铁路装卸到发设施，可实现整列集装箱到发运输作业。团结村集装箱中心站于 2007 年 10 月开工，2009 年 12 月正式开通运营，2010 年办理集装箱业务 19.8 万标箱，以后逐年以 11.7% 速度增长，2017 年实现 43 万标箱，集装箱运输增长很快。2011 年 3 月，重庆率先打通了中欧班列（重庆）国际物流大通道，开行由团结村始发，经新疆进入哈萨克斯坦，再经俄罗斯、白俄罗斯、波兰，到达德国杜伊斯堡的集装箱班列。以后，终到点又扩大到布达佩斯、米兰、曼海姆等城市，形成了我国通往欧洲的黄金通道。2017 年 10 月，团结村集装箱中心站完成扩容，具备 4 条作业线，每条长 800 m，8 台门吊，年作业能力由 30 万标箱提升到 60 万标箱。目前年办理量达到 48 万标箱。

重庆铁路枢纽 8 个一般货站中，鱼嘴站与珞璜站分别衔接重庆港果园港区和珞璜港区。果园港码头前沿 16 个 5 000 吨级泊位全部建成投入使用。港区“前港后园”和“铁公水”联运格局已经形成。设计年通过能力 3 000 万 t，其中集装箱 200 万标箱，大件散货 600 万 t，滚装商品汽车 100 万辆。进港专用铁路，双线 10 km，站场装卸作业线 13 条，主要有集装箱、散货、件货。2017 年底，中欧（重庆）集装箱班列首发，实现了中欧铁路货运通道与长江黄金水道的无缝衔接。

图 1.33　团结村集装箱中心站开工典礼

珞璜站有铁路专用线与重庆港珞璜港区相衔接。珞璜铁路综合物流枢纽（小岚垭）由成都铁路局与地方政府合建，新增设到发线 10 条，新建 6 条贯通式货物线（其中 2 条集装箱装卸线）和 9 条尽头式货物线，形成货运量 1 500 万 t 的物流枢纽，成为重庆最大的特大件与散货货场。

重庆铁路枢纽编组系统原有重庆西编组站，已经不能适应铁路运输发展和城市扩展，需要调整布局和完善功能。兴隆场编组站是作为兰渝铁路引入重庆铁路枢纽工程的组成部分而兴建的，于 2014 年 8 月投入正式运营。现在，兴隆场编组站是西南地区最大、设施最先进的编组站，是全国路网性编组站之一。兴隆场站占地 5 000 余亩，铺轨 173 km，双向三级七场，全长 6 600 m，横向最宽 536 m；分上行和下行系统，北端设有环到线，上下行系统规模相同，均为到达场设 12 条到发线，出发场设 15 条到发线，编组场设 36 条调车线，交通场设调车线 6 条。站内设机务段、折返段、车辆段各 1 处。日解编能力 2.4 万辆，为原重庆西编组站的 5 倍。兴隆场编组站是目前国内现代化程度较高的编组站，调车采用先进的编组站自动化系统（GIPS 系统），实现计算机连锁、驼峰自动化、调机自动化、停车器自动化及环境监控等。兴隆场编组站投运以后，原重庆西编组站改造为重庆西客站的动车维修所。

兴隆场编组站获 2016—2017 年度国家优质工程奖。

图 1.34　团结村集装箱中心站

图 1.35　团结村集装箱中心站铁路集装箱装卸

图 1.36　团结村集装箱中心站货场

图 1.37　果园港

图 1.38　兴隆场编组站

（二）铁路支线与专用线建设

1. 三万南铁路

三万南铁路属于支线铁路，主要由三万铁路和万南铁路两部分组成。三万铁路由綦江的三江到万盛，1953年7月建成通车，属国铁系统。万南铁路由万盛到南川，是四川省投资建设的低标准地方铁路，1996年投运，重庆直辖以后划归重庆市。三万铁路与万南铁路连通后，合称为三万南铁路，并组建国铁控股的有限责任公司。2010年12月，三万南铁路扩建改造工程正式开工，铁道部与重庆市人民政府合资修建，设计标准等级为国铁Ⅱ级，单线电气化，行车速度为120 km / h，客货兼营。

三万南铁路正线全长约55.7 km，同步新建的有三万南铁路与川黔线货车联络线3.2 km、新万盛站（现万盛站）至万盛西站（现万盛南站）联络线3.5 km，新建南平隧道为该项目的控制性工程，全长9.8 km。三万南铁路于2016年12月5日正式投入铁路货运试运行。三万南铁路是重庆外环铁路的重要组成部分，与南涪铁路连通，形成连接渝黔、渝怀两条铁路通道的联络线。这条铁路的建成通车，完善了重庆市交通体系，改善了南部区县的区位条件。

2. 南涪铁路

南涪铁路与三万南铁路共同组成渝黔和渝怀两条铁路干线之间的联络线，是重庆市大外环铁路的组成部分，也是铁道部与重庆市人民政府合作建成的第一条合资铁路。线路由重庆市的南川区至涪陵区，起自三万南铁路的南川站，接入现有渝怀铁路的沙溪沟涪陵站。南涪铁路按国铁Ⅱ级标准设计，单线电气化，全长78.33 km，限制坡度为12‰，最小曲线半径1 200 m，设计速度为120 km / h，未来具备提速到140 km / h的能力。南涪铁路于2008年9月开工，2010年5月开始铺架，2012年5月铺轨完成。2012年8月南涪铁路进入全面验交工作，2012年9月30日南涪铁路通车。

3. 长寿化工园区铁路专用线

重庆长寿化工园区铁路专用线，自渝怀铁路洛碛站接轨至长寿晏家企业站，正线长14.5 km，疏解线长1.9 km，合计16.4 km，设计速度为80 km / h。2012年3月开工，2015年11月开通并交付运营。主要技术指标：国铁Ⅳ级，单线，限制坡度为13‰，电力牵引，牵引质量为4 000 t。长寿化工园区铁路专用线是重庆市投资的地方铁路，属于危化品运输铁路，它的建成对支持德国巴斯夫项目生产及长寿化工园区的发展具有重要意义。

图 1.39　长寿化工园区铁路专用线架梁（2013 年）

4. 其他重要厂矿专用线

随着重庆经济社会发展，不少大中型厂矿和重要仓库陆续新建了一批铁路专用线，特别是冶金、化工、煤炭、电力工业企业。现在有的企业关停并转，相应拆除了专用线。现将部分专用线记载如下：

①西南铝加工厂专用线，接轨成渝铁路黄磏站，线路长度为 4 343 m，1964 年 5 月竣工投运。

②兰家沱港埠公司专用线，接轨成渝铁路古家沱站，线路长度为 3 086 m，1971 年 5 月竣工投运。

③重庆重型铸锻厂专用线，接轨成渝铁路伏牛溪站，线路长度为 1 728 m，1974 年 10 月竣工投运。

④九龙坡港埠公司专用线，接轨成渝铁路九龙坡站，线路长度为 1 234 m，1950 年建成。

⑤猫儿沱港埠公司专用线，接轨川黔铁路小南垭站，线路长度为 7 328 m，1974 年 6 月竣工投运。

⑥松藻矿务局打通矿专用线，接轨川黔铁路赶水站，线路长度为 26 600 m，1970 年 7 月竣工投运。

⑦珞磺电厂专用线。

⑧816 厂（白涛）专用线。

⑨神华万州电厂专用线。

⑩合川双槐电厂专用线。

⑪长寿重庆钢铁专用线。

第二章

重庆铁路主要建设项目

一、成渝铁路

（一）中共中央西南局的第一个重大决策

1949年11月，中央决定成立中共中央西南局，由邓小平同志担任西南局第一书记，主持西南局工作。12月，中央决定成立西南军政委员会，刘伯承任西南军政委员会主席、邓小平任副主席。当月8日，中共中央西南局、西南军政委员会进驻重庆。

当时，西南地区的战争还在继续，面对凋敝的经济和战争造成的创伤，如何恢复和发展经济、提高民生，是摆在中共中央西南局和西南军政委员会面前的一道难题。1949年12月31日，邓小平主持中共中央西南局常委办公会议，作出了兴建成渝铁路的决定。

1950年1月2日，邓小平同志向党中央和毛泽东主席汇报建设大西南计划时，特别提出"着重于修建成渝铁路"的重大意义。他认为，修建成渝铁路，一是可以解决四川交通闭塞、政令不畅的问题；二是重庆、成都是西南的中心城市，修建铁路可以带动四川乃至西南地区经济发展，并向全国输出粮食等农副产品；三是中国人自行设计、自行施工修建铁路，可以提高中国的国际声望，加快铁路沿线的工业发展；四是在刚刚解放、百废待兴的情况下，只有集中力量办一两件大事，才能稳定人心、鼓舞人心，给人民带来希望。

党中央、政务院及时批准了西南军政委员会修建成渝铁路的报告，并提出"依靠地方，群策群力，就地取材，修好铁路"的方针。随后，邓小平主持中共中央西南局委员会，传达党中央和毛泽东主席的指示，并作出了"以修建成渝铁路为先行，带动百业发展，帮助四川恢复经济"的重大战略决策。

邓小平同志认为，修建铁路，必须要有一支技术过硬的勘测设计队伍和一支强大而有力的工程队伍。在他的亲自主持下，1950年3月21日成立了重庆铁路工程局，负责修建成渝铁路的准备工作。6月，改组为西南军政委员会交通部西南铁路工程局，全面负责修建成渝铁路，并在西南铁路工程局下设技术科，负责成渝铁路的勘测设计工作。

为了组织好成渝铁路的勘测设计队伍，邓小平同志不耻下问、亲自拜访著名工程专家陈修和（陈毅同志胞兄），了解成渝铁路的情况，并请他推荐勘测设计和工程技术人员。同时，采取各种措施从全国各地以及原国民政府遗留的工程技术人员中聘请专家和技术人员。一是大量吸收原国民政府成渝铁路工程局的技术人才；二是大量吸收原黔桂铁路工程局和天宝铁路工程局的技术人才；三是大量吸收原中国桥梁公司重庆分公司人才；四是从中国人民解放军第二野战军和西南服务团吸收有关铁路建设人才；五是从刚毕业的大学生中吸收有关铁路建设的优秀学子；六是从社会上延揽铁路建设人才。

特别是对著名铁路选线专家蓝田的使用在当时传为佳话。蓝田 1917 年就开始从事铁路修建工作。30 多年的时间里，他多次参与成渝铁路的论证，对成渝铁路如何修建非常熟悉。1950 年决定修建成渝铁路时，他不顾自己已年届六旬，决定参加。邓小平同志大喜过望，指示西南铁路工程局："对蓝田这样的专家要大胆使用，让专家有职有权，并在工资待遇上要给予从优照顾"。蓝田先后被任命为西南铁路工程局巡视组主任、西南铁路设计分局线路勘测队队长、宝成铁路广略段总体设计负责人、铁道部第二设计院设计总工程师、中铁二院副总工程师等职务。

在邓小平的关怀下，一支熟悉勘测设计和铁路工程建设的队伍迅速组建，不仅有力地保证了成渝铁路的修建，而且为中铁二院的建设和发展打下了坚实的基础。

（二）成渝铁路工程概况

成渝铁路西起四川省成都市，横贯四川省中部，途经 3 个市共 20 个县（区），东至重庆市，全线长 505 km。在 275.85 km 处进入重庆市界，重庆市内线路长 229.21 km，设 29 个车站。重庆段沿线有众多大中型厂矿企业，25 个车站与成渝公路、地方公路相通，并与重庆的九龙坡、猫儿沱、朱杨溪码头衔接，货物可通过长江水道直达武汉、南京、上海。

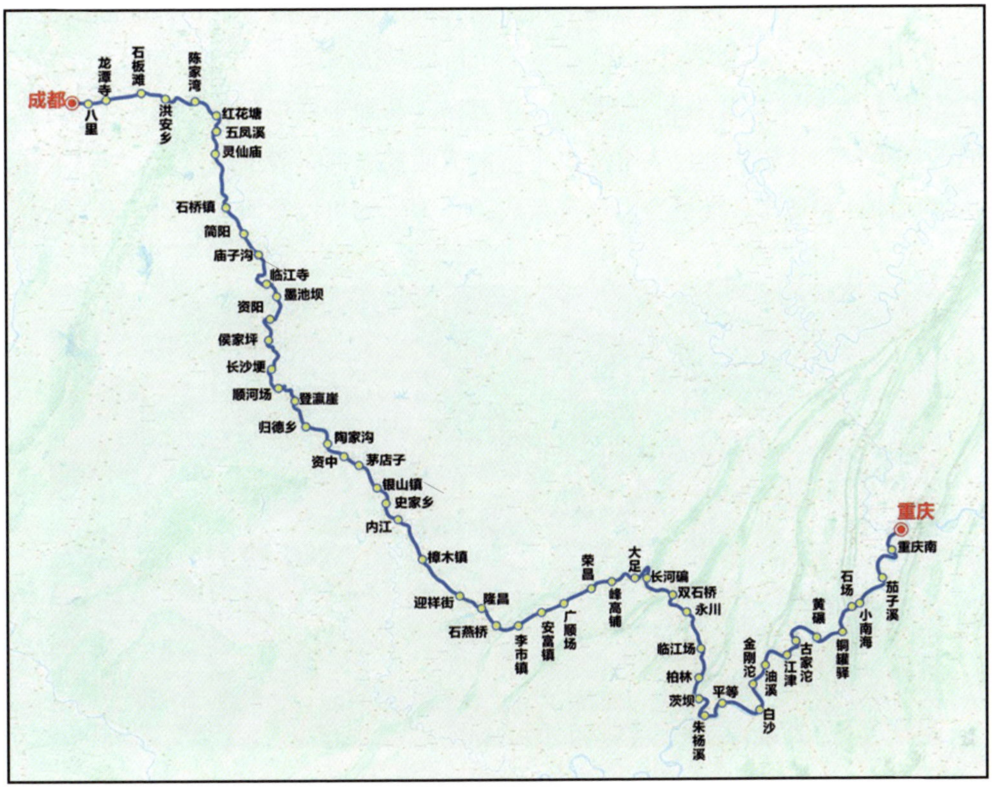

图 2.1　成渝铁路走向示意图

成渝铁路有大型桥梁 7 座、中型桥梁 77 座、小型桥梁 353 座、涵渠 1 195 座、隧道 43 座、挡土墙及护坡 119 170 m^3。

成渝铁路为全国Ⅱ级干线，西可以与成昆、宝成铁路相连，东可以连接川黔、襄渝铁路，中可以连接内昆铁路。

（三）军民奋战建伟业

1950 年 6 月 15 日，成渝铁路由重庆起正式开工建设。中国人民解放军西南军区司令部直属部队组成的军工筑路第一总队，高举“开路先锋”大旗奔赴开工地点，打响了修建成渝铁路的第一炮。紧接着，川东、川南、川西、川北 4 个军区分别组建 4 个修路总队，奔赴成渝铁路修建地，加上第一总队，共 5 个总队 3 万多名解放军指战员以及接收的失业人员和城市贫民 18 000 多人，日夜奋战在成渝铁路线上。

成渝铁路开工以后所遇到的困难，不仅在于自然险阻，更在于国民党军队溃散的散兵游勇及特务、土匪活动猖狂。筑路部队一方面要施工，一方面还要承担剿匪任务。

1950 年 11 月，第一期工程任务完成后，为准备入朝参战，施工部队奉命归还建制。西南军政委员会决定将军队负责工程移交铁道部，并召开各行署、专署、县党政会议，决定成立成渝铁路民工指挥部，动员 10 万民工负责成渝铁路修建的土石方工程，并由各行署组成川东、川南、川北 3 个民工筑路委员会配合所在工务段组织施工。1950 年底到 1951 年 6 月，又先后组建了川东、川南、川西、川北 4 个民工筑路指挥部负责民工施工，参加修路的民工最多时近 11 万人。

1952 年 7 月 1 日，成渝铁路全线通车。2 万多人参加了在重庆菜园坝火车站举行的通车典礼。时任铁道部部长滕代远代表毛泽东主席向成渝铁路通车表示祝贺，并将毛泽东主席题写的“庆贺成渝铁路通车，继续努力修筑天成路”大幅锦旗授予西南铁路工程局。

图 2.2　当年修建的成渝铁路石桥

图 2.3 成渝铁路施工现场

（四）成渝铁路建成通车的意义

成渝铁路虽然只有 505 km，但它的建成通车却有着特殊的意义。

成渝铁路是新中国建立后，完全依靠中国人自己设计、自己修建的第一条铁路，这对于刚刚诞生不久的新中国来说，具有极其特殊的意义：一是说明党和政府关心人民群众，想人民之所想，急人民之所急，千方百计恢复生产，改善人民群众的生活状况；二是说明在中国共产党的领导下，只要下定决心，任何艰难险阻都可以克服；三是极大地鼓舞了全国人民建设社会主义的坚强信心，证明只要军民团结一心，任何事情都可以办好。正如《新华日报》在“庆祝成渝铁路开工”的社论中所说，中国共产党和人民政府为了迎接全国经济建设高潮的到来，为了发展西南交通，实现西南人民的愿望，在全国经济财政极端困难的条件下，拨出了巨额款项，开始成渝铁路的修建工程，这充分说明人民政府将为人民创造美好的将来。为庆祝成渝铁路建成通车，毛泽东、周恩来、刘伯承、邓小平、贺龙、张澜、郭沫若纷纷题词祝贺。

成渝铁路的建设还给刚刚诞生的新中国如何发展经济，建设新的重大项目积累了三大方面的经验：一是运用解放军部队进行地方建设，既能保证工期和任务的快速完成，又能保证在当时环境下建设工地和人民群众的安全，保护国家财产；二是以部队严明的纪律，指战员以身作则，团结带领群众，共同搞建设，就没有克服不了的困难；三是动员群众、充分发动群众的积极性和创造性，采用大兵团作战方式，是在生产工具和生产手段落后的情况下加快地方建设的一种较好方法。

从 1903 年开始，四川人民就提出了修建成渝铁路的愿望，却一直喧嚷了 40 多年，经历了清王朝、封建军阀，一直到国民党政府，谁都没有认真地进行。尤其是国民党政府，打着修建成渝铁路的招牌，对外向帝国主义借款，对内在人民身上搜刮，所谓修路只是拖拖拉拉、做做样子，实则中饱私囊。而四川刚解放，人民政府刚建立，就采取各种措施，筹集款项，动用解放军部队和群众一起，在两年多的时间里修通了成渝铁路。这充分表现了新生的人民政府是为人民服务的，是为人民谋幸福的。成渝铁路的通车圆了四川人民多年的梦想。

当时，西南地区的交通不便，除了长江水道以外，与全国各地联系都很困难。成渝铁路的建成通车，大部分四川内地区县就与长江连接起来，密切了四川内地与全国各地的联系。这就为四川乃至西南地区丰富的物产打开了顺畅的通道，同时也为全国各地的商品进入四川乃至西南地区提供了便利，极大地推动了四川乃至西南地区的经济社会发展。

二、成渝高速铁路

（一）成渝高速铁路前期工作

成渝高速铁路，又称成渝客专、成渝铁路客运专线，是国家“四纵四横”客运专线之一的沪汉蓉高速铁路的重要组成部分，是第三条连接成渝城市群的铁路交通走廊。

2009 年 1 月 19 日，成渝高速铁路预可研专家评审会在成都举行，选定经内江至永川的南线方案。同年 6 月 4 日，铁道部、四川省、重庆市联合向国家发展改革委报送《关于报送新建成都至重庆铁路客运专线项目建议书的函》。10 月，国家发展改革委批准项目建议书，成渝高速铁路立项。

2010 年，中国铁路总公司以铁鉴函〔2010〕652 号批复《关于新建铁路成都至重庆客运专线初步设计的批复》；以铁鉴函〔2011〕682 号批复《关于新建铁路成都至重庆客运专线修改初步设计的批复》。成渝铁路客运专线修改初步设计概算总额为 357.85 亿元。其中四川省境内投资 209.94 亿元，重庆市境内投资 147.91 亿元。

成渝高速铁路没有采用从成都经川中直插重庆线路的最短方案，而是稍弯一点经过成渝经济带主要城市，兼顾成渝两大城市和沿线城市的发展。

（二）成渝高速铁路线路走向与技术标准

成渝高速铁路起自成都铁路枢纽成都东站，向东经简阳、资阳、资中、内江、隆昌后进入重庆市境内，再经荣昌、大足、永川、璧山、沙坪坝到重庆北站。正线长 308.2 km（运营长度 309.2 km），其中四川境内 185.5 km，重庆市境内 122.7 km。新建车站 9 个，分别是简阳北、资阳北、资中北、内江北、隆昌北、荣昌、大足东、永川东、璧山；改建既有车站 2 个，分别是沙坪坝站、重庆北站。连同已经投用的成都东客站，全线共设 12 个车站。全线采用双线无砟轨道。设计速度为 350 km/h。正线桥梁长度占正线总长度的 52.2%，正线隧道长度占正线总长度的 15.4%。

表 2.1　成渝高速铁路技术标准

线路长度	铁路等级	设计速度	正线数目	正线线间距	旅客列车设计行车速度	最小曲线半径
308.2 km	高速铁路	350 km/h	双线	5 m	350 km/h	7 000 m，进入枢纽可适当减小
限制坡度	**到发线有效长度**	**牵引种类**	**闭塞方式**	**动车组类型**	**列车运行控制方式**	**行车指挥方式**
20‰（困难地段可适当加大）	650 m	电力	自动闭塞	动车组	自动控制	综合调度集中

（三）成渝高速铁路建设情况

2010 年 3 月 22 日，成渝高速铁路重庆段开工典礼在重庆市沙坪坝区团结村集装箱中心站举行。成渝高速铁路的开工建设，是西部大开发和成渝经济区建设进程中的一件大事。工程估算投资总额 398.9 亿元，其中静态投资 358.5 亿元，建设总工期为 5 年。客运专线全长比 505 km 长的老成渝线缩短了约 200 km。

2011 年 4 月 26 日，简阳市石板凳镇境内的成渝客运专线元宝山隧道顺利贯通，这是全线贯通的首条隧道。元宝山隧道全长 224 m，是一条双线铁路隧道，施工方仅用了短短 5 个月，就打通了隧道。元宝山隧道地质条件复杂，破碎危岩比较多，极易造成岩体垮塌，施工风险比较大。同年 5 月 1 日，成渝客运专线控制性工程——资阳沱江多线特大桥 1 号墩第一节 6 m 墩身混凝土浇筑完毕。7 月 21 日，成渝客运专线 2 标天鹅村一号隧道顺利贯通。该隧道虽然不长，但地质结构复杂，属黄土软岩，一遇水就成稀泥，Ⅴ级围岩占整个隧道的 90% 以上，全部采取Ⅴ级加强支护施工。

2012 年 2 月 26 日，全长 1 649 m 的杜家坝瓦斯隧道贯通，成为全线首座贯通的瓦斯隧道。7 月 27 日，濑溪河双线特大桥顺利合龙，成为全线首座完成连续梁施工的特大桥。9 月，梅江河双线特大桥 66 孔箱梁架设任务完成，并攻克 25‰极限坡道安全架设箱梁难关。9 月 22 日，全长 3 465 m 的璧山隧道贯通。11 月 7 日，全长 3 175 m 的缙云山瓦斯隧道贯通。

2013 年 1 月 15 日，全线重点工程——吴家坝沱江双线特大桥主跨 144 m 连续梁顺利合龙。9 月 29 日，成渝高速铁路 3 标第二项目分部 492 榀箱梁的架梁任务圆满完成，在全线率先完成箱梁架设任务。12 月 16 日，成渝客运专线全线控制性工程——中梁山新左线隧道全部贯通。

2014 年 7 月 30 日 10 点 30 分，第一个轨排铺设成功，成都至重庆客运专线建设正式进入铺轨阶段。

2015 年 9 月，成渝客运专线正式进入联调联试阶段，主要对成都东至永川东区段进行综合检测列车测试工作。

成渝高速铁路经过 3 万多名建设者的艰苦施工，于 2015 年 12 月 26 日正式开通运营。成渝高速铁路动车组采用的车型为 CRH380D 或 CRH380A 型动车组，每日开行 23 对，包括成都东至重庆北 20 对、成都东至内江北 2 对、重庆北至内江北 1 对。成渝两地运行时间缩短至 1.5 h。

成渝高速铁路投入运营后，该线路有望采取“公交化”运营模式，最短 3 ~ 5 min 发送一趟动车组列车，乘客基本上可以实现随到随走。为满足乘客的不同需求，沿线还将开行大站直达列车、跨线直达列车和站站停列车。根据客流预测，到 2030 年，成渝高速铁路每天将开行动车组 200 多对，年最高运载能力可达 6 000 万人。

成渝高速铁路目前采用 CR400BF 复兴号、CRH380A、CRH380B、 RCH380D、CRH3A、CRH3C、CRH2A 等和谐号中国铁路高速动车组，可通达北京、石家庄、天津、徐州、上海、南京、郑州、西安、贵阳、南宁、昆明、珠海、北海等全国各大中城市。

截至 2018 年底，成渝高速铁路列车每日开行 62 对，包括成都东至重庆（重庆北、重庆西、沙坪坝）25 对、成都东至广州 8 对、成都东至万州北 6 对、成都东至贵阳北 4 对、成都东至昆明南 4 对、成都东至南宁 2 对、成都东至北海 1 对、成都东至珠海 1 对、重庆北至北京西 1 对、重庆北至天津西 1 对、重庆北至上海虹桥 1 对、重庆北至郑州东 1 对、重庆北至西安北 1 对、重庆北至德阳 1 对、重庆北至峨眉山 1 对、贵阳北至峨眉山 1 对，开行密度达到每 15 min 一列。

（四）成渝高速铁路建成通车的意义

成渝高速铁路是成渝经济区综合交通网中的主骨架和快速客运通道，把成都和重庆的时空距离缩短至 2 h 以内，在成渝之间构建起快速交通圈，大大提高了成渝之间旅客运输质量和能力，充分发挥成都、重庆作为区域中心城市的辐射作用，带动沿线和周边地区经济社会发展，携手推进统筹城乡改革试验和西部大开发，促进成渝经济区崛起。

图 2.4　成渝高速铁路与成渝铁路

作为“十一五”国家重点铁路建设项目，成渝铁路客运专线是国家《中长期铁路网规划》“四纵四横”铁路快速客运网中沪汉蓉快速客运通道的重要组成部分，西端与西（安）成（都）、成绵乐客运专线相连，东端连接渝万、渝贵铁路，将进一步连通成渝两个特大中心城市以及沿线城市密集带，是成渝经济区综合交通网的骨架和成渝地区对外快速客运通道。贯通后的成渝高速铁路，与重庆至武汉、武汉至上海的铁路客运专线相连，构筑起直达上海乃至整个东部沿海地区的铁路通道，对形成重庆与中部、东部地区的紧密联系，把资源优势和区位优势转化为经济发展优势起到重要作用。

三、川黔铁路

（一）川黔铁路前期工作

在西南地区大规模解放战争刚刚结束的1950年，党中央、政务院在批准建设成渝铁路后，为解决贵州省对外交通问题，决定修建川黔铁路。西南军政委员会一方面全力组织军民修建成渝铁路，另一方面组织技术人员进行川黔铁路的勘测设计工作。

贵州省简称黔，从四川修建通向贵州省贵阳市的铁路，简称川黔铁路。修建川黔铁路主要遇到以下困难：

①地理条件十分恶劣。贵州省内山脉众多，海拔高差大，峰峦叠嶂，绵延纵横，山高谷深，飞湍激流。全省92.5%面积是山地和丘陵，有“地无三尺平，天无三日晴”的俗称。这种地理条件给当时的铁路修建带来极大的困难。

②典型的喀斯特岩溶地貌。喀斯特地貌面积有10多万平方千米，占全省面积的61.9%，且岩溶分布范围广泛，形态类型多样，构成了一种特殊的生态系统。在当时的技术条件下，不仅给勘测设计带来极大困难，而且给修筑铁路也带来极大困难。

③匪患严重。当时贵州刚刚解放，土匪十分猖獗，时常围攻县城，袭击政府办公大楼及外出的公务人员，并且烧杀抢掠，掠夺人民群众的财物，对勘测设计人员的生命和设备造成危害。测量队人员只有在解放军的武装护卫下才能进行勘测。

1939年至1947年，国民政府交通部曾经对川黔铁路进行了5次勘测，提出了东、西两线方案。东线为渝筑线，由重庆至贵阳，约516 km；西线为隆筑线，由隆昌经泸州、赤水、董公寺、遵义到贵阳，约499 km。

中共中央决定修建川黔铁路后，西南军政委员会在原东、西线方案的基础上，曾把隆昌至贵阳作为第一方案，把重庆猫儿沱至贵阳作为第二方案。经过讨论研究，认为重庆至贵阳所经过的地区矿产丰富、土特产较多，并且比隆昌至贵阳短40 km，费用相对节省，修筑工期也将缩短。因此，于1952年4月将两个方案一并报中央财经委员会和铁道部，建议采用第二方案。铁道部经过研究决定，为了更好地与成渝铁路和今后襄渝铁路接轨，采用第二方案并将重庆端起点改在巴县白沙沱小南海车站。委托西南设计分局、铁道部第二设计院勘测设计。

为了节省勘测时间，勘测设计工程师和勘测设计人员在解放军的武装护卫下，多次深入实地，克服常人想象不到的困难，风餐露宿，徒步穿行于崇山峻岭之间，用简陋落后的勘测设备进行勘测，夜以继日地整理地质、地貌、水文资料，进行反复核查、研究、比较，到1956年初，圆满完成踏勘、初测、定测、绘图到定桩的勘测设计任务。

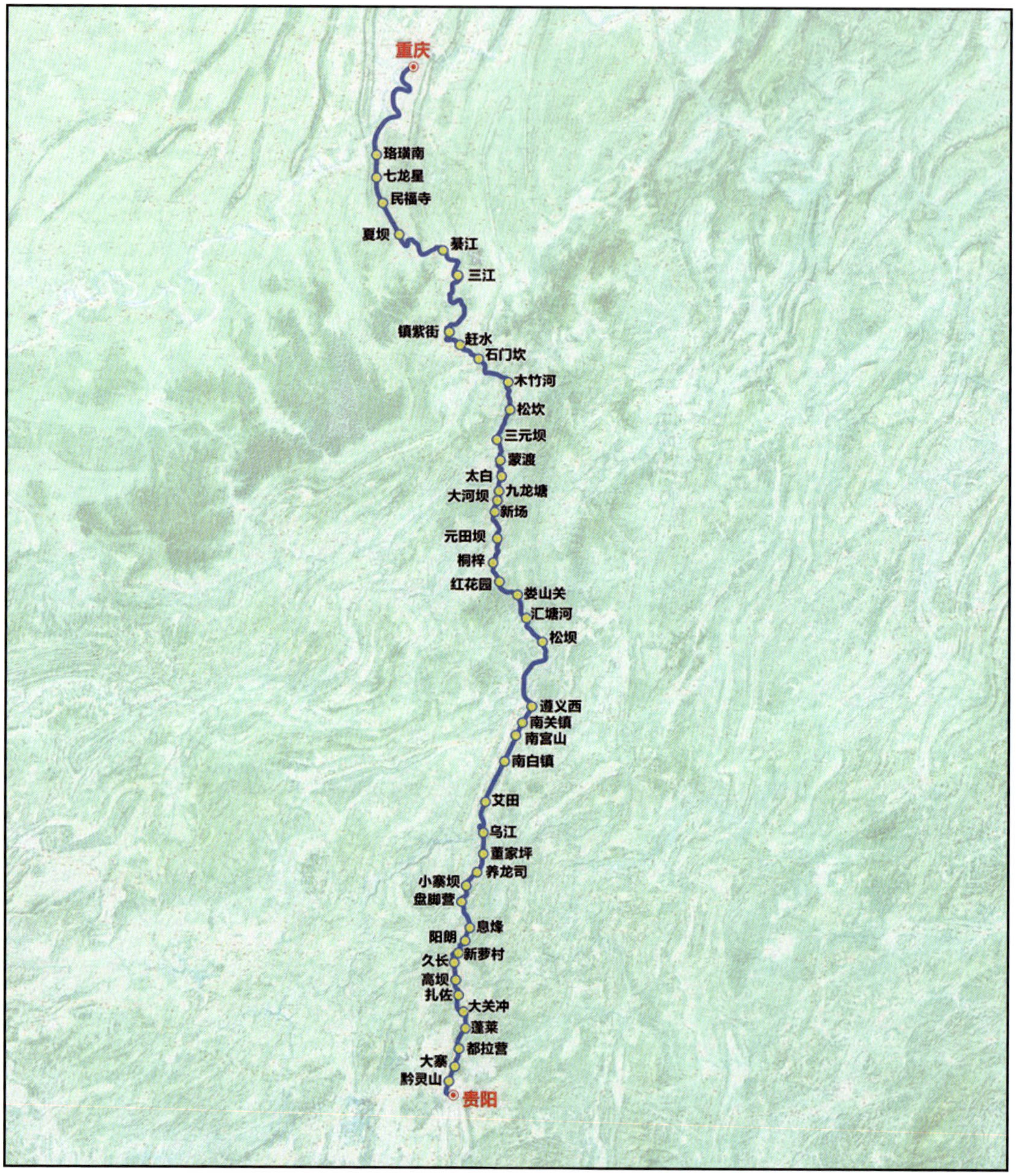

图2.5　川黔铁路走向示意图

（二）川黔铁路建设情况

川黔铁路线路走向：北起重庆铁路枢纽的小南海站，在白沙沱跨越长江后，经珞璜、綦江、赶水、桐梓、遵义、息烽，南至贵阳火车站，全长423.74 km。重庆市域内经现在的巴南、江津、綦江3个区，从白沙沱过长江到达江津五岔与原綦江铁路接轨，然后由赶水经岔滩、石门坎进入贵州。重庆段设17个车站，正线长131 km，站线长89 km。

川黔铁路北端与成渝铁路和后来建设的襄渝铁路连接，南端与贵昆、湘黔、黔桂铁路贯通，是西南铁路路网的组成部分。

在技术设备配置方面，川黔铁路赶水以北（即赶水至小南海）按Ⅰ级干线单线设计，车站按横列式布置，到发线有效长度为750 m（预留850 m），正线限制坡度为6‰；赶水以南（即赶筑段）按Ⅱ级干线单线设计，车站到发线有效长度为550 m（预留720 m）。小南海至石门坎段正线最小曲线半径164 m，最短夹角线11 m；铺设43 kg/m型钢轨64.22 km，42 kg/m型钢轨0.143 km，38 kg/m型钢轨66.637 km。一部分桥梁荷载等级低，其中8座先行利用，待后改建。隧道均采用普通隧道，待以后改造。在赶水北设置编组站。

川黔铁路的修建实际采用了边勘测、边设计、边施工的措施，分两大时期进行。

第一个时期是1950年至1951年。由于川黔铁路利用了已有的綦江铁路，所以第一个时期是向贵州方向延伸綦江铁路。1950年3月，由西南工业部批准延修綦江至三江18 km线路，同年10月通车。1951年1月，经西南财经委员会决定将綦江铁路延修至贵州松坎。同年10月，修通三江至赶水段41 km，并于1953年通车。

第二个时期是1956年3月至1965年10月，其间由于压缩基本建设战线曾停工3年左右。1956年6月，川黔铁路全线重点工程开工建设，12万筑路大军分期分批源源不断地开赴沿线重点工程，一场声势浩大的川黔铁路建设轰轰烈烈展开。

穿越大娄山山脉的凉风垭隧道，全长4 270 m，当时长度为全国之最。1957年4月一声炮响，筑路工人向这个曾被国民政府视为最艰险的工程发起进攻，曾创造了双口平均每月成洞116 m的好成绩，单口月成洞181.83 m的新纪录和全国铁路隧道快速施工新纪录。

重庆段的白沙沱长江大桥是我国继武汉长江大桥后第二座跨越长江的大桥，由铁道部大桥工程局第四桥梁工程处施工。大桥全长820.30 m，共16孔，于1958年9月开工，原计划两年建成。经过工程技术人员和筑路工人的努力，仅用14个月就于1959年10月建成，12月正式通车。

小南海至五岔路段33 km由成都铁路局第七工程处负责施工，1958年8月开工，1959年9月建成，1960年1月正式通车。

五岔至赶水段为原綦江铁路，虽然经过第一期建设和改造，但达不到川黔铁路设计基本要求。成都铁路局于1960年开始按Ⅰ级干线设计进行改造或改建，对小于300 m的曲线半径进行了改线，新建桥口溪车站，迁建綦江和三江车站，改建夏坝和转关口车站，同时加固了部分线路路基、桥梁、隧道等设施，于1962年11月竣工。

赶水至贵阳段除凉风垭、娄山关两大隧道承包给铁道部隧道公司外，其余均由铁道部第二工程局负责施工，1958年开工，1960年国民经济调整，压缩基本建设停工。

1963年，川黔铁路恢复全线施工。1964年“三线建设”开始以后，作为铁路重点项目加快建设进度。1965 年 7 月与北段接轨。10 月 1 日，川黔铁路全线通车。

图 2.6　川黔铁路重庆白沙沱长江铁路大桥

（三）川黔铁路建成通车的意义

贵州自古以来交通闭塞。从贵州高原向外修筑铁路，密切和外界的政治文化经济交流，改变人背马驮的运输历史，是贵州人民千百年来的梦想。

1911 年，当时的贵州巡抚就深感贵州孤悬边鄙，和外界难以交流，曾提出过修建贵阳到重庆的铁路。1913—1914 年，英法侵略者分别提出修建由广州至昆明、贵阳、重庆的铁路。1919 年，黔军将领也提出过修建由柳州经贵阳到重庆的铁路。1939—1947 年，国民政府曾经对川黔铁路进行过勘测，提出了东、西两线方案等。但在战争频发、民不聊生的时期，所谓修建川黔铁路始终停留在空谈。

新中国成立后，党和人民政府在经济十分困难的情况下，动员群众，在短短的十多年里就圆了贵州人民千百年来的梦想，打通了贵州与四川和长江水道的联系，促进了贵州丰富的煤炭、磷矿资源开发，对少数民族地区经济社会发展，加强内地工业建设起到重要的作用。

川黔铁路北与成渝铁路接轨，并与后来建设的襄渝铁路相连；南与 1966 年通车的贵昆铁路相通，开辟了四川盆地通往东南沿海的捷径，沟通了重庆、四川及华南、中南各省区之间的联系，为大西南地区铁路路网奠定了基础。

川黔铁路是南北交通通道，有利于国家生产力布局扩散和改善。通过川黔铁路的运输，各地的工农业产品得到交换，特别是贵州的煤炭入渝，支持了重庆电力工业和钢铁工业的发展。依靠川黔铁路，国家在重庆南部布局了一系列重要工厂，特别是兵器工业南线工厂，对重庆工业基地形成起到重要作用。

图 2.7　川黔铁路与渝贵铁路并行的重庆白沙沱长江铁路大桥

四、渝贵铁路

（一）渝贵铁路前期工作

渝贵铁路最初立项是以既有川黔铁路渝贵段扩能改造名义而来。川黔铁路是时速很低的普速铁路，每日开行客车 12 对、货车 22 对，线路通过能力已基本饱和。建设渝贵铁路之后，既有川黔铁路转为货运线路，渝贵铁路执行客运任务。

渝贵铁路又称渝黔铁路（或渝黔快速铁路），规划为国铁 Ⅰ 级双线电气化客货共线快速铁路，日均客车输送能力超过 80 对。其线路走向是：从重庆中梁山东侧的重庆西站引出，向南经綦江，进入贵州省遵义市桐梓县境内，经遵义市、息烽县接入贵阳市贵阳北站。正线长度为 345 km。其中重庆市境内 112 km，贵州境内 233 km。新建桥梁 209 座，双线隧道 115 座，桥隧总长 264.29 km，约占线路长度的 77%。

全线新建重庆西站、珞璜南站、綦江东站、赶水东站、桐梓北站、桐梓东站、娄山关南站、

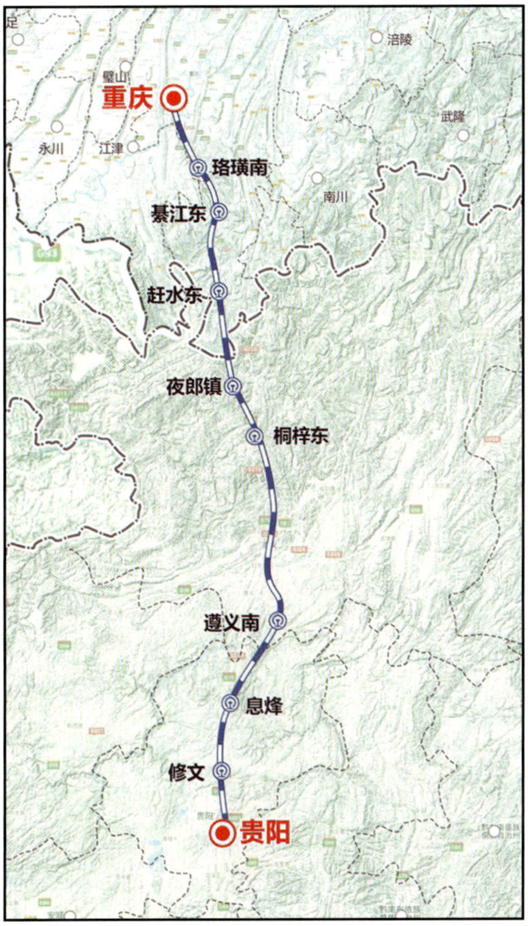

图 2.8　渝贵铁路走向示意图

遵义站、龙坑站、遵义南站、息烽站（既有线扩建）、修文县站 12 个车站，初期最高运营速度为 200 km/h。

2011 年 3 月，铁道部以铁鉴函〔2010〕1909 号批复了渝贵铁路新线初步设计。根据批复，渝贵铁路正线全长 345 km，总投资 531 亿元，其中重庆市境内 116 km，投资额 268 亿元。项目一次新建双线，速度目标值为 200 km/h，并适当预留提速条件。重庆铁路枢纽内将同步建设相关客货通道联络线。

（二）渝贵铁路技术标准

表 2.2　渝贵铁路技术标准

正线数目	设计速度	最小曲线半径	线间距	限制坡度	牵引种类
双线	200 km/h；枢纽段 160 km/h	5 500 m，重庆、贵阳枢纽梯级分布	5.0 m，部分限速地段根据线路允许速度确定	9‰，加力坡 18.5‰	电力
机车类型	**到发线有效长度**	**列车控制方式**	**行车指挥方式**	**总投资**	
动车组、普速机车辆	850 m，部分 650 m	自动控制	综合调度集中	531 亿元（工程投资 508.7 亿元，机车车辆购置费 22.3 亿元）	

（三）渝贵铁路建设情况

渝贵铁路同川黔铁路一样，所经过的地区地理条件十分特殊。全线山脉纵横，山高谷深，而桥隧长度占总长度的 77%，施工难度极大。例如，天坪隧道地质条件极其复杂，集高瓦斯、高地应力、高地温、岩溶突水突泥、有毒有害气体、断层破碎带、膨胀性岩土等不良地质于一体，是典型的“五毒俱全”隧道工程，被列为 I 级高风险隧道，施工难度和风险极大。

2010 年 10 月 21 日，渝贵铁路（重庆段）动工。2010 年 10 月 23 日，渝贵铁路（贵州段）项目建设动员大会在贵州省遵义市隆重举行，标志渝贵铁路全线开工。

渝贵铁路主要的重点工程有：

①新白沙沱长江特大桥。桥全长 5 324 m，上层桥面为 4 线客运专线，下层桥面为双线货车线。主跨采用（81 m+162 m+432 m+162 m+81 m）钢桁梁斜拉桥，预计施工工期为 44 个月。

②夜郎河双线特大桥。桥梁全长 1 114 m，桥跨布置采用 5 × 32 m 简支 T 梁 +370 m 上承式钢筋混凝土拱 +16 × 32 m 简支 T 梁，预计施工工期为 42 个月。

③朝门乌江双线大桥。桥梁全长 433 m，主跨采用（92 m+168 m+92 m）预应力混凝土刚构，施工工期为 30 个月。

④天坪隧道。该隧道全长 13 978 m，是全线最长的隧道工程，也是渝贵铁路控制性工程之一。天坪隧道在穿越煤层瓦斯段施工中，每吨煤炭中涌出的瓦斯含量相当于一个家庭一个月的天然气使用量，如此高的瓦斯浓度，给施工安全带来了严重威胁。参建单位多次组织专

家开展方案优化和比选，最终采用移动设备防爆改装加闭锁装置和防爆型固定设备的运输方式，对设备进行防爆改装，对防爆性能进行严格检测后施工。施工中还遇到长达 8 km 的高地温地段，最高温度接近 37 ℃，施工人员在隧道中犹如蒸桑拿，但施工人员不惧瓦斯、不惧高温，连续奋战，按时贯通隧道。

2016 年 11 月 12 日，渝贵铁路贵州段首条接触线成功架设。2017 年 3 月 26 日，渝贵铁路贵州段轨道全部铺通。2017 年 5 月，重庆至贵阳铁路的扩能改造工程正式命名为渝贵铁路，此前使用的渝黔铁路名称不再使用。同年 10 月 12 日，渝贵铁路正式开始联调联试，当天开行检测列车 57001/2 次 1 个往返，对渝贵铁路重庆至都拉营间上下行线路进行检查。12 月 23 日起，渝贵铁路全面进入运行试验。

2018 年 1 月 25 日，渝贵铁路正式投入运营。

（四）渝贵铁路建成通车的意义

渝贵铁路通车后，极大地增加了通行能力，开行直通动车 35 对。其中 G 字头 10 对：成都东至长沙南 2 对、成都东至昆明南 3 对、重庆西至长沙南 1 对、重庆西至昆明南 2 对、重庆西至福州 1 对、重庆西至南昌西 1 对；D 字头 25 对：成都东至广州南 9 对、成都东至南宁东 2 对、重庆西至广州南 9 对、重庆西至南宁东 1 对、重庆西至桂林北 1 对、贵阳北至西安北 2 对、南宁东至西安北 1 对。

渝贵铁路通车后，重庆至贵阳的运行时间由原来的 10 h 缩短到 2 h，缩短 8 h；重庆至广州的运行时间由原来的 11 h 缩短到 7.5 h，缩短 3.5 h；重庆至昆明的运行时间由原来的 18 h 缩短到 5 h，缩短 13 h；重庆至南宁的运行时间由原来的 25 h 缩短到 6 h，缩短 19 h。

图 2.9　渝贵铁路新白沙沱长江特大桥（右）

渝贵铁路从根本上改变了贵州省的交通状况。渝贵铁路北连成渝高速铁路和兰渝铁路，南接沪昆高铁、贵广高铁和黔桂铁路，在贵州境内形成纵贯南北、横跨东西、四通八达的现代化铁路网。渝贵铁路从根本上改变了贵州省的交通落后状况，形成大进大出的铁路运输格局，充分发挥了贵州的资源和区位优势，加快了工业化和城镇化带动战略，提高了农业产业化和旅游服务业发展水平，促进遵义等革命老区扶贫开发，推动贵州省实现历史性跨越。

同时，渝贵铁路在重庆铁路枢纽与兰渝铁路、成渝高速铁路连接，在贵阳铁路枢纽与贵广高铁、沪昆高铁连接，成为西部通往华南珠三角地区的另一个重要的快速出海通道，成为我国西北、西南至华南地区快速铁路通道的重要组成部分；与兰渝铁路、贵广高铁共同构成高标准、大能力、快速度的铁路通道，也是四川盆地第一条南下快速出川铁路通道。作为西南地区首条纵贯南北的快速铁路通道，渝贵铁路不仅有效拉近了成渝城市群与贵州省内各县市之间的时空距离，更进一步增强了我国西南纵向连接华南地区的铁路纽带传输作用。

五、襄渝铁路

（一）襄渝铁路的由来

新中国建立后，为了打通我国中部与西部之间的联系，铁道部计划修建川（四川成都）豫（河南信阳）铁路。该线路自成都起，经南充、达县、宣汉，沿中河而上，在白芷山垭口穿越大巴山，然后再沿任河、汉江，经光化、襄樊至信阳。1958 年 7 月，四川省委曾成立川豫铁路修建指挥部，并组织过 12 万民工分段施工。1959 年至 1961 年，因国民经济调整缩短基本建设战线而搁置。

1964 年，随着国际形势紧张，中央决定开展“三线建设”，打通我国中部与西部的交通联系成为重中之重，毛泽东、周恩来等党和国家领导人曾多次听取川汉铁路方案汇报，并指示“资源、线路，都要用两三年时间认真调查，有把握才能比选”。

1965 年，时任铁道部代部长兼铁道兵第一政治委员、铁道兵党委第一书记吕正操将军亲自赴四川、云南、贵州、湖北、湖南等省考察。1965 年底，铁道部决定修建襄樊至成都的襄成铁路。该线路自汉丹线上的莫家营车站起，经安康、紫阳，穿越大巴山至达县，再经南充、石板滩进入成都铁路枢纽。

1968 年初，中央决定“先修渝达段，缓建襄成线的成达段”。1968 年 2 月，国家计委、国家建委会同铁道兵司令部共同研究，确定了渝达段的线路走向和技术标准。1969 年 12 月 29 日，周恩来总理主持关于襄渝铁路建设的会议，参加会议的有铁道兵司令员刘贤权、铁道兵西南指挥部司令员何辉燕。周总理宣布，毛主席亲自确定了襄渝铁路的走向，这条铁路要快修。这条铁路修好，四川天府之国的交通就活了。

襄渝铁路从湖北襄阳出发，到汉丹线莫家营车站出岔西行，在仙人渡首跨汉江，过文畈穿武当山，进入鄂西北山区。经丹江口市、十堰市，在郧县鲍峡穿越白云山，九跨东河，七跨将军河，入陕南沿汉江峡谷，过白河，于构园铺二跨汉江，经旬阳、安康，在紫阳河三跨汉江。沿任河而上，穿越大巴山进入川东，多次跨过后河，经万源、青花出达州，顺渠江而下，沿华蓥山西麓，在北碚跨嘉陵江，西穿中梁山接入重庆铁路枢纽。全线工程开挖土石方达 1 亿 m^3，建筑隧道 405 座，架设桥梁 716 座。全线 90 个车站有 36 个建在桥上或隧道里。桥梁和隧道的总长度占铁路总长度的 45%。

1966 年，铁道部第二、第三、第四设计院共抽调 1 000 多名勘测设计专家和工程技术人员日夜奋战在千里襄成线上。1967 年初完成全线初步设计，年底由铁道部军管会和铁道兵联合签发初步设计鉴定意见书。1969 年改为修建襄渝铁路后，其定测和施工设计任务由铁道部第二设计院和第四设计院担任，跨州河和嘉陵江等大桥由铁道部大桥工程局设计。襄樊至达县的电气化工程由铁道部第三设计院和电化工程局设计。各设计院先后投入 6 000 多名工程技术人员参与勘测设计工作。

襄渝铁路一开始就采用电气化铁路标准设计，因此设备技术等级较高。中间站及会让站采用横列式 3 股道布置，中间站远期预留 1 股道，作业量大的车站则作适当增加；各站到发线有效长度均为 850 m；正线铺设 50 kg/m 型钢轨①，最小曲线半径为 700 m（个别困难地段 500 m），限制坡度为 6‰；桥梁及隧道的建筑限界按电气化标准设计；全线隧道均采用全衬砌；长度在 2 km 以上的直线隧道，原则上铺设整体道床。由于襄渝铁路桥梁、隧道较多，通车后对部分桥梁、隧道进行过重点整治。

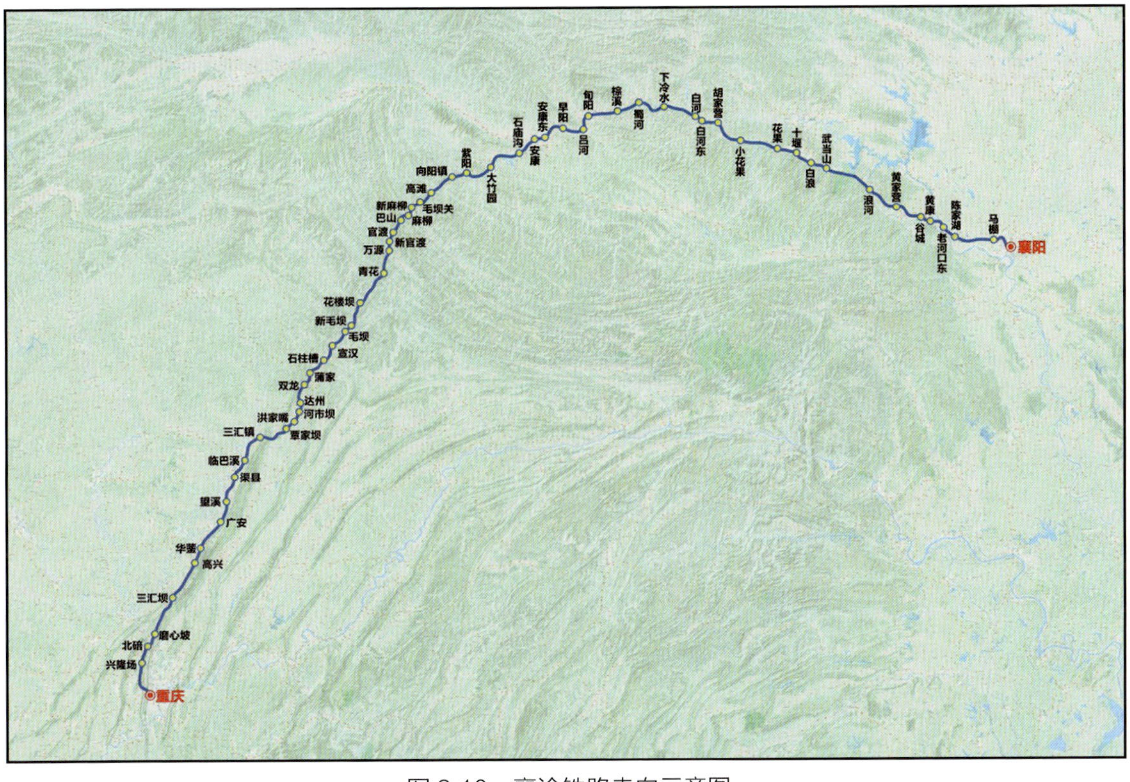

图 2.10　襄渝铁路走向示意图

① 当时一般铁路正线铺设 43 kg/m 重轨。

（二）襄渝铁路的建设情况

襄渝铁路采取先两头、后中间，一次部署，全面开展施工的原则，将襄渝铁路划分为10段，铁道兵投入8个师另配6个半团共24万人进场全线施工。

1970年，负责全线施工的铁道兵报请中央同意，决定由鄂、陕、川三省分别成立襄渝铁路修建指挥部，组织民兵参加修路和地方物资供应工作。四川省动员民兵30多万人，加上鄂、陕两省组织的民兵共58万多人参加襄渝铁路大会战。

由于襄渝铁路建设时间紧、任务重，为了加快工程进度，为“三线建设”开辟顺畅的大通道，于1970年上半年全面展开大会战。铁道兵部队和数十万民兵在“一不怕苦、二不怕死”的革命精神激励下，夜以继日、并肩携手、斗志昂扬、你追我赶、连续奋战，掀起了空前的劳动大竞赛。

1970年底，东段铺轨100 km到白浪，西段铺轨200 km到渠县。1971年至1972年，全线施工进入高潮，共有82.5万人奋战在襄渝线上。1971年8月，铺轨到达县。但因各种原因，按原定1972年全线通车确有困难，报请中央同意延迟1年全线通车。1973年10月，终于全线接轨通车，胜利完成第一阶段的任务。接着按照周恩来总理关于襄渝铁路“要搞好质量，不要单纯强调时间”的指示，设计单位和施工单位多次组织质量大检查，采取了相应的补强措施。水电等部门在沿线修建了11万伏输变电工程。1974年进行了初验，1975年进行了交验，同年底交付临时运营。1979年12月，全线正式交付运营。

襄渝铁路全长897 km，其中当时四川境内395 km（重庆境内97.3 km）。修建整条襄渝铁路用时40 638天，其中部队用时10 576天，民兵用时30 062天，共使用水泥309.4万t、钢材32万t、木材131.3万m^3。全线共完成投资36.18亿元（不包含电气化工程），平均每千米404万元。经国家建委、铁道部主持分段验收交接，确定符合国家Ⅰ级干线标准。

（三）襄渝铁路电气化改造

襄渝铁路电气化工程分3段进行。襄阳至安康段373 km，在修建时即按电气化线路设计施工，1980年12月交付运营。安康至达县段27 km于1983年12月通车。达县至重庆段255 km线路，电气化工程作为国家“八五”计划重点项目，于1993年8月开工，1998年12月通车。至此，襄渝铁路电气化工程全线竣工。改造工程完毕后，渝达段客车时速达到120 km，达州至安康到襄阳时速达到100 km。渝达段客车通过能力由每日7对增加到10对，远期达到12对；货物输送能力由每年850万t增加到1 740万t，远期达到2 200万t。

（四）襄渝铁路二线工程

襄渝铁路二线工程是西部大开发十大重点工程之一，与原襄渝铁路大体平行。东起湖北襄阳，途经十堰、安康、万源、达州、广安等地，全长873 km，总投资147.3亿元，设计时速160 km，于2005年8月动工，2009年10月31日正式通车。襄渝铁路二线与襄渝铁路老线相比，减少了许多弯道。其中重庆段庆华站至磨心坡站正线长 38.88 km，重庆铁路枢纽引入正线 57.95 km。襄渝铁路二线部分区段全部建为双线，达州至三汇段老线更名为达三线。同时，对重庆铁路枢纽进行改造，兴隆场以内的襄渝线更名为兴珞线（兴隆场—珞璜）。襄渝铁路二线工程建成后，襄渝铁路全线通过能力达到客车 50 对、货运 4 000 万 t，西安至重庆运行时间缩短至 8 h，重庆至北京实现一日到达，重庆至武汉实现朝发夕至。

（五）襄渝铁路建成通车的意义

襄渝铁路东起湖北省襄阳市西至重庆市，横跨鄂、陕、川、渝三省一市，东接汉丹、焦枝铁路，中连阳安、宝成铁路，西通成渝铁路，南接川黔铁路，是“三线建设”宏伟工程和四川乃至西南地区路网骨架之一，也是四川、重庆通往我国北部、中部的重要通道。襄渝铁路极大地缩短了重庆与首都北京的时空距离，打通了我国西部和中部的交通道路联系，有力地支持西南内陆腹地的开发开放。襄渝铁路是“三线建设”的重大交通基础设施项目，国家在襄渝铁路沿线布置了第二汽车制造厂和若干重要国防工业企业。襄渝铁路穿越秦岭和大巴山连片贫困山区，有力地促进了这些地区的经济社会发展。

图 2.11　襄渝、遂渝、兰渝铁路穿行嘉陵江北碚峡谷

六、渝怀铁路

（一）渝怀铁路前期工作

1990 年，重庆市人民政府向国家建议修建四川东通道——川湘铁路。同年 8 月，重庆市计委委托铁道部第二勘测设计院编制川湘铁路预可行性研究报告。

1991 年，国家计委将川湘铁路列入《“八五”基本建设计划》。随即铁道部委托第二、第四勘测设计院进行四川东通道大范围选线，勘测设计。铁道部第二、第四勘测设计院专家组实地调研、反复比选，得出结论：建议利用已有的成达铁路、成遂铁路、遂渝铁路、新建重庆至怀化线路形成四川东通道。随后，川湘铁路改称“渝怀铁路”。

1996 年，重庆市正式将渝怀铁路列入“九五”计划，委托铁道部第二勘测设计院进行渝怀铁路沿线查勘，并邀请铁道部专家来渝对渝怀铁路沿线进行考察。考察结束后，国家计委于 1999 年将渝怀铁路纳入了开工项目。2000 年 12 月 16 日，铁道部和重庆市、贵州省、湖南省联合在重庆举行渝怀铁路开工动员大会。

图 2.12　渝怀铁路协调小组第二次会议

（二）渝怀铁路线路走向与技术标准

渝怀铁路是国家西部大开发的十大重点项目之一，全长 625 km，为 I 级单线、预留复线条件，一次性建成电气化铁路，总投资 198.4 亿元。渝怀铁路由重庆北经长寿、涪陵、武隆、彭水、黔江、酉阳、秀山、松桃、铜仁，止于沪昆铁路怀化铁路枢纽。

渝怀铁路在重庆境内 461.7 km，投资约 150 亿元，占总投资 70% 以上，全线 11 大重点控制工程全在重庆境内，是新中国成立以来重庆市投资额最大的基本建设工程项目。

渝怀铁路由铁道部第二勘测设计院设计，其中引入怀化铁路枢纽部分由铁道部第四勘测设计院设计。

渝怀铁路西起重庆枢纽襄渝铁路团结村，穿越歌乐山、跨过嘉陵江，经长寿越过长江到涪陵，再沿乌江逆流而上经武隆、彭水，其间 3 次跨越乌江，然后过黔江，从圆梁山隧道穿越乌江与沅江的分水岭至酉阳、秀山，进入贵州省铜仁市，沿沅江支流锦江前行进入湖南省麻阳，在怀化铁路枢纽湘黔铁路怀化站贵阳端接轨。

渝怀铁路设计通过能力：初期 32 对，近期 36 对，远期 42 对。设计运输能力：初期客车 13 对，货运 736 万 t；近期客车 14 对，货运 901 万 t；远期客车 17 对，货运 1 010 万 t。全线设计时速 140 km，其中越岭困难地段（彭水至黔江）设计时速 120 km。

全线控制性工程共计 11 个（8 隧、2 桥、1 站），全部集中在重庆境内。桥隧工程长度占全线长度的 50.6%，其中设计有 7 km 以上的隧道 8 座；特大桥、特殊结构大桥、站内 3 线桥及高桥（墩高 50 m 以上）共计 32 座。

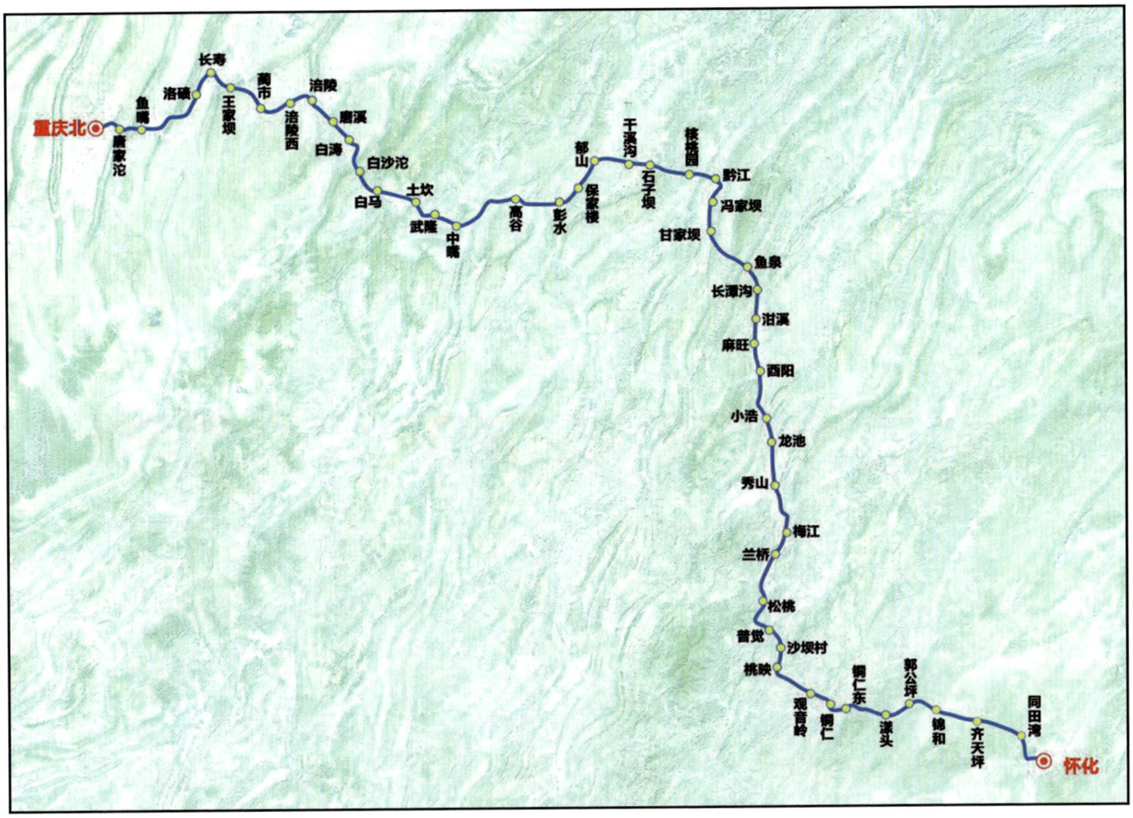

图 2.13　渝怀铁路走向示意图

（三）渝怀铁路建设情况

渝怀铁路沿线地形地质复杂，设计路段大部分都在山地丘陵间穿行，经过我国著名的石灰岩溶地区，山大谷深，地质灾害严重，曾被视为铁路建设禁区，是一条具有世界性难题的铁路。

线路两跨嘉陵江、长江，三跨乌江，从涪陵到酉阳 300 余千米路程，几乎全是隧道和桥梁。全线工程量浩大，路基土石方施工 6 600 万 m^3，特大桥 14 座，大中桥 354 座，合计长度达 75 km；长 1 000 m 的隧道 57 座，合计长度达 187 km；正线桥隧总长 316 km，占全线比重 50.6%，超过了以艰险闻名于世的成昆铁路整整 10 个百分点。成昆铁路最长的隧道是 6 379 m，而渝怀铁路 7 000 m 以上的隧道就有 8 座，其中最长的隧道——圆梁山隧道长达 11 068 m。渝怀铁路是迄今为止跨越大江大河最多、桥隧比最高的国内长大干线铁路，工程之艰险，是 1949 年以来已经建成铁路之最。这只有在综合国力和施工技术达到新水平的今天，才能胜利实现。

中国铁路工程总公司、中国铁道建筑总公司所属的 20 多个工程局（集团公司）近 10 万强将精兵在施工过程中战胜了许多难以想象的困难。

号称“地质博物馆”的圆梁山隧道，地质异常复杂，被称为“渝怀锁钥”。圆梁山隧道是国内隧道建设史上所遇到的地质最复杂、施工难度最大的隧道之一，存在隧道进口端向斜、出口端背斜、岩溶涌突水、岩溶突泥、高水压、高地应力、高地温、煤层、瓦斯、断层破碎带、岩堆体等巨大困难。山岭隧道的几乎所有不良地质在圆梁山隧道中均有出现，而且是相伴而生。2001年3月1日，圆梁山隧道正式开工后，各种地质灾害严重困扰施工，尤其是2002年4—6月，这是一个战突泥、斗涌水极为艰难的时期。在隧道出口正洞处出现多个溶洞、大股含有泥沙的强涌水流喷射而出，涌水量达每小时10 000多立方米，施工一度陷入停滞状态。针对圆梁山隧道的特殊地质，铁道部科技司和工程管理中心确定了6项部级科研项目，并在现场先后召开了9次专家技术论证会和科研会，科研投入多达950万元。随着科技攻关取得重大突破，圆梁山隧道的施工进度得以赶上，生态环境也得到了很好的保护，“渝怀锁钥”被胜利开启。

图2.14　圆梁山隧道施工技术方案论证会

图2.15　技术人员正在讨论方案

图 2.16 歌乐山隧道堵水施工[①]

歌乐山隧道全长 4 050 m，在渝怀铁路所有隧道中不显山不露水。但歌乐山地表有水库 10 座，水塘 100 多个，泉井上千口。山体内集滑坡、岩溶、煤层、瓦斯、采空区、高压富水于一体，特别是岩溶水十分丰富，岩溶裂隙通透性好、地下水位高、地表水与地下水相互依存，隧道结构承受着 2.2 MPa 以上的静水压力，在国内地下工程中实属罕见。一旦造成地下水资源的流失，必将威胁到歌乐山上 6 万多村民和 200 多家企事业单位正常的生活，也会对歌乐山森林公园的生态环境造成无法弥补的损失。2001 年 10 月 27 日，隧道正在施工时，夹杂着泥沙的涌水以每小时 1 000 多立方米的流量、2.2 MPa 压力从岩石缝隙中喷涌而出，冲出隧道漫向田野。在这之后的两个多月里，涌水奔流，隧道掘进未能前进一步，最后不得不用混凝土将隧道回填 30 多米，才把放出“牢笼”的地下“蛟龙”重新关进山门。2002 年初，有关方面组织召开了歌乐山隧道堵水防漏专家咨询会。会议一致认为，鉴于歌乐山隧道特殊的地理位置和对水资源的特殊要求，只能采取“堵水限排”的施工方法，通过帷幕注浆，把水在山体中封住。依靠科学，依靠艰苦奋斗，铁路建设职工最终战胜了涌水、流沙、潜流，将 43 次涌水全部成功封堵，为 1 430 m 高压富水区筑起了一道帷幕，使宝贵的地下水资源还归山腹。

在越岭地段中，由于隧道施工造成地下水泄漏，常常造成山上塘库干涸，百姓正常生活面临困难。歌乐山隧道施工过程中便出现过这种情况。为了解决山上几万人的饮水困难，重庆市人民政府先是采取给百姓送水应急，同时要求施工单位尽快把水堵住；另外，花费 2 500 万元投资新建三级加压设施，把山下的自来水引上山，要求老百姓转变观念，改用洁净的自来水。渝怀铁路沿线这种情况还很多，特别是在秀山、酉阳境内。当时解决的办法主要有 3 种：一是短期采取送水的办法确保群众生活用水，二是要求铁路部门恢复水利工程，三是实在恢复不了的就改变耕作制度即“水改旱”。首要的是保证老百姓生存用水，然后是生产用水。

地处乌江峡谷之上的渝怀铁路 11 标段，被称为渝怀铁路施工环境最艰巨的标段。此标段

① 歌乐山隧道中，帷幕注浆达 1 340 m，堵水成功率 95% 以上，远远超过曾代表世界隧道堵水先进水平的日本青函隧道的 70% 堵水成功率。

总长只有 17.9 km，但隧道就有 16 km，占标段的 97%，而且全是从一座山的半山腰到对面一座山的半山腰，隧道进出口都在悬崖绝壁之上，下方数十米就是滔滔乌江。施工人员只有用绳子把自己吊在山岩上，悬空开凿施工便道，像蚂蚁啃骨头一般凿出一个个“老虎口”通道，不少机械也是吊在悬崖上作业。特别是凿出来的弃渣不能倒进乌江，只能装船运到 20 多千米外的码头，再用汽车运走，仅仅弃渣每吨的处理成本就在一百多元。职工宿舍全部设在乌江东岸，从西岸望去就像鸟巢和吊篮。在这样艰苦的生活和施工条件下，职工们硬是用一往无前的大无畏精神修通了隧道、建好了桥梁，保证了渝怀铁路的顺利通车。

经过铁路建设者的英勇奋战，渝怀铁路于 2005 年底竣工交验，历时 5 年。2006 年 1 月 15 日开行货车，2007 年 4 月 18 日客运全线通车。

渝怀铁路在中国铁路史上创造了十个“第一”：新世纪第一条开工的长大干线铁路；铁路基建系统与铁道部脱钩后第一个实施公开、公平、公正原则招标的建设项目；一次性投入环保资金最多和第一个实施环境监理试点的铁路建设项目；年完成隧道成洞最多的国内干线铁路；跨越江河最多的国内干线铁路，包括长江、嘉陵江、乌江、郁江、阿蓬江、梅江、锦江等大江大河；岩溶发育、地质复杂、技术难度最大的铁路建设项目；黄草乌江大桥为我国铁路预应力混凝土连续刚构跨度最大的双线桥梁，主跨 168 m；长寿长江铁路大桥为我国跨度最大的双线铁路连续钢桁梁，主跨 192 m；第一个在建设过程中全面采用工程质量无损检测的铁路建设项目；长大隧道数量最多的铁路建设项目，7 km 以上的隧道有 8 座。

图 2.17　正在施工的渝怀铁路长寿长江铁路大桥

（四）渝怀铁路二线建设情况

渝怀铁路二线是国家中长期铁路网规划和国家铁路“十二五”发展规划的重要建设项目，被国家纳入《中长期铁路网规划（2008 年调整）》《铁路“十二五”发展规划》和《武陵山片区区域发展与扶贫攻坚规划（2011—2020 年）》的建设项目。

渝怀铁路二线与既有渝怀线平行，西起襄渝铁路重庆团结村站，途经重庆北、长寿、涪陵、武隆、彭水、黔江、酉阳、秀山、松桃、铜仁，至沪昆铁路怀化站，横跨重庆、贵州、湖南三省市。

渝怀铁路二线规划设计全长 625 km，功能定位是客货并重的区际干线铁路。以货运为主，客货混线，设计时速 120 km，国家Ⅰ级铁路。渝怀铁路二线由成都铁路局、广州铁路（集团）公司作为项目法人，负责铁路工程建设和运营管理。全线分为 3 个区段工程：一是渝涪段，正线长 97.7 km，投资 35.9 亿元，2009 年 9 月 26 日开工建设，2013 年 12 月 28 日开通运营；二是涪梅段，起自涪陵，经武隆、彭水、黔江、酉阳，止于秀山梅江，正线长 339.6 km，投资 193 亿元，预计 2020 年通车；三是梅怀段，起自秀山梅江，经贵州松桃、铜仁，止于怀化，正在施工，计划于 2020 年底通车。

图 2.18 桥隧相连

2019 年 9 月 20 日，渝怀铁路二线新圆梁山隧道贯通。该隧道全长 11 172 m，位于重庆酉阳县境内，穿越 3 处大型溶洞核心区，5 条断层，2 200 多立方米高压富水区，1 700 多米瓦斯段，是国内隧道建设史上所遇到的地质最复杂、施工难度最大的隧道之一。溶洞涌水平均每天达 45 万 m^3，相当于每天流出 360 个标准游泳池的水量，雨季时日涌水量更高达 80 万 m^3。为保证施工安全和进度，中国铁建施工队伍确定了以泄水洞泄水降压和全断面帷幕注浆加固的“排堵相结合”方案，以及“帷幕注浆 + 双层大管棚”方案相结合的总体施工方案。在洞中开洞，洞中架桥。施工单位在洞内修建了一个总长 3 500 多米的泄水洞，以及一座长 70 m 的大桥，安设了 28 处泄水阀，确保溶洞的水可以定量排放，从而不影响隧道内列车通行。这个全线难点控制性工程胜利完成，为渝怀铁路二线按期投运赢得了时间。

图 2.19 跨越峡谷的渝怀铁路

图 2.20　渝怀铁路铺轨

图 2.21　渝怀铁路白涛段

图 2.22　渝怀铁路武隆段

（五）渝怀铁路建成通车的意义

渝怀铁路的建设，打通了川渝地区至东南沿海地区的东通道，成为川渝至厦门的捷径，缩短了西南、西北地区与东南沿海地区的时空距离。特别是渝怀铁路二线建设，使渝怀铁路由单线行驶变为双线通行，将有效提升列车运行速度，极大地提高路网的输送能力，改善沿线企业的外部运输条件，对加强区域之间的沟通、促进区域经济和社会的和谐持续发展有着非常积极的作用。

渝怀铁路的建设，极大地促进了沿线地区的经济社会发展。渝怀铁路修建时期，仅在沿线地区采购水泥、钢铁、炸药以及数万建设者的生活必需品等，就使沿线地区企业和居民收入数十亿元。在铁路修建中，每年用工量都突破 10 万人，其中雇用当地民工数万人，给沿线居民增加了相当可观的收入。沿途地区交通改善后，有利于当地的招商引资。

渝怀铁路特别是渝怀铁路二线建设，大大提高沿线货物运输能力。例如，黔江火车站，货场设计能力为 23 万 t / 年。渝怀铁路二线建设中，黔江火车站货场改扩建为 200 万 t / 年，实际能力有望突破 240 万 t / 年，是现有货场能力的 10 倍。同时，远期预留 200 万 t / 年能力，最终达到 400 万 t / 年。

渝怀铁路所经过的渝东南地区、黔东北地区以及湖南西部地区，属于武陵山国家级连片贫困地区，是国家重点扶贫地区。渝怀铁路的建成通车，改变了当地的交通状况，促进了当地交通的发展，使当地的资源得到开发利用，有力地促进了武陵山区连片贫困地区脱贫。

图 2.23　渝怀铁路狗耳泉特大桥

图 2.24　渝怀铁路乌江大桥

图 2.25　穿行武陵山区的渝怀铁路

图 2.26　全国人大代表视察渝怀铁路

图 2.27　重庆市各级领导、群众关心支持铁路建设

图 2.28　乌江畔的渝怀铁路

图 2.29　领导与技术人员一起讨论方案

图 2.30　渝怀铁路全线通车

图 2.31　渝怀铁路开通典礼

七、遂渝铁路

（一）遂渝铁路前期工作

遂渝铁路起于达成铁路的遂宁南站，两跨涪江，经潼南区和合川区后，两跨嘉陵江，在沙坪坝区井口立交接入重庆铁路枢纽至重庆北站。线路设计运营总里程为 155 km，其中，上行线（遂宁南至重庆北方向）计 155 km，下行线（重庆北至遂宁南方向）计 145 km。该线路桥隧众多，占全线 1/3 以上，重点控制工程有遂宁市的明月大桥、两跨涪江的特大桥、两跨嘉陵江的大桥及 4 228 m 的荆竹岭隧道、2 930 m 的西山坪隧道。

遂渝铁路二线起于四川省遂宁市，止于重庆市，全长 131.166 km（新建里程，并非总里程），设计速度为 200 km/h。该线路与既有遂渝铁路基本等高并行，作为沪汉蓉快速客运通道的一部分。从成都出发经成遂渝铁路到重庆理论上最快需 2.5 h，成渝直达比过去提前约 30 min。

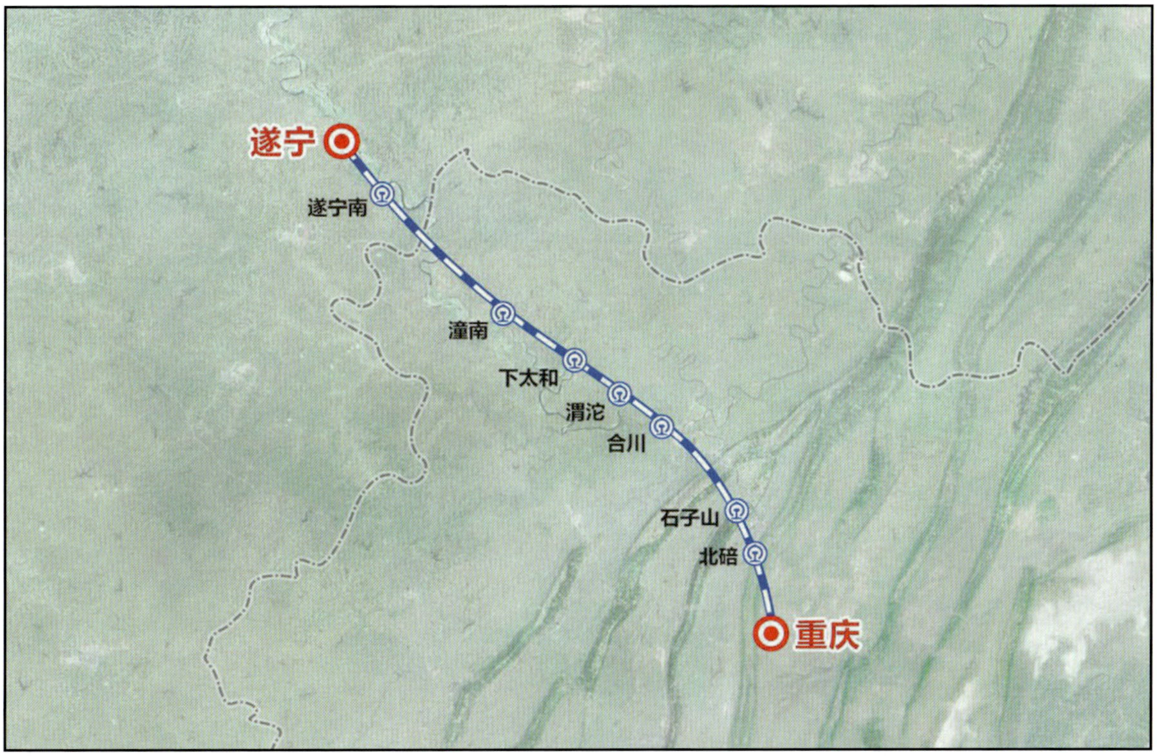

图 2.32　遂渝铁路走向示意图

遂渝铁路按国家 I 级铁路干线标准建造，全线为电气化牵引，预留双线条件，设计速度为 160 km/h，预留复线最高设计速度为 200 km/h，是当时西南地区设计速度最高的线路。遂渝铁路二线西起遂宁南站，向东经潼南、合川至石子山站，与遂渝铁路既有单线基本平行，建筑限界满足双层集装箱列车限界要求。遂渝铁路二线建成后，从单线变双线，列车的发车频度增加，发车间隔时间缩短，列车的运营最高速度也提高到 200 km/h，与达成铁路遂宁至成都段共同构成成都至重庆间的便捷铁路通道。

遂渝铁路沿线全封闭全立交，从而避免了人为破坏。另外，该铁路上运行的列车装有自动监测系统，对列车的时速、风阻、侧倾等情况进行全时监测。

图 2.33　遂渝铁路大桥

（二）遂渝铁路建设情况

遂渝铁路于 2003 年 2 月 25 日开工建设，2005 年 4 月 23 日全线铺轨完成。2006 年 1 月 15 日试运营，开通货运列车。2006 年 4 月 1 日正式开通运营，工程总投资 49.25 亿元。2006 年 5 月 1 日，随着 N880 次首趟成渝城际快速列车驶上遂渝铁路，备受关注的遂渝铁路正式开通客运。

遂渝铁路二线于 2009 年 1 月开工，2012 年 12 月 30 日正式开通运行。总投资 48.18 亿元、建设工期为 3 年。建成后的遂渝铁路成为国铁 I 级双线电气化铁路，从成都直达重庆仅需 2 h。

（三）遂渝铁路建成通车的意义

遂渝铁路承担了一项重要的试验——无砟轨道试验。所谓的无砟轨道是采用混凝土、沥青混合料等整体基础取代散粒碎石道床的轨道结构。因为原本带有碎石的轨道无法承载高速列车的运行，不论是列车行驶的安全性还是旅客乘坐体验的舒适性都达不到要求。要大力推进铁路建设，发展高速铁路，就必须解决这一难题。

当时，德国、日本等国家已经采用无砟轨道技术。在中国铁路建设史上，无砟轨道只在隧道和桥梁的混凝土路基上采用过，且断续分布，没有解决连续铺设和在土质路基上连续铺设的难题。遂渝铁路采用无砟轨道综合试验是中国国内首次在长区段铺设无砟轨道，也是首次在土质路基上进行铺设，为中国铁路大面积铺设无砟轨道进行综合试验取得了经验。为做好遂渝铁路无砟轨道综合试验段建设，中铁八局与中国铁道科学研究院、铁道第二勘察设计院组成联合科研组，坚持自主创新，研制出无砟轨道需要的施工成套设备，为建设中国客运专线提供了技术储备。同国外先进技术比，该项技术具有成本低、适合中国国情的优势。遂渝铁路无砟轨道综合试验段的建设，对树立自主知识产权品牌、探索高速铁路新型轨道结构建造技术具有重要价值。

图 2.34　遂渝铁路

图 2.35　遂渝铁路无砟轨道

图 2.36　遂渝铁路电气化施工（一）

图 2.37　遂渝铁路电气化施工（二）

八、达万铁路与宜万铁路

（一）达万铁路线路走向

达万铁路是国家“九五”重点建设项目。达万铁路西起襄渝铁路达县站，跨洲河，越观音山，溯明月江、任市河东行，经四川省达川地区的麻柳、开江等地和重庆市梁平县（现为梁平区），再经石板梁、关龙桥、塘垭口、分水、三正、万州西，终于万州站，正线全长 157 km，达县站襄渝线疏解线长 4.67 km。该铁路为国家Ⅰ级单线铁路，内燃机车牵引，预留电气化条件。设计运输能力客车 3 对，货运 472 万 t/ 年；远期客车 8 对，货运 661 万 t/ 年。

达万铁路有桥梁 116 座、涵渠 516 座、隧道和明洞 56 座，设车站 18 个，投入使用车站 8 个。线路最大坡度为 12‰，最小曲线半径为 400 m，设计为Ⅰ级单线铁路。

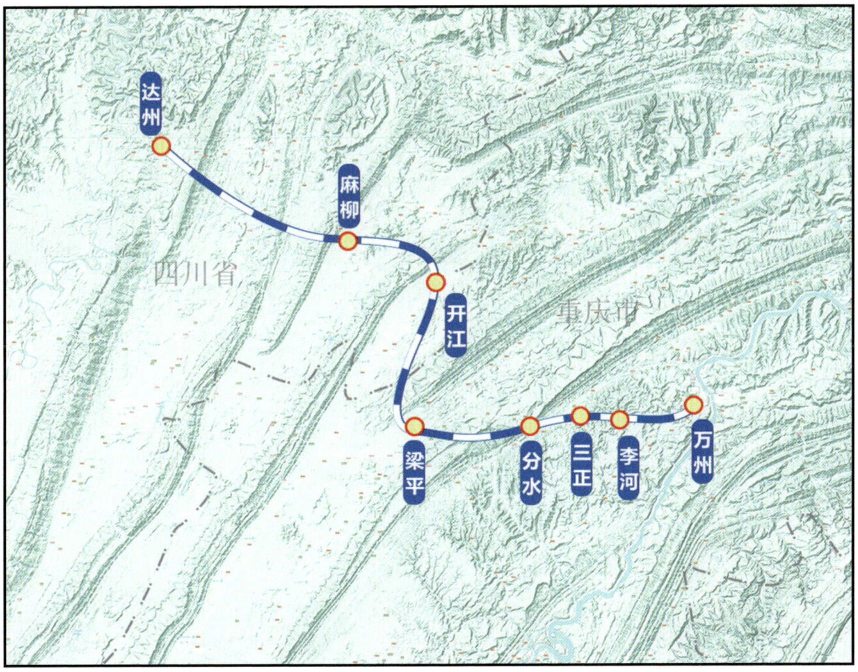

图 2.38　达万铁路走向示意图

（二）达万铁路建设情况

达万铁路由铁道部、重庆市和四川省合资修建。总投资达 28.8 亿元，按铁道部出资 70%、重庆市出资 16.65%、四川省出资 13.35% 的比例，成立达万铁路有限责任公司合资建设经营。其中，使用亚洲开发银行贷款 8 650 万美元。根据贷款协定，达万铁路部分工程、主要材料以及设备按照亚洲开发银行采购指南进行国际竞争性招标，严格执行 FIDIC 条款进行。

达万铁路全线共开挖路基土石方 1 854 万 m^3，架设桥梁 93 座、隧道 56 座、修建涵洞 730 座，桥隧总长 51 767 m。

达万铁路于1997年10月31日开工建设，时任全国人大常委会委员长李鹏为开工典礼剪彩。2002 年 10 月开通货运，2004 年 11 月开通客运。

图 2.39　达万铁路铺轨（一）

图 2.40　达万铁路铺轨（二）

（三）达万铁路与宜万铁路连接

达万铁路是重庆直辖以后开工并建成的第一条国家干线铁路，通车之时是一条断头路。2003 年 12 月，宜万（宜昌至万州）铁路开工，时任中共中央政治局委员、湖北省委书记俞正声同志出席了开工典礼。

2010 年 12 月全线运营。宜万铁路全长 377 km，其中，宜昌至凉雾段（湖北省利川市境内）长 288 km，是沪汉渝蓉通道的组成部分，按双线电气化设计，时速 160 km；凉雾至万州段为单线，内燃牵引，设计时速 120 km。达万铁路与宜万铁路连通以后，万州成为全国铁路网中的重要站点，并成为水铁联运的节点。

图 2.41　宜万铁路万州长江大桥

（四）达万铁路改造

达万铁路当时设计速度为 80 km/h，单线、内燃牵引，最大运输能力为客车 8 对，货运量 661 万 t / 年。

在国家的大力支持下，三峡库区经济社会快速发展。2012 年，神华集团在万州建设 400 万千瓦火力发电厂和 1 000 万 t 储煤基地项目，拟从宁夏、陕西、新疆等地由铁路运输煤炭，经达万线调入万州。按照达万铁路运输运力，无法保障神华集团项目的用煤需求，更不能满足三峡库区经济社会长期持续发展需要。

2010 年，达万铁路开始升级改造，只用了不到 10 个月，即实现了当年投产的目标。12 月 7 日，电气化改造竣工，结束了长达 8 年由内燃机车担当动力车头的历史。经过电气化改造，在保持达州、达州东、麻柳、开江、梁平、分水寺、李河、万州 8 个车站的基础上，新开平桥、亭子、大风、葫芦潭、文化、申家沟、石板梁、关龙桥、三正、万州西 10 个中间会让站。改造后开行的列车，由原来的 13 对增加至 30 对，运输能力成倍扩张。至此，三峡库区第一条铁路——达万铁路客货运输列车全部改用电力机车，极大地缩短了列车的运行时间，提高了运行速度，在三峡库区形成一条方便旅客、提升货运能力的运输通道。

达万铁路完成电气化改造后的最大设计运输能力为 2 000 万 t/ 年。2014 年货运量已达 1 700 万 t，接近最大设计能力。因此，达万铁路必须进行复线建设。

（五）达万铁路建成通车的意义

万州是三峡库区及渝东北的中心城市，对区域发展具有极大的辐射带动效应。改造达万铁路并建设复线，可与达成铁路和长江黄金水道一起，进一步完善四川和重庆，特别是三峡库区铁水联运综合运输网络。

万州港区是重庆港的“1+3”发展体系的枢纽港区。三峡工程建成后，航道通行条件有所改善，但受三峡船闸通行能力和万州对外交通通道建设滞后限制，万州深水良港优势未能显现。改造达万铁路并建设复线，促进“铁公水”联运，可以形成三峡库区综合交通体系，促进长江经济带发展。

九、渝万城际高速铁路

（一）渝万城际高速铁路前期准备工作

渝万城际高速铁路是重庆主城到万州区的一条城际铁路。它既是郑渝铁路的组成部分，也是从上海到成都沿江铁路的组成部分。2008 年，中铁二院工程集团有限公司专家组完成踏勘后，初步构想渝万城际高速铁路由重庆主城区出发，经长寿、垫江、梁平到达万州，全长约 240 km，推荐速度为 250 km/h，是连接重庆主城和万州之间具有系统相对独立、密集开行列车的新型快速客运铁路。

2009 年 2 月 11 日至 13 日，受国家发展改革委委托，北京华协交通咨询公司组织专家评估团，对渝万城际高速铁路进行立项评估。

随后，渝万城际高速铁路进入可研评审。铁道部工程设计鉴定中心、成都铁路局、渝万城际高速铁路有限责任公司筹备组等部门和单位组成评审组，在铁道部工程设计鉴定中心副总工程师杜绍军、毛斌带队下，赴万州实地踏勘铁路线路及站场选址，听取设计方对站场选址方案的介绍，征求万州关于站场选址的意见。最后，评审组提交了评审报告。2009 年 8 月，国家发展改革委批准《重庆至万州铁路可行性研究报告》。2011 年 3 月，铁道部批复渝万城际高速铁路初步设计。

根据铁道部项目建设计划，成都铁路局与重庆市发展改革委和有关项目业主就 2012 年具体计划安排进行了对接，全线建设工期按 48 个月控制，2012 年 12 月正式开工。

渝万城际高速铁路连接重庆都市区和渝东北中心城市万州，与成渝高速铁路、成绵乐城

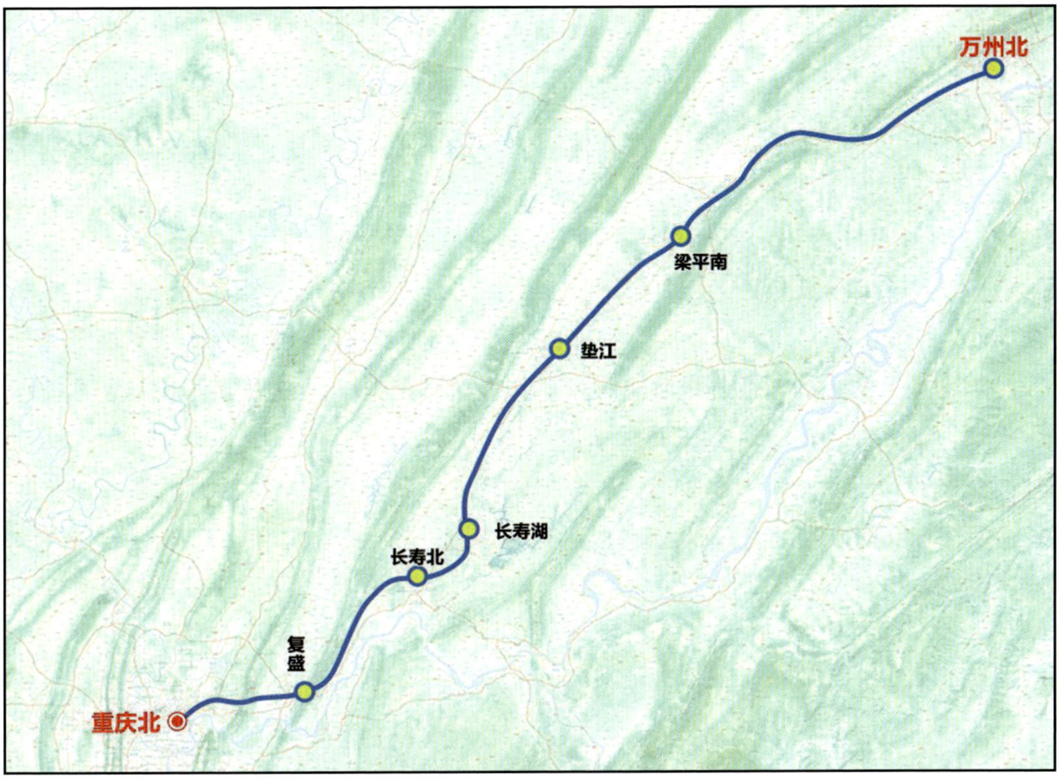

图 2.42　渝万城际高速铁路走向示意图

际铁路形成成渝经济区“T”字形骨架，是成渝地区铁路网主骨架线路之一，也是我国铁路网中长期规划客运通道郑渝高速铁路（郑州—重庆）的重要组成部分，是中长期规划中的京昆高铁（北京—郑州—重庆—昆明）中的一段，同时也是联系西南地区和中原地区、华北地区的主要客运快速通道，兼顾沿线城际及旅游客流运输。

渝万城际高速铁路建成后，从重庆北站到万州北站乘坐动车组只需要 1.5 h 左右。郑万高铁全线贯通后，市民从重庆北站乘坐高铁去北京，可直接走渝万城际高速铁路、郑万高铁、京广高铁捷径，全程将由目前的 12 h 缩短至 8 h。

（二）渝万城际高速铁路建设情况

渝万城际高速铁路按客运专线设计，设计时速 250 km，最大坡度为 20‰，正线间距为 4.6 m，曲线半径一般在 4 000 m，牵引种类为城际动车组、动车组、高速动车组，到发线长度为 650 m，运行控制 CTCS-3（兼容 CTCS-2）。

线路：正线设计范围新建双线，长 247 km。

路基：正线线路长度为 247 km，重庆铁路枢纽相关工程（渝万下行联络线、渝万动车出库右线）4.7 km。

桥梁：正线共设桥梁 239 座计 119 998.55 m，占线路总长的 48.5%。

隧道：正线设计共有双线隧道 56 座计 58 809 m，占线路总长的 23.8%。全线最长隧道为分水镇隧道，全长 9 167 m，也是全线控制性工程。

站场：渝万城际高速铁路全线开设重庆北、复盛站、长寿北、长寿湖、垫江、梁平南、万州北 7 个车站。其中重庆北、长寿北、垫江、梁平南、万州北为大站，重庆北、万州北为始发站，其余车站为中间站。

2012 年底至 2013 年初，渝万城际高速铁路全线陆续开工建设。2013 年 8 月，渝万城际高速铁路长寿段 6 座隧道开通（其中控制性工程 2 000 m 以上的隧道 2 个）。12 月 16 日，在位于梁平区荫平镇太平村四组的 4 标段工地，架梁机将重达 714 t 的预制箱梁稳稳地架设在桥墩上，标志着渝万城际高速铁路全线第一孔梁架设成功。万州段的桥梁、隧道等主要控制性工程也全面开工。2014 年 12 月 25 日，垫江段线下工程已全部完成。2016 年 3 月 29 日，渝万城际高速铁路最后一对长 500 m 的钢轨在铺轨作业车的牵引下，缓缓滑落在万州北站站台前轨枕上后，工人们稳稳地将钢轨和轨枕“连为一体”。至此，历经 3 年多艰苦奋战，渝万城际高速铁路全线完成铺轨，进入联调联试。

2016 年 7 月 31 日，渝万城际高速铁路联调联试第一趟总公司试验车从重庆北站北广场出发直达万州北站。在规定的测试速度下，对全线各系统、设备进行综合测试，包括对轨道几何状态、动车组动力学响应、调度通信系统、信号系统、自然灾害及异物侵限监测系统的各项指标进行了验证。

2016 年 11 月 28 日，渝万城际高速铁路正式开通营运。

图 2.43　渝万城际高速铁路

图 2.44　渝万城际高速铁路万州北站

（三）渝万城际高速铁路建成通车的意义

渝万城际高速铁路作为中国铁路网中长期规划中的重要客运专线——郑渝高铁（郑州—重庆）的一段，是国家中长期规划中的京昆高铁（北京—郑州—重庆—昆明）中的重要组成部分，也是沪渝沿江铁路中的重要组成部分。渝万城际高速铁路连接郑渝高铁、渝昆高铁及沪渝沿江铁路，形成联系西南地区和中原地区、华北地区的主要客运快速通道，同时也形成沿线城际及旅游客流的主要运输通道。

渝万城际高速铁路的建成通车拉近了重庆主城与三峡库区核心区的时空距离，推动“重庆一小时都市圈”和“渝东北城市群”的发展，为实施可持续发展战略、创建资源节约型和环境友好型社会，促进区域和谐发展提供支持。

渝万城际高速铁路建成通车，构建起长江三峡旅游的新格局，改善了万州作为三峡旅游核心区的区位条件，并与成渝、成绵乐客运专线等一起，共同构成川渝地区间快速便捷的旅游通道，为旅客提供快速、安全、环保、大容量的现代交通服务。

十、渝利铁路

（一）渝利铁路前期工作

渝利铁路（重庆—湖北省利川市）是我国《中长期铁路网规划》中“四纵四横”快速客运通道中沪汉渝蓉快速客运通道的组成部分，是我国一条连接重庆市与湖北省利川市，以客运为主、兼顾货运的国铁Ⅰ级双线电气化铁路干线。

渝利铁路严格按照国家有关规定开展前期工作。2008 年 10 月，国家发展改革委颁发《关于新建重庆至利川铁路可行性研究报告的批复》（发改基础〔2008〕2883 号）。2008 年 11 月，铁道部颁发《关于新建重庆至利川铁路初步设计的批复》（铁鉴函〔2008〕1336号）。同年，重庆市规划局发布同意渝利铁路重庆境内规划设计，国土资源部批复重庆至利川铁路工程拟用的意见，环境保护部批复同意重庆至利川线工程环境影响报告书，水利部批复同意渝利铁路水土保持方案。

图 2.45　渝利铁路预可研审查会

（二）渝利铁路线路走向与技术标准

渝利铁路不利用既有渝怀铁路重庆至涪陵段，而是新建从重庆北站至利川市凉雾站的新线路，线路全长 264 km，共设重庆北、复盛、长寿北、涪陵北、丰都、石柱、沙子、凉雾 8

图 2.46　渝利铁路走向示意图

个车站，其中 1 个客运站、5 个中间站、2 个越行站。从重庆市渝北区的重庆北站出发，经玉峰山隧道（DK17+535 m）穿过铁山坪后线路离开主城区，沿张关白岩风景区坡脚边缘的渝长高速公路前行，在 DK49+500 m 进入长寿区；经长寿北站，穿过黄草山脉黄草山隧道进入涪陵区，在涪陵李渡工业园区设涪陵北站；出涪陵北站后在 DK118+000 m 跨过长江，由此进入低山区，沿长江右岸与长江并行，在丰都县城 3 km 的山脚处设丰都站；出丰都站向东南方向离开长江沿龙河而行，先后六跨龙河，至石柱县，设石柱站后继续东行，经万寿山、沙子关、向家坝 3 座长隧后与在建的石忠高速公路并行；从都亭山隧道出口进入湖北省，穿齐岳山脉进入利川市溶蚀残丘地貌区，最后以连续的多座桥梁引入宜万线的凉雾站。在湖北境内长约 28 km。全线为双线电力牵引，设计标准为国铁Ⅰ级干线，设计客运速度为 200 km/h。双层集装箱列车（高级货车）速度为 160 km/h。总投资额为 261.8 亿元。

表 2.3　渝利铁路技术标准

铁路等级	正线数目	限制坡度	旅客列车速度目标值	最小曲线半径	线间距	牵引种类
国铁Ⅰ级	双线	9‰，加力坡 18.5‰	200 km/h	一般地段 4 500 m（困难地段 3 500 m）	4.4 m	电力
机车类型	**牵引质量**	**到发线有效长度**	**闭塞方式**	**行车指挥方式**	**建筑限界**	**轨道类型**
客机 HXD3C、HXD1D、CRH1、CRH2、CRH3、CRH5、CRH380A（L）；货机 HXD1	3 500 t	850 m，双机地段 880 m	自动闭塞	调度集中	满足开行双层集装箱列车要求	有砟轨道，5 000 m（含）以上隧道铺设无砟轨道

（三）渝利铁路建设情况

渝利铁路建设的难点，首先难在地形险峻上。从重庆北站到宜万铁路凉雾站接轨，桥隧长度占正线长度的 79.2%。

渝利铁路有 32 座结构复杂的高墩大跨特殊结构桥梁。涪陵蔡家沟双线特大桥桥墩高 139 m，超过 40 层楼高。涪陵韩家沱长江特大桥为主跨 432 m 的钢桁梁斜拉桥，受三峡蓄水的影响，施工难度相当大。

渝利铁路的隧道工程也是集难、险于一身。全线 71 座隧道中，18 座存在复杂的地质问题，岩溶、突水、瓦斯、顺层偏压等地质问题应有尽有。其中有 2 座（万寿山隧道和长洪岭隧道）13 km 以上，1 座 10 km 以上，3 座 9 km 以上的长大隧道。地下工程穿过喀斯特地区，施工中突水、突泥频发，必须攻克岩溶隧道工程的世界性难题。

渝利铁路于 2008 年 12 月 29 日开工建设主城段。2009 年 1 月 19 日，丰都段开工建设。2010 年，渝利铁路首座隧道——麻号沟隧道顺利贯通，重要节点工程——金庄一号桥在重庆市长寿区开始架梁，黄草山隧道提前 128 天顺利贯通。2011 年，龙溪河特大桥完成基础施工，进入主跨施工阶段。李子坝双线隧道、都亭山隧道出口和 2 号斜井提前顺利贯通，韩家沱长江特大桥提前半年合龙，长寿段完成路基工程。

渝利铁路的三大难度工程——韩家沱长江特大桥、蔡家沟特大桥、江北新桥特大桥，其技术要求之高、设计施工难度之大，为世界桥梁史所罕见。蔡家沟特大桥全长 2 050 m，共有 41 个桥墩，平均墩高 56 m，最高达 139 m，最矮也有 8 m。其中，主墩 23 号桥墩净墩高达 139 m，超过 40 层楼的高度，建筑高度近 200 m，该桥墩的建成刷新了世界双线铁路第一墩的纪录。最高的桥墩重约 3.8 万 t，加上墩上 1 万多吨梁体，在不通过火车的情况下，基础就要承受 4 万多吨的重力，它的稳定性对设计、施工来说是最大的考验。

韩家沱长江特大桥是世界上最大跨度的双线铁路斜拉桥，全长近 1.2 km，主跨 432 m，为全钢梁结构。远望整个大桥，像两把撑开的雨伞。

江北新桥特大桥是世界上一联联长最长（长 777 m、人形刚构梁墩 4 个）的大桥。向家坝隧道全长 6 505 m，位于四川盆地东缘与鄂西山地过渡地带，地质条件极为复杂，属于中山构造侵蚀地貌，隧道最大埋深约 260 m，隧道单面为 16‰的上坡，进出口段均位于曲线上，是渝利铁路 V 标段继沙子关隧道又一重点控制性工程。

图 2.47　渝利铁路韩家沱长江特大桥

图 2.48　渝利铁路蔡家沟特大桥

2012 年，渝利铁路由利川方向开始铺轨架线。2013 年 7 月 19 日，在渝利铁路 DK30+500 m 处排花洞隧道内胜利完成全线最后一根 500 m 长钢轨的换铺，8 月 31 日前完成渝利铁路所有施工目标任务，进入静态验收和联调联试阶段。

图 2.49　渝利铁路江北新桥特大桥

2013 年 9 月 11 日，一辆携带多台检测仪器的专用检测车，以 40 km/h 的速度在渝利铁路进行冷滑试验。9 月 16 日，随着 55001 次检测列车顺利抵达重庆北站，渝利铁路为期 6 天的动态检测工作宣告结束。

2013 年 11 月 1 日，渝利铁路进入联调联试阶段；12 月 20 日，完成春运调图；12 月 24 日，沿线站房交付使用；12 月 28 日，正式开通运营。至此，成都至重庆、武汉、杭州、上海之间的客运快速通道正式打通。

图 2.50　渝利铁路特大桥施工

（四）渝利铁路建成通车的意义

渝利铁路既是重庆东出华中和东部沿海的最便捷的高标准铁路通道的一部分，可以开行时速 200 km 的旅客列车和双层集装箱列车，又是沪汉蓉快速客运通道中极其重要的一部分。该线建成通车以后，横贯我国东中西部，连接长江三角洲、江汉平原、鄂西山区和四川盆地的沪汉渝蓉快速客运通道，终于形成。

通过渝利铁路，沪汉渝蓉全线通行高铁，川渝地区开始接入全国高铁网络中。自重庆出发，5 h 到武汉，8 h 到广州，9 h 到上海，10 h 到北京，缩短了我国东部、中部和西部的时空距离，大大增强西南地区与中部地区及长三角、珠三角、环渤海等经济发达地区的沟通联系，成为西南联系全国的紧密纽带。

通过渝利铁路，向西通过遂渝铁路可达成都市，向东经过已开通的宜万铁路和汉宜铁路直达武汉，进而连通合肥、南京、上海等长江中下游城市，还可通过京广铁路通道连接华北和华南等地区，通过武九高铁与东南沿海的江西、福建等省区连接，是重庆联系华东、中南、沿海地区及华北部分地区最重要的快速铁路运输主通道。渝利铁路与襄渝线、渝怀线、渝黔线一起，共同担负重庆与东中部地区、华北地区及东南沿海地区的客货交流，有效解决了重庆对外铁路运输通道能力紧张问题；打通沪汉蓉间的双层集装箱通道，有利于促进东、中、西部区域协调发展，促进地方经济快速发展及三峡库区经济繁荣。

渝利铁路的建成通车，为渝东北和鄂西的经济社会发展打下了坚实的交通基础。渝东北和鄂西地区是连片贫困地区，如湖北省利川市，因为交通闭塞，丰富的矿产资源、人力资源和喀斯特地貌旅游资源得不到开发，经济社会发展曾举步维艰。渝利铁路的修建，吸纳了沿

图 2.51　建设中的渝利铁路

线企业的大量建筑材料和数万劳动力；沿线地区的矿产资源、人文资源和旅游资源，结束了“藏在深山人未识”的状况，成为脱贫致富的资本，给促进经济社会发展带来立竿见影的效果。

图 2.52　渝利铁路建设工地

渝利铁路的建成通车，有力促进沿线地区旅游业的发展。从重庆到渝鄂交界的武陵山区成为坦途，乘坐火车到石柱、利川、恩施观光客持续攀升，成都铁路局陆续增加动车组，节假日还需增加车次，才能满足来自各大城市游客的出行需求。

十一、兰渝铁路

（一）兰渝铁路前期工作

修建兰渝铁路，一直是几代人心中的梦。

1919 年，孙中山先生在《建国方略》中，最早提出修建兰渝铁路，称其为“经过物产极多、矿产极富之地区”，规划路线走向是“兰州—广元—南充—重庆”。他把这条铁路线，作为计划的中央铁路系统 24 条干线之一。

新中国成立后，兰渝铁路被列入议事日程。1956 年，铁路设计部门分别对兰州至广元、广元至重庆段进行了规划研究，并于 1965 年重编全线方案报铁道部。1994 年，兰渝铁路沿线地区组建了半官方、半民间的兰渝铁路协作会。随后，经该会组织协调，一份盖有 68 枚地县两级党委、政府印章的《关于申请新建兰渝铁路立项报告》上报给四川、甘肃省政府及当时的国家计委。1998 年 12 月，罗青长、傅崇碧、苏毅然、王定国等 105 位老红军联名签字致函党中央、国务院，恳请修建兰渝铁路。

每值“两会”召开期间，甘、川、渝三省市都分别或联合提交关于兰渝铁路立项的议案和提案。2000年，时任国务院总理朱镕基在听取了兰渝铁路专题汇报后表态同意修建兰渝铁路。

2000年10月，铁道部印发《关于开展西南至西北铁路通道规划研究的通知》（计发函〔2000〕19号），下达任务给铁道第一、第二勘察设计院，明确要求“要充分利用以往的研究成果，提出西南至西北铁路主通道方案及设计时序”。两院在各自研究报告中都推荐兰州经广元、南充、广安至重庆方案为首选方案。

2005年，甘肃省、四川省、重庆市、铁道部共同协商确定合资建设兰渝铁路，并确定了各方出资比例。

2007年5月12日，国家发展改革委正式批复建设兰州至重庆的铁路项目建议书。

2008年8月12日，国家环境保护部批复新建铁路兰州至重庆线环境影响报告。

2008年8月29日，国家发展改革委印发《关于新建兰州至重庆铁路可行性研究报告的批复》，同意新建兰州至重庆铁路。对线路走向及建设规模、主要技术指标、投资估算总额、建设工期等，都作出了规定。

2009年9月26日，在甘肃省兰州市举行兰渝铁路开工动员大会，时任中共中央政治局委员、国务院副总理张德江宣布兰渝铁路正式开工。

图2.53 合资建设兰渝铁路签字仪式

（二）兰渝铁路线路走向与技术标准

兰渝铁路，北起甘肃省兰州市，南到重庆市，是我国中长期铁路网规划中西北至西南区域间客货并重的大能力运输新通道，是我国“四纵四横”铁路网中第三条纵贯中国南北的铁路大动脉。

按照规划设计，兰渝铁路北起兰州站、南至重庆北站，穿越甘、陕、川、渝三省一市和22个市县（区），正线全长886 km，全线桥隧比例72%，设计旅客列车速度目标值为160 km/h，有条件路段预留速度为200 km/h。

兰渝铁路兰州至重庆北新建双线，甘肃境内长 436 km，陕西境内长 15 km，四川境内长 302 km，重庆境内长 67 km。为了使兰渝铁路接通广安市，另从南充东站出发经东南方的岳池县、广安市后，止于襄渝铁路高兴站，称南高支线（南充至高兴段）。南高支线全线位于四川省南充地区和广安地区境内，单线长 94 km。

兰渝铁路沿线设兰州西站、夏官营站、张家庄站、杨家川站、渭源站、漳县站、岷县站、哈达铺站、宕昌站、沙湾站、陇南西站、陇南站、桔柑站、洛塘站、姚渡站、羊木站、广元站、广元西站、太公站、苍溪站、阆中站、南部站、龙桂站、南充北站、南充东站、南充西站、李渡站、武胜站、渭沱站、合川站、北碚北站、蔡家站、重庆北站等 34 个车站。

图 2.54　兰渝铁路走向示意图

表 2.4　兰渝铁路技术标准

铁路等级	正线数目	限制坡度	速度目标值	运营速度	最小曲线半径	正线线间距离
国铁Ⅰ级双线电气化客货共线快速铁路	兰州至重庆段为双线，南高支线为单线（客货共线）	兰州至广元段双机为13‰，广元至重庆段和南高支线为6‰	兰州至重庆段为200 km/h，南高支线为160 km/h	兰州至广元段为120 km/h，广元至重庆段为160 km/h，南高支线为120 km/h	兰州至重庆段为一般3 500 m，困难2 800 m；南高支线为一般2 000 m，困难1 600 m	兰州至广元段为4.4 m，广元至重庆段为4.6 m
规划运输能力	**牵引种类**	**机车类型**	**牵引质量**	**到发线有效长度**	**闭塞类型**	
兰州至重庆为客车50对/日、货运5 000万t/年	电力	兰州至重庆为客车动车组SS7E、HXD3C，货车SS7；南高支线客机SS7E，货车SS7	4 000 t	单机850 m，双机880 m	自动闭塞	

（三）兰渝铁路建设情况

2008年，兰渝铁路有限责任公司正式成立。同年9月26日，时任国务院副总理张德江在甘肃省兰州市沙井驿出席开工动员大会，并宣布兰渝铁路正式开工。

修建兰渝铁路遇到的难点主要是穿越区域性大断裂10条、大断层87条，所经地区地震、暴洪、泥石流灾害多发，号称“地质博物馆”。兰渝铁路通过的黄土高原区和秦岭高中山区，位于青藏高原隆升区边缘地带，在区域地质上位于华北、扬子、青藏（柴达木、羌塘等）诸小板块相互汇集部位，地质环境极为复杂特殊，施工难度极大、风险极高。兰渝铁路建设原预计工期6年，后来工期延后3年，其核心原因在于地质因素。

图 2.55　兰渝铁路开工典礼

图 2.56　兰渝铁路奠基

兰渝铁路全线存在着四大高风险隧道群：第三系富水粉细砂层隧道群、高地应力软岩大变形隧道群、高瓦斯隧道群、岩溶突泥突水隧道群。其中甘肃境内地质最为复杂，尤其是第三系富水粉细砂层地质和高地应力软岩大变形地质极大地影响了隧道的开挖和掘进，设计、施工难度不仅在技术上是巨大的挑战、安全上压力巨大，也带来了工期上的风险。

其中重点工程有胡麻岭隧道、木寨岭隧道、西秦岭隧道、新城子隧道、白龙江 3 号特大桥。

（1）胡麻岭隧道

胡麻岭隧道全长 13.61 km，穿越一座水库和一条河流，有 3.25 km 穿越第三系饱和富水粉细砂地层，形成众多大小不等的水囊，受施工扰动的影响，围岩液化现象十分严重，突水、涌沙等安全隐患突显。施工初期，单个掌子面月掘进在 10 m 左右波动，施工进度严重滞后，被列为重难点工程，被国内外专家定性为“国内罕见，世界难题”。2017 年 6 月 19 日，历经 8 年施工，兰渝铁路最后一座隧道胡麻岭隧道胜利贯通，为全线通车扫清了最后障碍。

图 2.57　胡麻岭隧道贯通

（2）木寨岭隧道

木寨岭隧道被称为全国铁路高风险隧道之最，是全线地质条件最差的隧道。该隧道位于定西市岷县境内，为极高风险双洞单线分离式特长隧道，全长 19.1 km。隧道地处震区，地层条件非常复杂，穿越 11 条断裂带，处于极高地应力区域，所属区地震基本烈度达 7 度，为极高风险隧道，也是兰渝铁路建设关键控制性工程。2016 年 7 月 18 日，木寨岭隧道全线贯通。

图 2.58　木寨岭隧道施工

图 2.59　木寨岭隧道贯通

（3）西秦岭隧道

西秦岭隧道是兰渝铁路全线最长的一条隧道，全长 28.2 km，穿越西秦岭山区，位于甘肃省陇南市境内，是兰渝铁路建设项目中最关键的环节，也是全线性控制工程。西秦岭隧道为双洞单线隧道，是我国国内在建铁路第二长隧、单线贯通第一长隧，也是我国国内 TBM 施工断面最大、掘进距离最长、最先采用连续皮带出渣下衬砌并行施工、最先实现连续皮带机整体转场及正洞连接斜井出渣的铁路隧道。洞内地质复杂、石质破碎，穿越与汶川大地震同一地震带。该隧道被列为全线头号重点控制工程，设计建设工期 65 个月，于 2014 年 7 月 19 日全线贯通。

图 2.60　西秦岭隧道 TBM 掘进机

（4）新城子隧道

新城子隧道全长 9 164 m，位于青藏高原东北缘复杂特殊的地质构造环境带，地震活动频繁，地应力极高，围岩主要为三叠系炭质板岩，极其破碎，成洞困难，是典型的高地应力软岩大变形隧道。该隧道受临江铺车站进洞影响，结构特殊，由两个双线断面转变成两单断面，再由双连拱断面变成大跨断面，最后变成双线断面。左右洞施工相互干扰大，后洞施工引起前洞已成型初支、二衬开裂；大跨最大开挖断面达 350 m^2，为世界在建铁路隧道之最。该隧道地质和大断面属中国国内罕见，属于世界级施工难题。2016 年 5 月 31 日，新城子隧道在全线三大重难点隧道中率先实现顺利贯通，标志着中国在高地应力大跨断面隧道世界性施工难题上取得重大突破。

图 2.61　新城子隧道贯通

（5）白龙江 3 号特大桥

白龙江 3 号特大桥位于陇南市武都区梁水镇内，全长 10 903 m，为兰渝铁路最长桥梁。全桥共 332 孔梁，其中简支梁 327 孔。全桥共有墩台 332 个，高度为 3.5 ~ 29 m。其中 56 m 系杆拱桥跨越兰海高速两水东出口，将拱与梁两种基本结构形式组合在一起，造型美观、结构合理、跨越能力强，兼容人文景观和自然景观协调之美，施工具有安装精度、焊接及混凝土浇筑工艺要求高的特点。

兰渝铁路建设历时 8 年。2014 年 8 月，南高支线（南充东站至高兴站）开通；2015 年 1 月，重庆北至渭沱段投入运营；同年 12 月，重庆北至广元段正式投运；2016 年 12 月，甘肃省岷县至广元段开通；2017 年 9 月 29 日，岷县至夏官营段开通之后，标志着兰渝铁路全线正式开通运营。

2018 年 1 月 16 日，兰渝铁路全线双线完全贯通。2019 年 1 月 8 日，兰渝铁路全线正式开行复兴号 CR200J 动车组列车。

图 2.62 白龙江 3 号特大桥

（四）兰渝铁路建成通车的意义

兰渝铁路是我国《中长期铁路网规划》中西北至西南区域间客货并重的大能力运输新通道，是我国“四纵四横”铁路网的重要组成部分。兰渝铁路北连兰新、包兰、兰青、陇海铁路，形成重庆、四川等北上西出的快速通道，推动西南地区加快融入丝绸之路经济带；中间与宝成、西成、达成、襄渝等铁路相接，并通过宝成、成昆、遂渝等铁路串起重庆、四川、云南地区；东接渝怀、沪汉渝蓉铁路，打通了西北、西南地区融入长江经济带的运输通道；南下与渝贵铁路相连，形成兰州至广州的南北铁路大干线，成为中国西部连接沿海地区、融入 21 世纪海上丝绸之路的新通道。

兰渝铁路的建成通车，打通了我国西部地区的第一条南北向的纵向大动脉，向北出新疆可直达欧洲，向南直接通到广西出海口，与新加坡、越南、菲律宾、印度尼西亚等国家建立起贸易往来的出海大通道，形成“陆海贸易新通道”，不仅能够强化和完善中国西部区域铁路运输网结构，大大缩短西北、西南和华南地区间的运输距离及旅行时间，还能极大地改善兰州、陇南、广元、南充、重庆、贵阳等地的交通区位，使沿线地区与西北、西南、华东、华南地区的联系更为紧密，形成优良交通运输环境，实现了陆上“丝绸之路经济带”和“21 世纪海上丝绸之路”的连接。

兰渝铁路全线开通运营，开辟了一条从西北到西南出海口距离最短、最便捷的铁路大通道，有力地促进了西部地区的经济发展。以前，甘肃省出口商品的出海口主要是天津港、青岛港、连云港 3 个港口，时间很长。若采用空运，费用过高。兰渝铁路的开通彻底改变了这一现状，打通了甘肃省南向出海口，通过“陆海贸易新通道”，自兰州发货至越南胡志明市，从广西钦州港出海，最多 6 天就可以到达，比以前节省了一半时间。同时，通过兰渝铁路北上南下的货物运输不用绕行，运输距离和运行时间都大幅压缩，物流成本也明显下降。

兰渝铁路也是精准扶贫的长大干线，沿线 22 个县市（区）中分布着六盘山区、秦巴山区的十多个国家级扶贫重点县。随着兰渝铁路全线的开通运营，沿线沉睡已久、丰富的农牧业资源、有色金属资源、煤炭矿产资源和文化旅游资源被“唤醒”，为沿线群众架起了一座与外面世界进行沟通和交流的“桥梁”，并催生了电商产业蓬勃兴起。

图 2.63　正在施工的兰渝铁路新井口嘉陵江特大桥

图 2.64　兰渝铁路新井口嘉陵江特大桥（右）

图 2.65　井口地区铁路纵横交错

图 2.66　修建中的兰渝铁路新穿井坝涪江特大桥

图 2.67　长龙飞渡

图 2.68　兰渝铁路开通运营中新南向通道铁海联营

十二、三万南铁路与南涪铁路

（一）三万南铁路扩能改造

三万南铁路属于地方铁路，主要由三万铁路和万南铁路两部分组成。三万铁路由綦江的三江到万盛，万南铁路由万盛到南川，使用内燃机车牵引，后来三万铁路与万南铁路通车，合称为三万南铁路。

老三万铁路于 1953 年 7 月建成通车，客货兼营，以客为主。2004 年 3 月 8 日，停止重庆至万盛普客运营。

万南铁路是四川省建设的低标准地方铁路，于 1986 年 6 月动工，1996 年 12 月建成投入运营。1997 年重庆市直辖以后，划归重庆市管理经营。万南铁路全长 44.3 km，设置万盛北、丛林、苏家湾、南川 4 个车站。

2010 年 12 月 22 日，三万南铁路扩能改造工程正式开工。项目业主是国铁集团与地方合资由国铁集团控股的三万南铁路有限责任公司。三万南铁路全长约 70.15 km，总投资约 30.5 亿元。按设计标准，三万南铁路等级为国铁Ⅱ级，单线，行车时速 120 km，客货兼营。

三万南铁路新建正线约 55.7 km，同步新建的有三江至万盛、南川铁路与川黔线货车联络线 3.2 km、新万盛站（现万盛站）至万盛西站（现万盛南站）联络线 3.5 km，新建南平隧道为该项目的控制性工程，全长 9.8 km。

图 2.69　1986 年 6 月万南铁路奠基

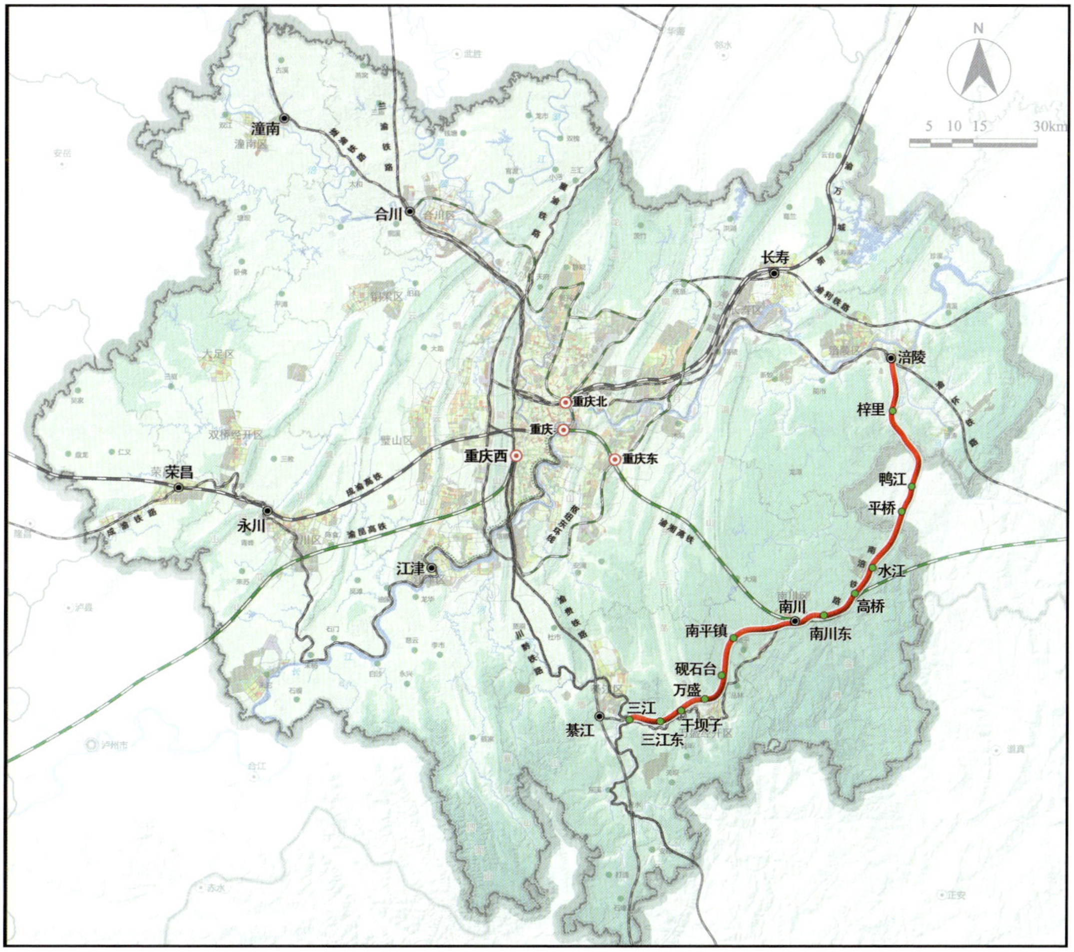

图 2.70　三万南铁路走向示意图

三万南铁路于 2016 年 12 月 5 日正式投入铁路货运试运行。该铁路是万盛经开区历史上第一条电气化铁路，也是全国第一条以施工图招标的铁路。经过扩能改造，该铁路自渝黔铁路三江站起，从綦万高速公路温塘大桥下穿跨河进入万盛经开区，沿孝子河右岸接入南川，最后在南川站与南涪铁路相接，连通渝怀铁路。三万南铁路是重庆大外环铁路的组成部分，是连接渝黔、渝怀两条铁路通道的联络线。这条铁路的扩建通车，进一步完善了重庆市交通体系，拓展了区县间连接互动的通道，让重庆南部各区县连成一线，有力促进了全市“一盘棋”发展。它的扩建通车，形成了渝黔线客货东出新通道，使区域经济的相互依赖和协作更加紧密，给沿线地区带来更多的发展机遇。

图 2.71　万南铁路正式通车

（二）南涪铁路建设情况

南涪铁路是渝黔和渝怀两条铁路干线的联络线与组成部分，是重庆市大外环铁路网的组成部分，也是铁道部与重庆市人民政府合作建成的第一条合资铁路。线路由重庆市南川区至涪陵区，其走向起自三万南铁路南川站，与南川至涪陵二级公路同向行进，途经南川的东胜、水江，武隆的平桥镇、鸭江镇和涪陵区的荔枝街道和龙桥街道，接入现有渝怀铁路的沙溪沟涪陵站。

南涪铁路按国铁Ⅱ级标准设计，单线，全长 78.33 km，限制坡度为 12 ‰，最小曲线半径为 1 200 m，设计速度为 120 km/h，未来具备提速到 140 km/h 的能力。

全线设有南川、南川东、水江、平桥、鸭江、梓里、涪陵 7 个车站，总投资 28 亿元。

南涪铁路于 2008 年 9 月开工，2010 年 5 月开始铺架。2011 年 8 月，最长隧道——酒店隧道贯通，该隧道全长 5 095 m。2011 年 10 月，铁道部Ⅰ级风险控制隧道——梓里隧道贯通，2012 年 5 月铺轨完成。

2012 年 8 月南涪铁路进入全面验交工作，2012 年 9 月 30 日南涪铁路通车。

南涪铁路重点控制工期工程为“四隧道七桥二站场”，即酒店隧道，全长 5 095 m；梓里隧道，全长 4 610 m；棕树坪隧道，全长 3 963 m；苏家坡隧道，全长 1 810 m；龙岩江特大桥，全长 780.99 m；苏家湾特大桥，全长 1 123.37 m；石院子特大桥，全长 976.22 m；平滩河特大桥，全长 600.63 m；新草房特大桥，全长 571.45 m；龙门沟四线大桥，全长 439.85 m；鸭江大桥，全长 360.65 m；南川水江站、武隆鸭江站。

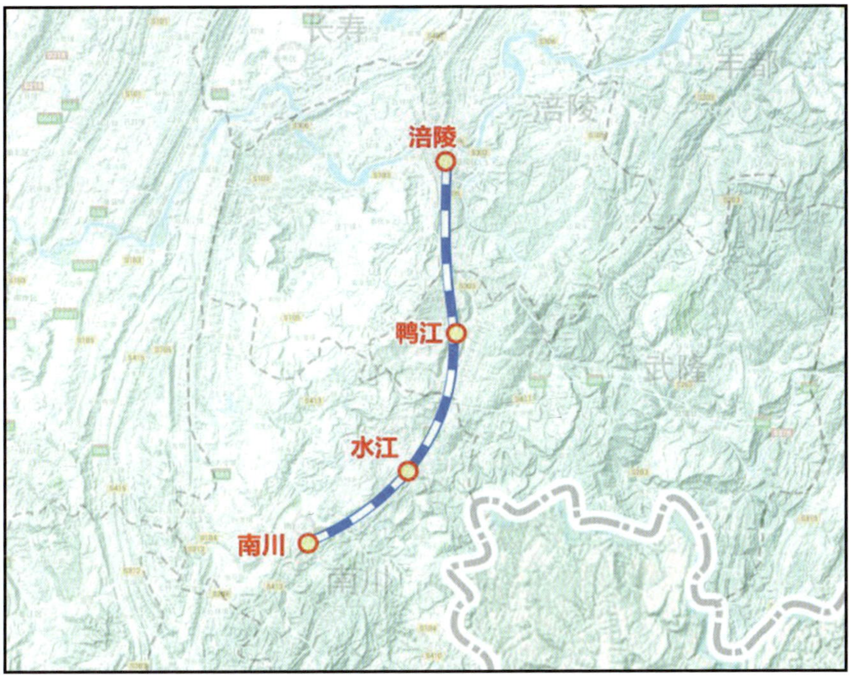

图 2.72　南涪铁路示意图

图 2.73　建设中的南川站站台

图 2.74　南涪铁路鸭江大桥

（三）三万南铁路与南涪铁路建成通车的意义

三万南铁路与南涪铁路建成后，重庆市形成一条大外环铁路线，并为川黔和渝怀干线之间建立起一条联络线，对提高铁路路网效益、增加路网机动能力和发展水铁联运具有重要作用，同时，便于沿线居民出行。

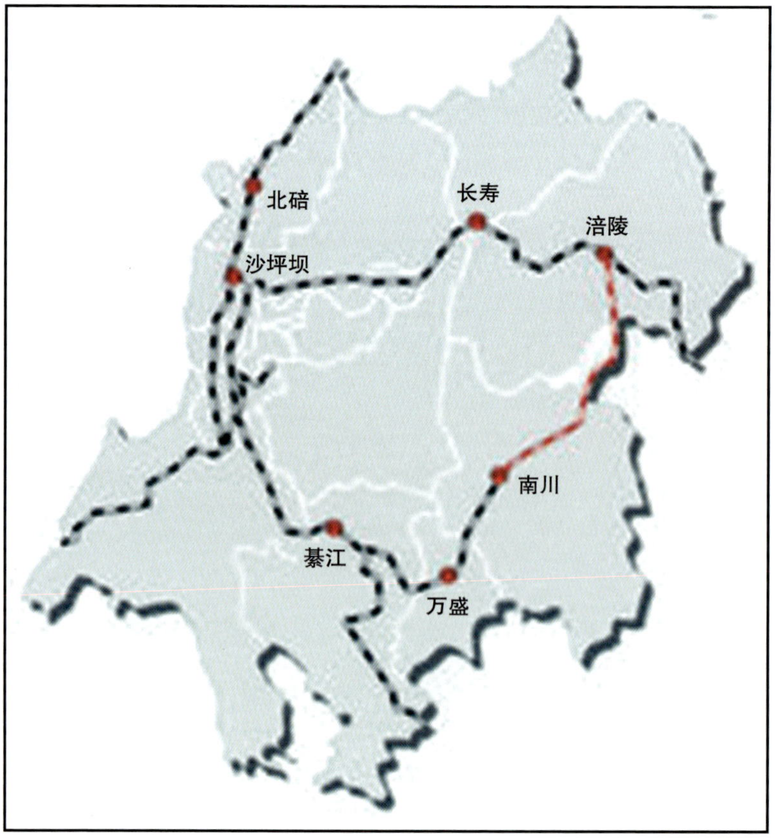

图 2.75　三万南铁路与南涪铁路组成的大外环铁路网络示意图

南涪铁路可诱发沿线经过地区新建厂矿，加大地方资源的开发利用程度、增加原厂矿的产量，这部分诱增运量约占这一线区段货流密度的 50%。涪陵区位于长江与乌江汇合处，涪陵港的开发建设形成水路和铁路联运的新通道，使区域内的客货流运输更顺畅，路径选择更合理。三万南与南涪铁路以货运为主，可分流川黔线、渝怀线货运量。

十三、黔张常铁路

（一）黔张常铁路前期工作

2008 年 1 月，黔张常铁路进入国家中长期铁路网规划调整方案。

2009 年初，铁道部下发铁计〔2009〕1 号文件，明确黔张常铁路正式纳入 2009 年铁路勘察设计工作计划。同年 4 月 25 日，中铁第四勘察设计院集团有限公司有关专家参加黔张常铁路项目预可研工作和现场踏勘。

2010 年 8 月 14 日，黔张常铁路预可研报告在湖南省张家界市通过国家发展改革委审查。中国国际工程咨询公司在湖南省张家界市主持召开黔张常铁路项目建议书评估会。同年 11 月 30 日，铁道部组织召开黔张常铁路预可研审查会议。

2011 年 3 月 9 日，国家发展改革委公布，新建黔江经张家界至常德铁路项目建议书通过审批。

2012 年 12 月，铁道部、湖北省、湖南省、重庆市联合向国家发展改革委报送黔张常铁路可行性研究报告。

2013 年 9 月 3 日，国家发展改革委委托中国国际工程咨询公司在北京举行“新建黔江至张家界至常德铁路可行性研究报告”专家评估会。与会专家一致认为，黔张常铁路可研报告推荐方案工程规模适度，技术可行，工程可靠，经济合理，原则通过新建黔张常铁路可行性研究报告。同年 9 月 12 日，黔张常铁路项目可行性研究报告在北京通过专家评估。

2014 年 7 月 31 日，环境保护部以环审〔2014〕192 号文正式批复并发送黔张常铁路项目环境影响报告书。

2014 年 9 月 29 日，国家发展改革委以发改基础〔2014〕2218 号文正式印发《国家发展改革委关于新建黔江至张家界至常德铁路可行性研究报告的批复》。同年 10 月 11 日，中国铁路总公司和湖南省、湖北省、重庆市以《中国铁路总公司关于新建黔张常铁路初步设计的批复》（铁总办函〔2014〕1421 号）批准项目初步设计，项目业主为黔张常铁路有限责任公司。

（二）黔张常铁路线路走向与技术标准

黔张常铁路是我国“八纵八横”高速铁路网中渝长厦快速铁路的一段，西起重庆市黔江站，东接石长铁路常德市常德站，横跨渝怀线、枝柳线、石长铁路，连通成渝、京广、浙赣等铁路干线，是成都、重庆至长沙最便捷的铁路通道，既能解决成渝地区与湘、浙、赣、闽等地的连接问题，又能从根本上改善武陵山区落后的交通状况，有力地推动武陵山区经济持续快速发展。

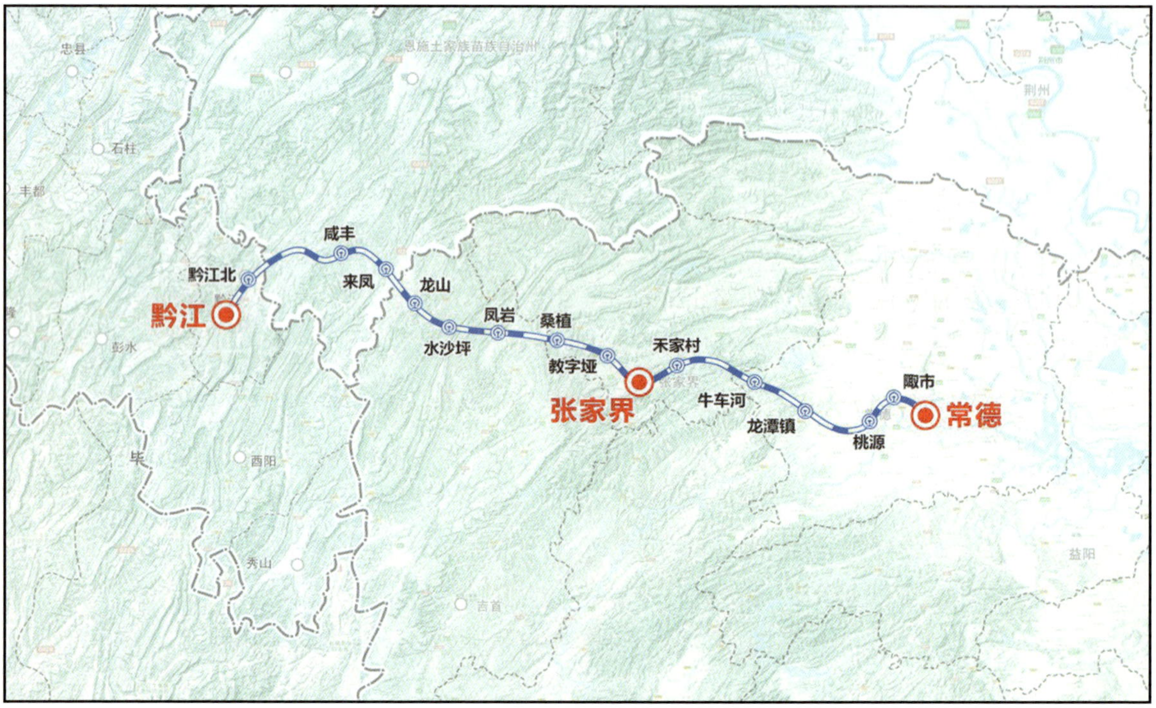

图 2.76　黔张常高速铁路走向示意图

黔张常铁路线路总长 336 km，其中黔江段长 23.1 km，设计时速 200 km，是以客为主、客货混线的国家Ⅰ级双线铁路，建设工期 5.5 年。

全线设黔江、黔江北、咸丰、来凤、龙山、水沙坪、凤岩、桑植、教字垭、张家界西、禾家村、牛车河、龙潭镇、桃源、陬市、常德 16 个车站。

表 2.5　黔张常铁路主要技术标准

铁路等级	正线数目	设计行车速度	最小曲线半径	限制坡度	牵引种类	牵引质量	到发线有效长度	闭塞类型	输送能力
Ⅰ级	双线	200 km/h，中级型快速铁路	一般地段 3 500 m、困难地段 2 800 m	18.5‰	电力	4 000 t	880 m	自动闭塞	货运 3 000 万 t/ 年，客运 2 900 万人次 / 年

注：其他技术标准执行《新建时速 200 公里客货共线铁路设计暂行规定》（铁建设函〔2005〕285 号）。

项目投资估算总额为 384.4 亿元，其中工程投资 373.4 亿元，机车车辆购置费 11 亿元。

项目资本金占总投资的 50%，其中安排中央预算内投资 40.8 亿元，车辆购置税 30.6 亿元；重庆市、湖北省、湖南省分别出资 5.5 亿元、8.8 亿元、43.4 亿元，并负责境内征地拆迁工作，征地拆迁费用经各方认可后作为地方资本金分别计入股份；其余 63.1 亿元由中国铁路总公司使用铁路建设基金安排。资本金以外的资金利用银行贷款。

中国铁路总公司和重庆市、湖北省、湖南省共同组建合资公司，负责组织工程建设。

（三）黔张常铁路建设情况

黔张常铁路穿行湘鄂渝交汇地带，地质构造复杂，地形地貌多变。多处桥梁跨越既有铁路、高速公路、等级道路，跨越乌江、沅江、澧水水系，铁路工程地质及水文地质条件十分复杂。可溶岩广布，岩溶强烈发育，地下暗河系统复杂多变，溶洞、落水洞等广泛分布。线路走向沿线风景名胜区、森林公园、自然保护区分布范围广，环境保护、水土保持等要求较高。因此，黔张常铁路工程施工的技术、组织、协调难度较大。

2014 年 12 月 16 日，黔张常铁路正式动工。2015 年 7 月 16 日，黔张常铁路重庆段正式开工。2019 年 4 月 14 日，全长 1 360 m、最大跨度 240 m、主塔高 173.7 m 的阿蓬江特大桥主跨成功合龙。黔张常铁路开始联调联试，2019 年 12 月开通运营。

（四）修建黔张常铁路的意义

黔张常铁路与渝怀铁路及渝贵铁路、长常城际铁路共同构成重庆至长沙快速便捷的客运通道，大大缩短了重庆与中东部间的时空距离，有利于完善西南地区铁路网络布局。同时，在全国铁路网中黔张常铁路横跨渝怀线、枝柳线、石长铁路，并与安张常铁路、恩施至黔江铁路等相衔接，形成畅通东西、串联南北的区域性骨干路网，填补了渝、鄂、湘三省交界地区铁路网的空白，有利于打通渝、湘、浙、赣、闽等地区的交通瓶颈，完善了渝、鄂、湘三省市乃至中西部铁路网布局。

图 2.77　黔张常铁路试运行

黔张常铁路经过渝、鄂、湘三省交界地带，这里既是革命老区又是少数民族集聚地区，工业基础薄弱，交通基础设施比较落后，经济发展滞后。黔张常铁路建成后，既有利于带动沿线欠发达地区的发展，又有利于构筑成渝地区东出通道，促进中西部地区的经济交流，为沿线地区的经济社会发展提供强有力的运力保障，有力地促进整个武陵山区经济社会协调发展，加快老少边穷地区脱贫致富的步伐。

黔张常铁路通车后，沿线旅游资源富集的著名风景名胜连成一片，有利于沿线旅游资源的整合，形成著名的旅游风景名胜长廊，促进沿线旅游产业的发展。

十四、郑万高速铁路（在建项目）

（一）郑万高速铁路前期工作

连接河南省郑州市与重庆市的郑渝高速铁路，是我国西南地区与中原地区、华北地区之间的一条重要的干线铁路，是国家快速铁路网的重要组成部分，对完善我国铁路客运专线网，构建沿长江经济带现代综合交通运输体系具有重要战略意义。

郑渝高速铁路写入国家中长期铁路网规划方案，并纳入我国“十二五”规划，要求在“十二五”期间开工建设。

2012初至2013年上半年，中铁二院和铁道部有关专家、设计人员、工程技术人员，受河南省、湖北省和重庆市发展改革委委托，开始对郑万高速铁路沿线的兴山、襄阳、巴东、巫山等地进行实地勘察，编制了项目建议书。建议郑万高速铁路规划为双线电气化高速铁路，时速350 km。由于受温州动车追尾事故影响，设计时速曾有过反复。

2014年9月，国家发展改革委以发改基础〔2014〕2043号文批复了新建郑万高速铁路项目建议书。

2015年，国家发展改革委以发改基础〔2015〕1952号批复了郑万高速铁路的可行性研究报告书。

（二）郑万高速铁路线路走向与技术标准

郑万高速铁路，简称郑万高铁、郑万客专，是郑渝高速铁路（郑州—重庆）的重要组成部分，也是联系华北、华中和西南地区的主要高速客运通道，兼顾沿线城际及旅游客流运输。郑万高速铁路全线长818 km，设计行车速度为350 km/h，估算总投资1 180亿元。

郑万高速铁路起于郑州东站，经河南省的开封市（尉氏县境内）、长葛市、禹州市、平顶山市、方城县、南阳市、邓州市，进入湖北省的襄阳市襄城区、南漳县、保康县、神农架林区、兴山县、恩施州巴东县，然后进入重庆市境内，经巫山县、奉节县、云阳县至万州区连接渝万城际高铁。

具体线路走向：

①河南省：北起郑州南站，通过联络线连接郑州东站，经郑州市的郑东新区、经开区、

航空港区，开封市的尉氏县，许昌市的长葛市、禹州市，平顶山市的郏县、宝丰县、新城区、叶县、鲁山县，南阳市的方城县、社旗县、宛城区、南阳城乡一体化示范区、新野县，邓州市。

②湖北省：经襄阳市襄城区、南漳县、保康县、神农架林区、兴山县、恩施州巴东县后进入重庆境内。

③重庆市：经巫山县、奉节县、云阳县至万州区接入已建成通车的渝万城际高铁。

④宜昌联络线：根据中国铁路总公司确定的兴山站接轨方案，宜昌至郑万高速铁路联络线正线全长 108.3 km（其中兴山段约 38.3 km），全线设站 3 个。

表 2.6　郑万高速铁路技术标准

铁路等级	正线数目	设计行车速度	最小曲线半径	最大坡度	牵引种类	到发线有效长度	列车运行控制方式	调度指挥方式	设计运输能力
高速铁路	双线	350 km/h，初期运营速度 300 km/h	一般地段 9 000 m，困难地段 6 500 m	一般地段 20‰，困难地段 30‰	电力	650 m	自动控制	综合调度集中	6 000 万人 / 年

注：其他具体技术标准执行《高速铁路设计规范》（TB 10621—2014）。

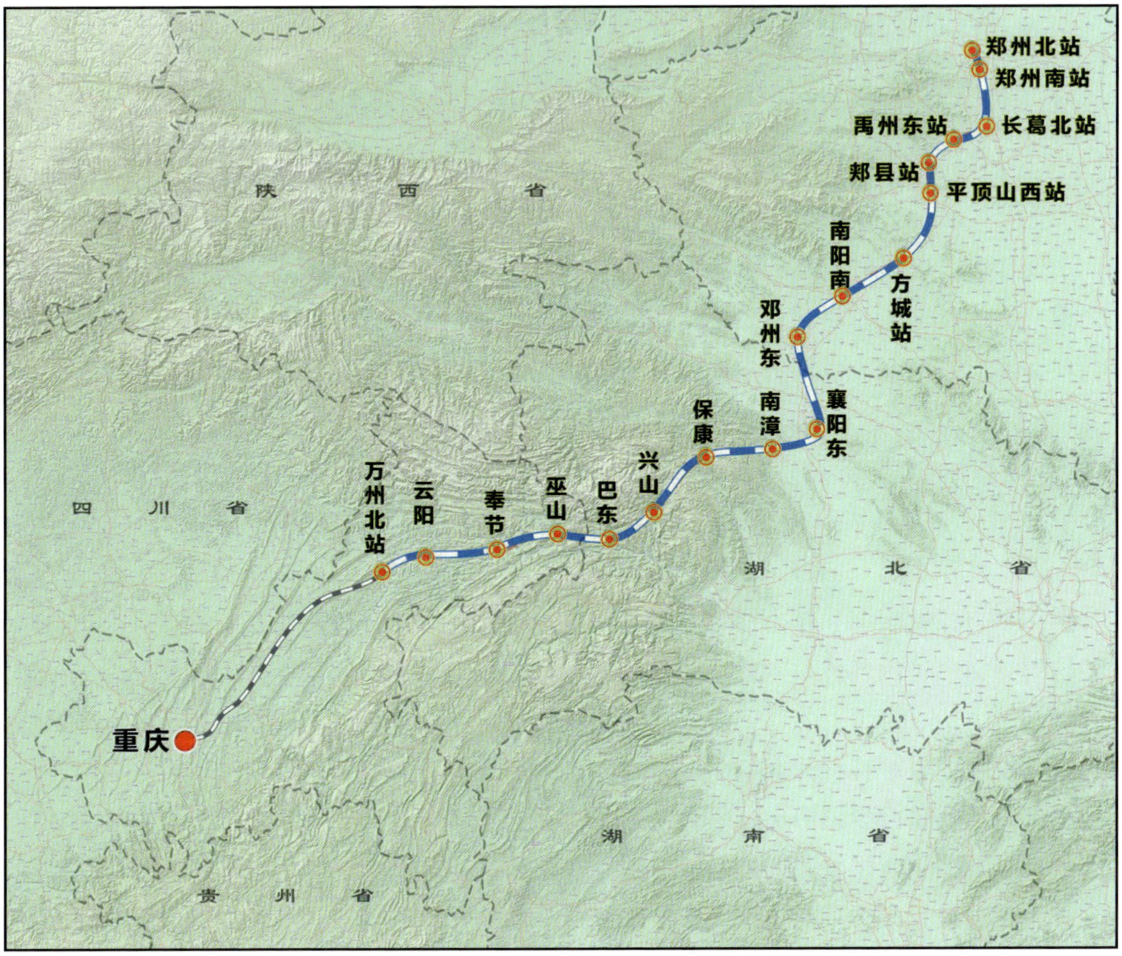

图 2.78　郑万高速铁路走向示意图

（三）郑万高速铁路建设情况

郑万高速铁路穿越伏牛山、武当山、巫山山脉，桥隧长度占线路全长的 83.2%。郑万高速铁路重庆段长 184 km，主要路段经过三峡地区，地质情况复杂，生态环境脆弱，工程施工异常艰难。

彭溪河多线特大桥位于重庆市云阳县黄石镇，全长 741.6 m，共 14 跨，墩高 55 m，主墩桩基最深处在水面下 60 多米。

图 2.79　郑万高铁彭溪河多线大桥深水墩施工

小周隧道位于万州区小周镇境内，总长 2 357 m，最大埋深 210 m，地质情况复杂。

2015 年，国家发展改革委委托中国国际工程咨询公司在重庆审查了郑万高速铁路可行性研究报告之后，要求年底前全面开工。郑万高速铁路是国务院 60 个重大铁路项目之一。2015 年 10 月 31 日，郑万高速铁路河南段先期开工平顶山西至鲁山境内南水北调干渠 13 km 路段。2015 年 12 月 26 日，郑万高速铁路重庆段开工。2016 年 2 月 16 日，郑万高速铁路重庆万州段开工。2016 年 6 月 24 日，郑万高速铁路河南段全线正式开工。2016 年 12 月 11 日，湖北段全线动工。

2018 年 11 月 28 日，郑万高速铁路河南段铺轨正式开始。长葛北站成为郑万高速铁路全线铺轨第一站。2019 年 5 月 6 日，郑万高速铁路襄阳以北段内铺轨任务全部完成，襄阳至郑州全部铺通。2019 年 8 月 1 号，河南段联调联试，9 月 1 号湖北段联调联试。同年 12 月底，郑州至襄阳段按期通车。预计襄阳至重庆段 2021 年通车，2022 年全线建成通车。

郑万高速铁路在建设中十分重视生态保护。巫山大宁河双线特大桥位于巫山县小三峡风景区内，是郑万高速铁路全线控制性工程之一。在施工过程中践行生态环保理念，筑路与山水共美。在施工过程中采用隧道法非爆破开挖，拱肋外包混凝土、拱肋水上吊装及线形控制监测等新工艺。为防止弃渣掉进大宁河内，在桥址范围两侧均设有防护排架，所有弃渣均通过临时索道吊运至指定地点弃运。

（四）修建郑万高速铁路的意义

郑万高速铁路是重庆地区通往华北、华中地区的快速客运主骨架，对构建我国铁路客运专线网，建设长江经济带具有重要战略意义。

郑万高速铁路与渝昆高速铁路建成以后，将实现京郑渝昆高速铁路全线贯通，并与京广、陇海、兰渝等铁路大通道联网，极大地缩短重庆及三峡库区与首都北京的时空距离，缩短川渝地区以及整个西南地区与华北、东北等地的时空距离。

十五、渝湘高速铁路渝黔段（在建项目）

（一）渝湘高速铁路渝黔段前期工作

2015 年 8 月，重庆市与湖南省、贵州省政府联合向国家发展改革委、国家铁路局、中国铁路总公司报送了《关于恳请将渝怀高速铁路纳入国家“十三五”铁路规划建设的函》（渝府函〔2015〕98 号、渝府函〔2015〕99 号、渝府函〔2015〕100 号）。国家发展改革委以发改办基础〔2015〕2855 号文复函重庆市和湖南省、贵州省，表示“将会同有关部门和单位从完善区域路网布局、促进长江经济带发展等方面出发，根据实际情况进行统筹研究，对各方面取得一致意见的项目积极予以支持”。

2015 年 12 月，中铁二院工程集团有限责任公司有关领导亲赴黔江，就重庆主城至黔江高速铁路的路线情况进行现场踏勘，征求设计意见。

2016 年全国“两会”期间，重庆代表团全团建议，请求国家加快渝湘高铁等铁路项目建设。重庆市将渝怀高铁纳入《重庆市中长期铁路网规划（2016—2030 年）》。同年 3 月 4 日，重庆市人民政府与中国铁路总公司在北京召开座谈会，对重庆铁路“十三五”规划和中长期规划编制等问题进行座谈。经与中国铁路总公司沟通并与重庆市“十三五”国民经济社会发展纲要提法一致，在规划中将“渝怀高铁”明确为“渝湘高铁”。中国铁路总公司总经理表示全力支持渝湘高铁纳入“十三五”规划。

2016 年 3 月，重庆市与中国铁路总公司形成《关于推进重庆市铁路建设会谈备忘录》，同意将重庆主城至黔江高铁纳入“十三五”规划实施，共同加快推进项目的前期工作。

2016 年 7 月，国家将渝湘高铁重庆主城至黔江段作为厦渝高铁主通道的组成部分（其中常德至黔江段用黔张常铁路），纳入国家《中长期铁路网规划》，2017 年 3 月纳入国家《“十三五”现代综合交通运输体系发展规划》。

渝湘高铁，自重庆东站出发，经巴南、南川、武隆、彭水、黔江，与黔张常铁路接轨，经酉阳、秀山、铜仁接入张吉怀高铁，引入怀化铁路枢纽，衔接沪昆高铁，形成重庆—长沙全线 350 km/h 高铁大通道；衔接怀化—桂林—广州高铁，形成重庆—黔江—怀化—桂林—广州全线 350 km/h 高铁大通道。

2017 年 2 月，重庆市人民政府张国清市长与中国铁路总公司陆东福总经理进行会谈，形成《中国铁路总公司重庆市人民政府关于推进重庆市铁路建设会谈备忘录》（铁总计统函〔2017〕374 号），中国铁路总公司明确表示支持以地方为主筹资建设重庆至黔江高铁。

渝湘高铁重庆至黔江段为重庆东站至黔江站，全长 265 km，设 8 个车站，设计最高速度为 350 km/h。项目总投资 535 亿元，建设工期为 5.5 年，预计在 2024 年全线建成通车。

2017 年 5 月 24 日至 25 日，中国铁路总公司组织专家对渝湘高铁重庆至黔江段沿线重要站点和桥梁进行现场踏勘，并在重庆召开预可研审查和渝湘高铁与张吉怀高铁接轨方案评审会。会议取得圆满成功，同意渝湘高铁重庆至黔江段线路走向按重庆站—重庆东站—巴南—南川—武隆—彭水—黔江，按照 350 km/h 设计速度目标值，将重庆站—重庆东站铁路枢纽联络线纳入渝湘高铁项目同步实施；明确重庆—黔江高铁在黔江与黔张常铁路接轨的同时，预留酉阳、秀山至怀化高铁接轨条件。

2017 年 7 月 24 日至 29 日，中国铁路总公司在重庆召开渝湘高铁重庆主城至黔江段可研审查会。2018 年 10 月 23 日，国家发展改革委正式批复渝湘高铁重庆至黔江段可行性研究报告。

图 2.80　渝湘高铁重庆至黔江段示意图

（二）渝湘高速铁路渝黔段线路走向与技术标准

渝湘高铁重庆至黔江段线路全长 265 km，等级为高速铁路，设计速度为 350 km/h，全线设重庆、重庆东、巴南、南川、水江、武隆、彭水、黔江 8 个车站，总投资 535 亿元，预计 2024 年建成通车。

2018 年 11 月 23 日，渝湘高铁重庆至黔江段正式开工。

表 2.7　渝湘高铁重庆至黔江段技术标准

铁路等级	正线数目	设计行车速度	最小曲线半径	最大坡度	轨道类型	轨道标准	闭塞类型	牵引种类	到发线有效长度	列车运行控制方式
高速铁路	双线	350 km/h	一般地段 9 000 m，困难地段 6 500 m	一般地段 20 ‰，困难地段 30 ‰	无碴轨道、无缝钢轨	1 435 mm（标准轨）	自动闭塞	电力	650 m	自动控制

（三）修建渝湘高速铁路渝黔段的意义

渝湘高铁重庆至黔江段是国家中长期铁路网规划的“八纵八横”高铁网中厦渝通道的重要组成部分。今后，渝湘高铁重庆至黔江段将在黔江与黔张常铁路、长益常铁路相接，形成至长沙的快速客运通道，并连接规划的长沙至赣州高铁、既有赣厦铁路，可以尽快形成成渝地区至海西经济区间便捷高效的快速客运通道。

渝湘高铁缩短的不仅仅是时空距离，给沿线市民出行带来极大方便，更重要的是给沿线区域经济的发展带来巨大红利。渝湘高铁主要途经渝东南、黔东北片区，当地经济相对落后，高铁从该片区驶过，将带动该区域农业农村经济发展，带动民营经济加快发展，有力地促进农村经济结构调整，促进贫困区县脱贫。

渝湘高铁沿线有丰富的旅游资源，随着高铁的建设和开通，沿线所有地区都将迎来旅游发展新机遇。

十六、重庆铁路枢纽东环线（在建项目）

（一）重庆铁路枢纽东环线概况

重庆铁路枢纽东环线，串联起重庆东站、重庆西站、重庆北站和江北国际机场等综合交通枢纽。该线路途经北碚区、渝北区、江北区、南岸区、巴南区、江津区 6 个行政区。届时，机场、轨道、铁路将实现无缝换乘。

重庆铁路枢纽东环线设计等级为国家 I 级，双线，设计速度为 160 km/h，线路全长近 159 km，其中桥梁 97 座、隧道 54 座，全线桥隧总长近 118 km，桥隧比为 74%。

重庆铁路枢纽东环线含东环线正线、机场支线、黄茅坪支线，均位于重庆市主城区范围内。正线线路南起渝贵铁路的珞璜南站，向北经珞璜、南彭、茶园、东港、庙坝、龙盛、统景、古路、木耳、水土，止于襄渝铁路磨心坡站。

重庆铁路枢纽东环线将设珞璜南、珞璜东、南彭、重庆东、东港、龙盛、统景、木耳、水土、磨心坡 10 个车站。其中，在南岸区茶园设立的重庆东站建成后，或将成为继重庆北站、重庆西站、重庆站之后，重庆主城第四个铁路客运大站。重庆铁路枢纽东环线将同步建设黄茅坪支线和机场支线。

重庆铁路枢纽东环线于 2017 年 5 月开工，预计 2021 年底建成通车。

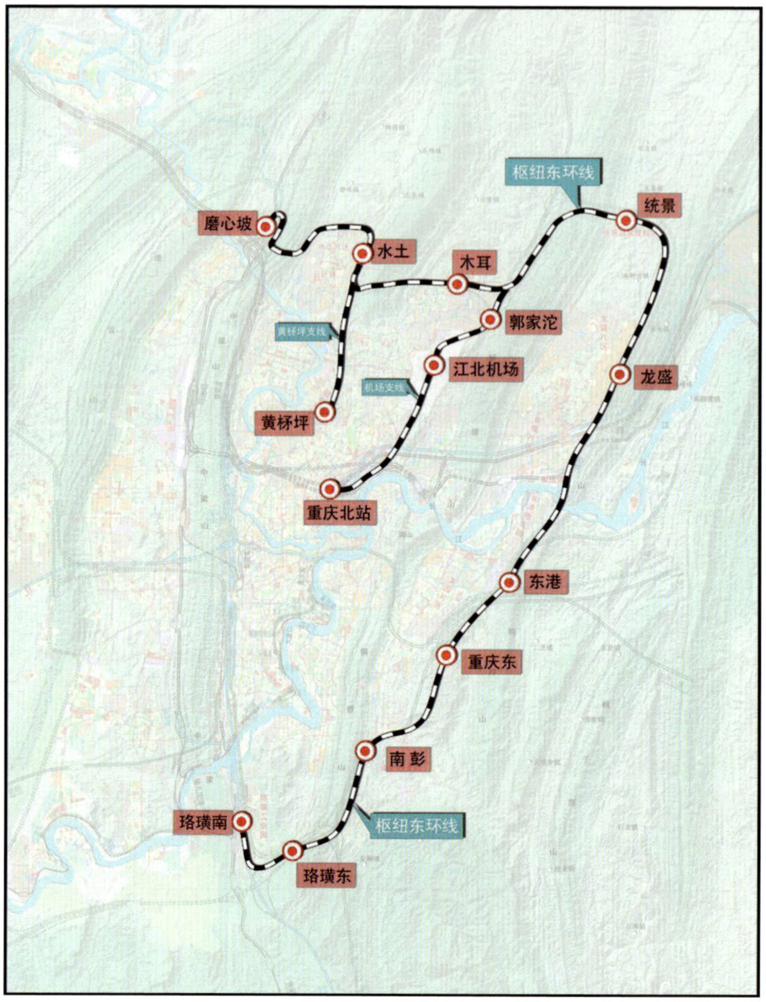

图 2.81　重庆铁路枢纽东环线走向示意图

（二）重庆铁路枢纽东环线线路走向与技术标准

重庆铁路枢纽东环线铁路位于重庆市主城区内，线路起于江津区，由珞璜南站引出，向北经络璜、南彭、茶园、东港、龙盛、统景、木耳、水土，终点接轨于襄渝铁路磨心坡站，正线全长 155.5 km。该铁路联系重庆市主城区水土、空港、龙盛、东港、茶园、南彭等外围组团，承担工业企业货物运输，服务沿线居民的出行。

机场支线起于重庆北站(区间),向北经江北机场,沿渝邻高速东侧前行至渝北区郭家沱镇,和重庆铁路枢纽东环线统景方向联通。依次设江北机场和郭家沱 2 座车站，正线全长约 28.5 km。全线新建车站 2 座，桥梁 15 座共 11 543.7 m，隧道 8 座共 17 065 m。机场支线力争 2020 年底建成，待重庆铁路枢纽东环线全线建成后，重庆北站到江北机场仅需 12 min 左右。

黄茅坪支线起于重庆铁路枢纽东环线水土站，向南沿金山大道东侧前行，预留茶店、国博中心两个客运站，出金山隧道后设货运单线至福特三工厂东侧设黄茅坪站（工业站）。正线全长约 23 km。全线新建黄茅坪企业站一座，桥梁 15 座共 8 295.3 m，隧道 3 座共 6 806 m。

表 2.8 重庆铁路枢纽东环线线路主要技术标准

铁路等级	正线数目	设计行车速度	正线线间距	最大坡度	最小曲线半径	牵引种类	机车类型	牵引质量	到发线有效长度	闭塞方式	轨道类型及养护方式
Ⅰ级	双线	160 km/h，局部限速 120 km/h	4.2 m	6 ‰	一般 1 600 m，困难 800 m	电力	SS9、HXD3	4 000 t	850 m	自动闭塞	有碴轨道、大机养护

（三）修建重庆铁路枢纽东环线的意义

重庆铁路枢纽东环线沿线经过北碚区、渝北区、江北区、南岸区、巴南区、江津区 6 个行政区，以及两江新区、重庆茶园新区两个国家级开发区，串接了团结村中心站铁路物流基地、重庆江北机场航空物流基地、南彭贸易物流基地及东港港区等“三基地一港区”，以及水土产业园、空港工业园、龙兴工业园、鱼复工业园、东港工业园、茶园工业园、长江工业园、巴南经济园、珞璜工业园 9 个工业园区，主要发展汽摩产业、装备制造业、机械加工、电子信息等产业集群，规划至 2020 年实现工业总产值 22 000 亿元，预计年货运量可达 4 亿 t。

（1）货运方面

重庆铁路枢纽东环线将重庆市主城外围各工业组团、物流基地串接起来，并通过修建支线、专用线的方式深入到园区、企业、港区内部，提高货物集结与分拨的效率，从而实现与外界的快速货运交流，对带动沿线产业发展、促进地方经济增长具有重要意义和作用。

（2）客运方面

沿线各站可与城市轨道交通、地面公交等交通方式进行便捷换乘，实现沿线组团间、组团与城区间的快速客运交流，是主城区东部槽谷地带、中梁山西侧南北向城市快速通道，同时东环线串联了重庆东、重庆西、重庆北、江北机场等综合交通枢纽，可为节点客流转换提供快速客运通道。此外，未来随着重庆城镇化水平的不断提高，卫星城市与主城区的客货交流不断加大，市郊铁路的建设成为必然，东环线将承担未来市郊铁路引入主城的衔接转换功能，其建设对引导城市发展、加快沿线城市建设、促进区域经济增长具有重要的意义和作用。

（3）区域铁路线网方面

未来重庆将在既有路网的基础上，新建重庆至昆明、重庆至西安、重庆至贵阳、重庆至怀化、重庆至武汉客运专线、渝达城际及沿江铁路、重庆至柳州铁路，形成通往全国的“米”字形骨架线网。根据重庆铁路枢纽总图规划，重庆东站将承接目前在重庆北站办理渝怀线、渝利线及将在重庆西站办理渝黔新线的普速旅客列车始发终到作业，重庆铁路枢纽东环线庙坝—珞璜南段将成为上述列车进出枢纽的必经线路；另一方面，东港—珞璜东段与沿江铁路在枢纽内的走向一致，建成后可为沿江铁路引入枢纽奠定基础。重庆铁路枢纽东环线作为重庆铁路枢纽的重要组成部分，建成后可作为兰渝、遂渝、襄渝等线与渝怀线客货交流的辅助通道，对增强路网灵活性、适应国防需求具有重要的意义和作用。

重庆铁路枢纽东环线建设有利于带动沿线产业发展、加快城市化进程、促进社会经济发展，对增强重庆铁路枢纽运输组织灵活性、适应国防需求意义重大。

十七、渝昆高速铁路（在建项目）

（一）渝昆高速铁路前期工作

2008 年，重庆市在制定《重庆一小时经济圈经济社会发展规划》时，决定在现有的成渝、遂渝、襄渝、川黔、渝怀铁路以及即将开工建设的兰渝铁路、渝万城际铁路、渝利铁路基础上，规划新增渝昆高速铁路，形成 8 条对外主通道的“米”字形布局。

2014 年 4 月 24 日，中国铁路总公司同意正式启动重庆至昆明高速铁路项目，并开展前期工作。2016 年 11 月，中国铁路总公司组织专家对渝昆高速铁路进行了现场踏勘，并在成都市召开了可研报告技术审查会议。审查组审查通过了渝昆高速铁路可研方案，专家组原则同意：渝昆高速铁路经过重庆、四川、贵州、云南三省一市，项目暂设重庆西站、泸州站、宜宾站、昭通东站、昆明南站等 18 个车站；结合重庆铁路枢纽总图布置，渝昆高速铁路直接引入重庆北站，与郑州至重庆高铁贯通，实现京郑渝昆贯通运行，在九龙坡设联络线引入重庆西站，满足西安经重庆至昆明动车贯通运行要求，预留引入重庆东站，并研究论证九龙坡设站方案。

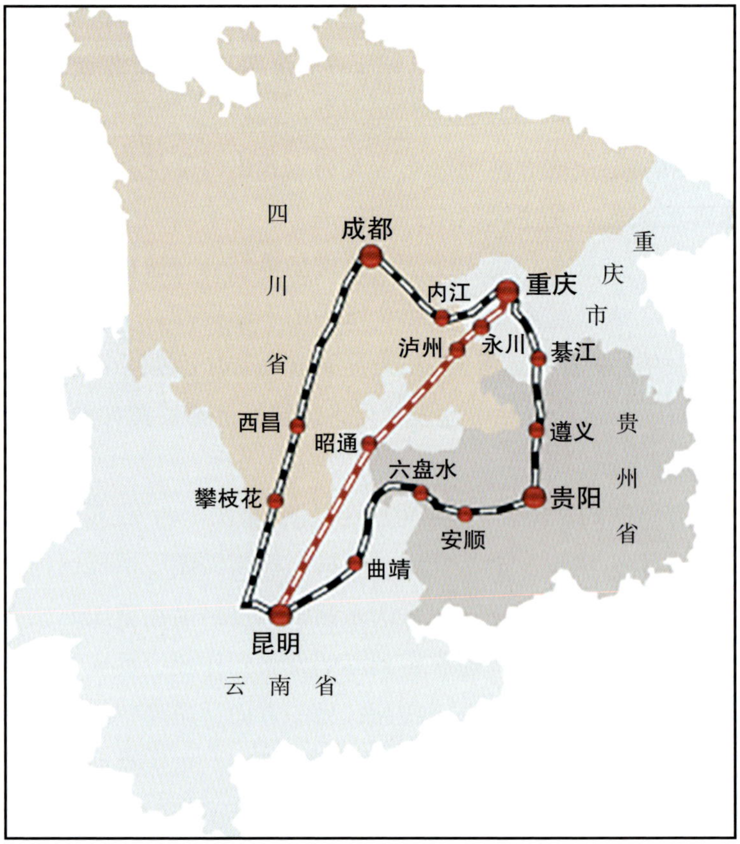

图 2.82　渝昆高速铁路走向示意图

2018 年 6 月 7 日，《重庆市人民政府、四川省人民政府深化川渝合作深入推动长江经济带发展行动计划（2018—2022 年）》在渝签署，双方决定加快推进渝昆高速铁路前期工作，共同推动渝昆高速铁路重庆至宜宾段争取在 2018 年底开工。

2019 年 5 月 20 日，由中铁二院工程集团有限责任公司编制的《新建铁路重庆至昆明高速铁路环境影响报告书》进行公示。同年 9 月，国家发展改革委发布《国家发展改革委关于新建重庆至昆明高速铁路可行性研究报告的批复》，同意新建重庆至昆明高速铁路，工期 6 年。

（二）渝昆高速铁路概况及其走向

渝昆高速铁路是连接重庆市与昆明市的高速铁路，线路自重庆西站引出，经重庆市江津区、永川区，四川省泸州市、宜宾市，贵州省毕节市，云南省昭通市、曲靖市，终至昆明南站。正线全长 699 km，其中新建正线 681 km，利用在建自贡至宜宾高速铁路 18 km。其中正线重庆境内 84.399 km，四川境内 204.196 km，贵州境内 22.134 km，云南境内 388.234 km。重庆铁路枢纽、昆明铁路枢纽相关联络线长 18.762 km。同步建设渝昆线至重庆西站渝场疏解线、至沪昆高铁嵩明站联络线、至洛羊镇联络线，改建渝黔铁路重庆西站至井口站区间为双线，新建昆明西客站、重庆西动车所 8 线动车组检查库。

表 2.9　渝昆高速铁路主要技术标准

铁路等级	正线数目	设计行车速度	最小曲线半径	限制坡度	牵引种类	到发线有效长度	列车运行控制方式	指挥方式	规划远景年输送能力
高速铁路	双线	350 km/h	7 000 m（困难地段 5 500 m）	20 ‰（困难地段 30 ‰）	电力	650 m	CTCS-3 列控系统	调度集中	单向 3 000 万人 / 年

注：其他技术标准执行《高速铁路设计规范》（TB 10621—2014）。

渝昆高速铁路全线设置 20 个车站，重庆段设重庆西、九龙坡、江津北、永川南 4 个车站；四川境内设泸州、南溪、宜宾、高县、筠连 5 个站；贵州境内不设站；云南段设盐津南、彝良北、昭通东、迤车、会泽、田坝、寻甸、嵩明、长水机场、昆明南、昆明西 11 个车站。

渝昆高速铁路项目总投资约 1 416.2 亿元，其中工程投资 1 339.1 亿元，动车组购置费 77.1 亿元。

2019 年 9 月 29 日，渝昆高速铁路重庆段项目在九龙坡区正式开工建设。当天，渝昆高速铁路四川段项目建设在泸州市同步启动。

2019 年 12 月 20 日，渝昆高速铁路云南段项目正式开工建设。至此，渝昆高速铁路全线开工建设。

（三）渝昆高速铁路建设的意义

渝昆高速铁路是我国“八纵八横”高速铁路网以及京昆快速铁路通道的重要组成部分。渝昆高速铁路的建设对完善我国西南地区的路网具有重要意义。

①有利于尽快形成从北到南、从东向西的高铁大通道。渝昆高速铁路、郑渝高速铁路形成北京至昆明高速铁路通道，组成从华北到西南的大通道，即京昆高铁大通道。沪昆高速铁路构成中国从东到西大通道。这两条大通道相连，可以进一步完善我国高速铁路路网。

②可以建立起连通东南亚的大陆桥。渝昆高速铁路建成后，通过连接郑渝高速铁路及京广高速铁路，昆明至郑州仅需 6 h，到北京 8 h。通过宜宾与规划中的成自宜高速铁路相连，形成昆明至成都高速铁路通道。同时，与沪昆高速铁路、成昆铁路复线、云桂高速铁路相连，直至东南亚、南亚，未来还将延伸出泛亚高铁，形成联系中国和东盟的高速铁路通道，形成从东北亚黄海至南亚印度洋水域的大陆桥。

③促进西部经济社会更好地发展。项目建成后将把川南城市与重庆的距离缩短到 1 h 内，促进成渝地区双城经济圈南部地域经济繁荣和社会发展。线路经过乌蒙山特困连片地区，将促进当地的资源开发，促进落后地区快速融入国家发展的历史进程之中。

十八、渝合铁路（在建项目）

（一）渝合铁路的性质及线路走向

渝合铁路是一条从重庆主城至合川的城际铁路（郊区铁路），是重庆市都市功能核心区连接城市发展新区的快速客货通道，其客运系统与主城轨道交通网络接驳，向外接驳国铁主干线，引导核心区人口向外转移，促进和加强各功能区之间的商务、通勤，是加速城镇化建设的一条重要通道，也是大都市区低成本、大运量的新型物流运输通道。

渝合铁路规划名称为渝合城际铁路，起于国家铁路干线——襄渝铁路磨心坡站，途经北碚和合川区的土场、草街、钓鱼城、花滩、合阳、黄泥坝等，接入兰渝铁路渭沱站。项目全线长 66 km，铁路等级为Ⅰ级，设计列车速度 160 km/h，全程运行时间为 19.8 min。建设工期为 4 年。设磨心坡、土场、草街、钓鱼城、花滩、合阳、黄泥坝、渭沱 8 个车站。其中，钓鱼城为预留缓建车站，磨心坡站和渭沱站为国铁接轨站。

（二）渝合铁路建设情况

2015 年 1 月 7 日，重庆城市交通开发投资集团将重庆主城—合川城际铁路作为试验线开展相应前期工作，并委托中铁二院工程集团有限责任公司进行项目预可研编制。从此，有序开展该线建设前期准备工作。

2017 年，重庆市交通委员会正式下发《关于新建市郊铁路磨心坡至合川线工程初步设计的批复》。

渝合铁路拟采用 PPP 建设模式，是国家发展改革委 PPP 投资模式的首批试点项目之一。2017 年 4 月 28 日，通过公开招标，重庆市人民政府确定某央企集团联合体作为项目社会投资人，并于 2017 年 11 月 30 签订 PPP 合同。但是，在签订 PPP 合同后，该集团联合体因故一直未能履行资本金出资义务，以致工程迟迟不能开工。2018 年 8 月，重庆市人民政府同意解除该项目 PPP 合同。同年 10 月，经重庆市交通委员会与相关部门研究决定：一是同意依法解除项目 PPP 合同；二是分段分期实施；三是由重庆市铁路（集团）有限公司实施磨心坡段工程（投资约 9 亿元），合川区自筹资金实施渭沱段工程（投资约 16 亿元）。

2019 年 6 月，兰渝铁路渭沱站正式开工建设，渝合铁路也正式拉开建设帷幕。

十九、成渝铁路改造（在建项目）

2019 年 11 月 18 日，成渝铁路重庆站至江津段改造工程正式启动。改造工程工期为 3 年，投资 93.8 亿元，将建成具有快速轨道交通功能的城市铁路。

（一）站台设置

成渝铁路重庆站至江津段改造工程起于重庆市渝中区重庆站，向西经九龙坡区、大渡口区，止于江津区江津站。全线设 13 个车站。改造方案在总体保留既有线的基础上，增建二线扩能改造，形成双线运输，最大化保留历史现状，减少工程投资。

改造前，既有线长约 65 km，在九龙半岛段改造线路采取截弯取直的方案；改造后，线路长 60.9 km，桥隧比约 17%，双线设计时速 80 km，特殊地段局部限速。

车站设立方面，成渝铁路重庆站至江津段既有车站 10 个，增设二线后合计设站 13 个：重庆站、鹅公岩、黄桷坪、义渡古镇、茄子溪、钓鱼嘴、伏牛溪、小南海、铜罐驿、西彭、黄磏、圣泉、江津站，另预留大渡口、金鳌 2 个车站。

为方便市民快速乘车，新建车站按站台候车方式设计，设站厅层与站台层，不设候车室。即按现在地铁乘车模式设计，不再单独设计候车室。

（二）一站一景

成渝铁路重庆站至江津段改造后，将打造成一条旅游线，串联沿途龙凤寺、铁路博物馆、重庆工业博物馆、义渡古镇、钓鱼嘴人文艺术半岛、铜罐驿古镇、铜罐驿天主教堂等一批景点。

由于成渝铁路浓缩了几代川渝人的记忆，改造中按照“保护历史、传承历史”的理念，对既有线路按照“修旧如旧”的原则，最大限度地保留原有风貌。增建的二线打造成一条沿江旅游观光带，按照“一站一风景、站站有特色”建设，彰显重庆特色，让游客看得见山、望得见水、记得住乡愁。

（三）开行公交化列车

重庆站至江津段增建二线将改造成城市铁路，开行动车组列车，运输能力提高 3 倍。

新建车站将与轨道交通、城轨快线、重庆北站、江北机场进行有效连接，打造成“三铁”融合示范线，实现“零换乘”。重庆站将与在建的轨道交通 18 号线、规划的轨道交通 12 号线以及城轨快线 26、27 号线无缝换乘。例如，黄桷坪站、茄子溪站与轨道交通 18 号线，义渡古镇站与轨道交通 12 号线无缝换乘等。沿江设置的车站，与轨道、公交、出租车、网约车及社会车辆停车场一体化设计建设，形成无缝衔接的换乘枢纽节点。

为方便市民出行，改造后的客运列车将采用站站停列车、一站直达（大站交替停）列车、普客列车混合开行方式，实现城市组团间快速通勤需求和沿江慢速旅游观光功能。货运采用直达列车、摘挂列车混合开行。

未来，重庆站至江津段还将与渝湘、渝汉等国家干线铁路和渝万城际铁路无缝衔接，与黄茅坪支线、机场支线贯通运营，实现铁路、轨道交通和高铁的无缝连接，缓解主城核心区域的地面交通压力。

第三章

重庆 2035 年铁路发展愿景

一、重庆城市定位与 2035 年发展前景

（一）重庆城市定位

重庆是一座具有 3 000 多年历史的古城，早在周初，此地即巴子国都城。秦汉时为巴郡，北宋时先后设渝州、恭州，南宋淳熙十六年（1189 年）赵惇（宋光宗）在此地先封恭王后又继帝位，循惯例升州为府，更名重庆。1891 年，重庆对外开埠。抗日战争时期，重庆成为“战时首都”，是当时的国家政治、经济、文化中心。

在当代历史中，重庆曾经三次直辖、三次计划单列。

1939 年 5 月，国民政府升重庆市为行政院直辖市，这是重庆市第一次直辖。

中华人民共和国成立初期，中央人民政府确定重庆为直辖市，定位为西南的政治、经济中心，西南军政委员会所在地，这是重庆市第二次直辖。

1954 年 8 月，重庆与四川省合并，但将重庆市在全国国民经济计划中单列户头。重庆市定位为我国的特大城市。

1957 年 12 月，国家计委传达毛泽东主席关于经济计划工作的几点指示。其中，在讲到地区发展时，毛主席指出：“协作、联省的办法，逐步过渡到经济中心。是否考虑按过去的大区，以一个大城市为经济中心结合周围省区考虑通盘的协作规划。如以沈阳为中心的东北地区，以西安、兰州为中心的西北地区，以天津为中心的华北地区，以武汉为中心的中南地区，以广州为中心的华南地区，以重庆为中心的西南地区等协作区域。在此基础上逐步形成经济区。”①

1958 年 6 月，中共中央发出《关于加强协作区工作的决定》，决定将全国划成七个协作区，四川、云南、贵州、西藏为西南协作区。要求各个协作区都具有必要的工业骨干，建立起比较完整的工业体系。同时，实行重点和全面相结合、以点带面的方针。②

1958 年，重庆等城市计划单列被取消。随后，全国经济大幅度下落，结构失衡，且出现严重的地方分散主义。为尽快克服困难，中共中央出台“调整、巩固、充实、提高”八字方针，同时为有利于经济集中统一，加强了对全国特大城市的直接领导。

1963 年 10 月，中共中央和国务院决定从 1964 年开始对重庆等 7 个大城市实行计划单列。

---

① 见《中华人民共和国国民经济和社会发展计划大事辑要（1949—1985）》第 113 页，红旗出版社出版，1987 年。

② 见《建国以来重要文献选编》（第 11 册），中央文献出版社出版，第 343 页。

1966 年“文化大革命”开始，重庆市的计划单列地位终止。

1983 年 2 月，中共中央和国务院批准重庆市进行经济体制综合改革试点，决定对重庆市实行计划单列，并赋予重庆市省级经济管理权限。同时，决定将永川地区 8 个县与重庆市合并。6 月，国务院在批复重庆市城市总体规划时，将重庆定位为我国历史文化名城和重要的工业城市、长江上游经济中心、水陆交通枢纽和对外贸易港口。

1996 年 9 月，中共中央决定重庆市对涪陵市、万县市和黔江地区实行代管，扩大计划单列范围。

1997 年 3 月 14 日，经第八届全国人民代表大会第五次会议审议批准，设立重庆直辖市，管理原四川省重庆市、万县市、涪陵市和黔江地区所辖区域。《国务院关于提请审议设立重庆直辖市的议案》中指出：“重庆市是我国西南地区和长江上游最大的经济中心城市。1983 年，国务院决定将重庆市列入全国首批经济体制改革试点城市和计划单列城市，赋予省级经济管理权限。为了充分发挥重庆市作为特大经济中心城市的作用，进一步推动川东地区以至西南地区和长江上游地区的经济和社会发展，并且有利于三峡工程建设和库区移民的统一规划、安排、管理，同时解决四川省由于人口过多和所辖行政区域过大、不便管理的问题，国务院经过认真研究，反复论证，拟将四川省的万县市、涪陵市和黔江地区所辖行政区域划入重庆市，设立重庆直辖市。”“设立重庆直辖市是为加快中西部地区经济社会发展所采取的一项重要举措。”“设立重庆直辖市，有利于进一步发挥它的区位优势、‘龙头’作用、‘窗口’作用和辐射作用。”

2008 年 8 月，国务院关于重庆市城乡总体规划的批复中明确规定，重庆是我国长江上游地区的经济中心，历史文化名城，我国的中心城市之一，国家重要的现代制造业基地，西南地区交通枢纽。

2016 年 1 月 16 日，习近平总书记视察重庆时明确提出，重庆是西部大开发的重要战略支点，处在“一带一路”和长江经济带的联结点上，要求重庆建设内陆开放高地，成为山清水秀美丽之地。

2019 年 4 月 17 日，习近平总书记在视察重庆时提出，希望重庆在推动新时期西部大开发中发挥支撑作用，在共建“一带一路”中发挥带动作用，在推动长江经济带绿色发展中发挥示范作用。习近平总书记关于重庆“两点两地”的定位和发挥“三个作用”的期盼，着眼全国大局，既是对重庆的战略定位，为重庆发展指明了方向路径，也是重庆的奋斗目标。

（二）重庆 2035 年发展前景

1. 重庆 2035 年发展前景展望

2035 年是中华民族实现伟大复兴征程的重要节点，党的十九大描绘的蓝图是“基本实现社会主义现代化”“我国经济实力、科技实力将大幅跃升，跻身创新型国家前列”。中国若干重要城市将在全球城市网络中处于领先位置。重庆作为直辖市，必然乘势而起，到2035年基本实现现代化。

①经济实力跃升到新台阶，稳定进入中国经济发达地区。重庆经济总量，现在居于全国各省市区中等偏下，位次居第18位，要争取进入中等偏上水平。目前，重庆GDP总量在中国中西部城市居于首位，今后要继续领跑中西部城市。重庆人均GDP，现居于全国各省市区第10位，要争取进入前5位左右。到2035年，重庆经济发展继续领跑中国西部，成为中国经济发达地区，整体稳定进入高收入地区。

②形成现代化经济体系，建成我国现代化制造业基地。建立起完善的社会主义市场经济体系，在优化结构的基础上做大产业规模，培育起世界级先进制造业集群，实现传统产业优化升级，全要素生产率明显提升。发展起现代服务业，实现虚拟经济与实体经济共同发展。

③实现城乡统筹协调发展，空间格局得到优化。大都市区与渝东北、渝东南两翼一体化协调发展。实现人口与经济布局均衡，城市化空间、农业空间、生态空间清晰高效。全体居民所享受的基本公共服务大体一致。人口和经济规模控制在资源环境承载力之内，全地区成为稳定可靠的长江上游生态屏障区。

④基础设施更加完备，城市品质明显提升。构建起现代化水利、能源、交通、物流、信息设施和环境治理保护体系，全面提升城市绿色生态系统，全面提升城市公共服务体系和治理水平。建成便捷城市、安全城市、智慧城市、和谐城市和共享城市。基础设施水平达到发达国家大都市的水平。

⑤建成中国西部的门户城市，对外开放跃上新水平。形成便利完善的营商环境。实现与国际贸易、投资规则的接轨，融入全球经贸体系。建成一批基于互联网集聚功能的国际化平台，在全球物流、资金流、信息流网络体系中占有一席之地，在全球要素配置中取得一定影响力。

⑥成为具有全球影响力的科技创新中心的策源城市。成为现代化中国具有全球影响力的科技创新中心城市，成为我国科技创新国际竞争力的重要平台和载体。作为国家中心城市、国家重要的现代制造业基地的重庆，应当在技术创新、产业创新等方面成为我国的策源中心之一，并且成为创新成果交易中心和创新人才集聚高地。

2. 跨越中等收入“陷阱”

世界银行以“中等收入陷阱”刻画这样一种现象：一些经济体进入中等收入阶段以后，人均国民总收入水平未能持续提高甚至倒退，因而无法顺利而巩固地进入高收入经济体行列。据世界银行研究，1960年全球101个中等收入经济体中，截至2008年，只有13个进入高收入国家行列，其余的都长期在中等收入阶段徘徊。我国1999年进入下中等收入国家行列，2010年进入上中等收入国家行列。2016年，世界银行公布我国的人均国民总收入为8 260美元。重庆略高于全国平均水平。为方便分析，从1989年开始，世界银行对各经济体收入水平的分类标准，以人均国民总收入为唯一依据，划定了一系列门槛数值，以1987年美元计价的人均国民总收入衡量。之后，根据特别提款权货币篮子中币种的物价指数，逐年调整为现价美元。由于物价水平有涨有跌，所以门槛线就有可能随着时间推移有升有降，并非直线上升。例如，2012—2016 年高收入经济体门槛线依次为 12 615 美元、12 745 美元、12 735 美元、12 475 美元和 12 235 美元。

国民总收入（CNI），原称国民生产总值（GNP），指一个国家或地区所有常住单位在一定时期内收入初次分配的最终结果。其包括 4 个部分：劳动者报酬、资本折旧、资本的报酬即利润、政府收取的间接税。它等于国内生产总值（GDP）加上来自国外的净要素收入。一般而言，国内生产总值口径小于国民总收入，国民总收入大于国内生产总值。本文以下测算以国内生产总值（地区生产总值）代替国民总收入。

经济增速是剔除物价波动的实际增长，在测算经济总量时，需要考虑物价波动情况。为方便计算，假定未来中长期物价运行平缓，不出现剧烈波动，在此基础上预测。重庆 2018 年 GDP 为 20 363 亿元，假设 2018—2035 年，全市经济平均每年增长 5.8%，再考虑 1% 的通胀因素，2035 年全市 GDP 将达到 62 000 亿元。重庆市人民政府制定的《重庆市人口发展规划（2016—2030 年）》预期 2030 年全市人口数达到 3 600 万。假设 2035 年全市人口达到 3 800 万，当年全市人均 GDP 将达到 16.3 万元。假设当时人民币兑换美元汇率按 1∶5（根据经验，世界各后起经济体转化为发达经济体时期，其本币都大幅度升值，如日本、韩国、新加坡等），按此，人均 GDP 折合美元达到 3.26 万美元。假定今后世界银行划定的高收入门槛线每年上移 1%，2035 年高收入门槛线为 15 210 美元，则重庆人均 GDP 远远高出门槛线，达到高收入经济体中等水平。这样的测算是留有余地的。

上述预测的假定条件与实际发生情况可能有出入，但无论怎么变化，2035 年重庆市人均 GDP 将明显超过高收入门槛，应当是大概率事件。在我国基本实现现代化时，重庆也将成为中国的富裕发达地区。

3. 超越“后工业化陷阱”

工业化理论认为，判断工业化阶段与水平的标准主要是人均收入的增长和经济结构的转换。比较有代表性的工业化阶段划分方法有钱纳里等基于人均国民收入水平的划分、基于霍夫曼系数的划分、罗斯托基于主导产业扩散效应的划分、联合国基于制造业增加值占总商品增加值比重的划分等。上述理论与方法均来源于其他国家经验。中国社会科学院陈佳贵等根据中国国情与数据的代表性、可采集性，选择人均 GDP、三次产业净产值结构、制造业增加值占总商品增加值比重、人口城市化率、三次产业就业比 5 个指标，提出了工业化不同阶段的标志值。无论采用何种标准衡量，目前重庆都已进入工业化后期，在 2035 年以前，都将进入后工业化阶段。按照传统工业化理论，进入后工业化阶段，经济体系应当转向以服务业为主体。经济增长的着力点应当是发展服务业。

西方发达国家进入后工业化阶段以后，确实都普遍推行后工业化政策，劳动力迅速从第一、第二产业向第三产业转移，制造业占本国 GDP 的比重和世界制造业的比重都持续走低，制造业向发展中国家转移。但进入 21 世纪，特别是世界金融危机以后这些国家普遍陷入经济增长乏力、失业人口增多的困境，即掉入所谓“后工业化陷阱”。经过反思，发达国家普遍提出“再工业化”或者新产业革命。前车之覆，后车之鉴。未来 20 年重庆发展不应重蹈覆辙，而应走一条新型后工业化路子。

重庆仍应继续抓住制造业不放松，这是由重庆的特殊市情和新的发展环境所决定的。2018 年，重庆常住人口流出市外高达 301.6 万，其中多数为外出务工农民。据重庆市人民政府制定的《重庆市人口发展规划（2016—2030 年）》预期指标，2030 年全市人口流出与流进方达到均衡。我们预测 2035 年重庆人口将达到 3 800 万，城镇化率达到 80% 左右。劳动力就业还得依靠第二、三产业并举。重庆地域面积 8.24 万 km^2，相当于中等省份。重庆都市圈面积 2.87 万 km^2，仅占全市面积的 34.7%，渝东北板块与渝东南板块面积占全市的 65.3%。2018 年，重庆都市圈人口 2 010 万，占全市人口 64.8%，渝东北、渝东南合计占 35.2%；预测 2035 年都市圈人口比重超过 80%，渝东北、渝东南比重不到 20%。两大片区将有大量的人口流入都市圈，仅靠服务业不可能吸纳这么多的人口就业。

重庆需要继续把经济增长的着力点放在制造业，这与国家对重庆市的定位分不开。2011 年，国务院对重庆市城乡总体规划的批复对重庆的定位是，“重庆市是我国重要的中心城市之一，国家历史文化名城，长江上游地区经济中心，国家重要的现代制造业中心，西南地区综合交通枢纽”。习近平总书记视察重庆时指出，重庆是我国西部增长极，是“一带一路”和长江经济带的支撑点，希望重庆发挥支撑作用、带动作用和示范作用。这些都体现了党和国家对重庆的重视和期望。

制造业发展水平，是大国综合实力的具体体现。实现现代化完成民族复兴的中国，需要有强大的制造业作为物质技术基础；我国要在“一带一路”格局中发挥主导性作用，需要依靠强大的制造业作支撑；我国要成为世界强国，保障国家安全和民族利益，必须保持相应的国防实力和战略威慑力，也需要强大的制造业作为后盾。把重庆建设成为强大的现代化制造业基地，维系着国家的根本利益。

制造业行业众多，产业链条长，可以带动一、二、三产业发展。制造业的投入涉及农业、矿业、运输业，产出涉及商业、贸易、运输。制造业的发展与转型升级凝结了大量的技术创新成果，世界各国技术创新的主战场都在制造业领域。制造业生产过程包括资本、技术、劳动力、土地、产业、配套等方面的资源组成，反映了国家或地区的生产力发展水平。未来 20 年，制造业发展前景仍被看好，随着全球人口增加，收入增长，特别是我国经济长期繁荣，内需扩大，将为制造业创造更大规模和更高水平的产品市场需求。技术创新和技术革命，在推动制造领域生产率提高和产品性能提升的同时，不断带来众多新兴产业和新材料新产品，促进人类生产生活方式的变革，进而推动社会生产向广度和深度进一步发展。

现在中国已经成为世界制造业第一大国，今后将成为世界制造业强国。既然重庆要建成国家重要的现代制造业中心，理所当然要在世界制造业占据重要地位。2035 年，重庆应当争取成为世界制造业中心城市，而且要在按价值链国际分工中居于高层次，既控制着国际市场销售网络，同时也具有强大的研发能力，生产采用本地加工制造与全球范围采购相结合的方式。

4. 建成完备的现代化基础设施

基础设施的发展程度，反映了一国或地区的经济发展水平和人民生活水平，也成为现代化的衡量尺度。许多反映基础设施发展的强度指标或结构指标，如人均电力消费量、清洁能源消费在能源消费总量中的比重、每百平方千米国土拥有高速公路里程、每万人接入互联网数量、城乡污水治理率等，常常用作比较国家或地区经济发展和人民生活水准。从现在起到 2035 年，是重庆快速实现现代化的时期，经济社会发展将不断催生对基础设施在量与质方面新的需求。抓紧基础设施建设，提高基础设施服务水平，不仅是启动内需、推动长期增长的重要抓手，又是扩大公共消费、促进人民群众共享经济发展成果的重要途径。

未来，我们不仅要保持全社会固定资产投资持续稳定增长，而且必须使基础设施建设维持在一定规模。按照现代化进程要求，2035 年重庆要形成与国家中心城市和现代化国际大都市功能相匹配的基础设施，达到全国一流、世界发达国家大都市水平。初步预测，2018—2035 年，全市基础设施投资平均每年按 5% 增长，总投资规模将达到 14 万亿元，占全社会固定资产投资的比例为 25%。生产力发展过程是一个滚雪球式过程。尽管未来时期经济增长和投资增长速度会逐渐减速，但是由于总量增大，每年增量绝对数仍将大幅增长。

未来时期基础设施建设投资，将投向能源、交通、物流设施、信息传输设施、水利工程与环保工程等。主要是：

①形成完备的能源系统，全市电力装机达到 4 000 万千瓦，形成超高压输电网络和进一步完善城乡中低压供电网络；建成稳固畅通的区外能源输入通道，增强能源储备调节能力；新能源开发取得根本性突破并形成稳定配套供应能力。

②建成长江上游地区综合交通枢纽，建成 6 500 km 铁路，其中高速铁路 2 000 km；建成 6 000 km 高速公路；铁路和高速公路密度超过发达国家水平；按照建设西部门户机场要求扩建江北国际机场，形成世界一流大型国际航空枢纽；建成高水平长江上游航运中心，实现万吨级轮船江海直达；建设完善配套的现代化物流设施。

③建设畅通城市，优先发展公共交通，按“内轨外铁”模式建成都市圈轨道交通网络，主城区地铁轻轨营运里程达到 1 000 km，超过纽约、伦敦、巴黎三大都市线网规模。形成都市区快速道路网络，形成完备的换乘枢纽。加强智能交通建设，提高交通整体运行效能。

④打造世界一流的信息基础设施，以最新信息技术推动产业升级和现代化进程。

⑤建成安全可靠配套的水利水务设施系统，在渝西地区建设跨流域调水工程。

⑥加强生态建设，实施一批生态建设与恢复工程、环境质量改善重大工程，形成长江上游地区生态屏障。

5. 建设全球城市（现代化国际化大都市）

2035年中国基本实现现代化，需要打造一批全球城市。所谓全球城市（Global City）亦称世界城市，是指在全球政治、经济和文化生活中发挥重要作用的国际化城市。一般认为，全球城市与我国通常所说的国际化大都市是同义词。资本主义国家几个世纪的发展，造就了纽约、巴黎、伦敦、芝加哥、洛杉矶、东京等一批全球城市。最近二三十年，特别是进入21世纪以后，全球城市体系出现了新趋势。随着新经济形态和互联网的发展，一方面跨国公司经营业务分散化区域化，另一方面数字技术和网络的普及使得众多中小企业和独立创客不断持续崛起，利用网络平台在全球范围进行生产外包和服务活动，在全球范围内筹集资金。这一趋势使原来全球资源配置方式发生变化，原有全球城市出现金融中心功能弱化，体现资本控制力的总部功能分散化。与此同时，也有一些城市趁势崛起，成为全球资源配置网络节点性质的平台，成长为新的全球城市。

当代中国成为世界经济增长最快、经济发展潜力最大的国家，完全有可能建成一批全球城市。北京、上海、天津、广州、深圳等国家中心城市相继提出了城市长期发展目标，如建成“世界城市”“全球城市”“现代化国际化先进城市”。近年来，重庆在全球的影响力逐步有所提升。2012年8月，美国知名杂志《外交政策》评出2020年全球最具活力的75个城市，重庆名列第8位，中国有上海、北京、天津、广州、深圳等城市上榜。这份榜单由美国麦肯锡全球研究院的城市图景数据库提供。2016年8月，国际知名咨询机构施罗德集团发布“施罗德全球城市排行榜”，涉及全球161个大城市，前30位中有上海、天津、北京、深圳、重庆5个中国城市，重庆名列第20位。2017年1月，中国城市竞争力研究会（香港）发布“2016年中国城市综合竞争力排行榜”，重庆位列第6名。2018年1月，教育部《中国都市化进程年度报告》课题组、上海交通大学城市科学研究院发布《2017年国家中心城市发展报告》，重庆获综合评估排序第4名，次于北京、上海、广州。

重庆具备崛起为全球城市的潜力。重庆是中央直辖市、是国家中心城市，行政地位高于一般大城市。重庆是中国中西部首位城市，随着重庆主城城市功能完善，进一步扩展的空间巨大，上千万人口集聚的上千平方千米城市建成区，将形成世界级规模的大都市。重庆综合竞争力一直在国内城市中居于前列，基础设施现代化程度不断提高，大部分设施都是近20年新建的，具有当代先进水平，高速铁路、高速公路密集成网，并与全国干线互联互通。水港已成为亿吨级大港，形成通江达海通道。重庆江北国际机场进入世界一流机场行列。信息基础设施超前发展。重庆自身是国家重要能源传输网络的重要节点，能源保障程度高。重庆大力加快建设内陆开放高地取得明显成效。加速推进重庆自由贸易区建设、实施中新（重庆）战略性互联互通项目取得重要进展，打造一批专业口岸、提高通关便利水平，对外贸易和吸引外资的发展保持很好势头。

对全球城市的评价标准大致包括以下6个方面：城市人口规模大，外籍居民在常住人口占有一定比例；国家或区域经济中心，有较强经济实力和经济辐射吸引功能；跨国公司、财团总部或分部荟集，资本、人才、信息聚汇；市场经济体系完善，有高效的综合服务功能的中央商务区；拥有世界一流的基础设施和工作生活环境，特别是交通、信息网络国际化；拥有经常开展国际科技教育、文化体育等交流活动，举办各种国际会议的先进设施及能力，以及拥有富有特色的旅游资源和完善的服务体系。

按照上述标准对照，2035 年以前，重庆需要努力的地方还很多，特别是要重点补齐以下短板：

①提升国际化程度。积极扩大对外经济贸易投资联系，吸引跨国公司来渝设立地区总部运营中心，打造全球资源配置网络战略节点和区域枢纽，在全球要素配置体系中取得影响力。要争取更多外国在渝设立领事机构，争取国际性机构和组织来渝设立分支机构或办事处，争取多办一些国际性会议、展会，扩大国际交流活动。提升高等教育国际化水平，扩大外国留学生规模，吸引高端人才落户。

②提升城市创新能力。重庆企业研发投入程度在全国各省市中居于前列，要继续巩固和提高，重庆的短板在于高水平科研机构和高水平大学偏少。要积极争取国内外高水平科研单位来渝落户，或者建立分院、分所或实验室。积极争取中央在渝布置大科学装置。高度重视大学在城市创新体系中的基础性作用，争取重庆大学、西南大学建设世界一流大学取得突破性进展，在更多大学里建设世界一流学科，建成更多高质量的专业性高等院校，吸引国内外一流高校来渝设置分校。

③提升城市文化软实力。举办更多的国际文化交流活动，扩大重庆对外影响，塑造重庆城市的品牌形象。

二、国家中长期规划对重庆铁路发展的描述

（一）《交通强国建设纲要》

2019 年 9 月，中共中央、国务院印发《交通强国建设纲要》，明确指出，到 2035 年，基本建成交通强国，拥有“三张交通网”，基本形成“两个交通圈”。“三张交通网”即发达的快速网，主要由高速铁路、高速公路、民用航空组成；完善的干线网，主要由普速铁路、航道、油气管线组成；广泛的基础网，主要由普通省道、农村公路、支线铁路、支线航道、通用航空组成。“两个交通圈”是指围绕国内出行和全球快货物流建立的快速服务体系。一是“全国 123 出行交通圈”，即都市区 1 h 通勤、城市群 2 h 通达、全国主要城市 3 h 覆盖。二是“全球 123 快货物流圈”，即国内 1 天送达、周边国家 2 天送达、全球主要城市 3 天送达。交通运输部宣布，在全国选择一批省区市进行全国交通强国试点。重庆入选首批试点区域，在西部还有广西、贵州和新疆。

（二）《中长期铁路网规划（2016—2030年）》

2016年7月13日，国家发展改革委、交通运输部、中国铁路总公司联合印发了《中长期铁路网规划（2016—2030年）》（以下简称《规划》）。这个规划经国务院批准，是我国铁路基础设施的中长期空间布局规划，是推进铁路建设的基本依据，是指导我国铁路发展的纲领性文件。规划期为2016—2025年，远期展望到2030年。规划中涉及重庆及相邻地区建设改造线路，以及对枢纽建设的指导性规定。

1. 构筑“八纵八横”高速铁路主通道

“八纵通道”里涉及重庆的有京昆、包（银）海、兰（西）广等三大通道。京昆通道线路走向：北京—石家庄—太原—西安—重庆—昆明。包（银）海通道线路走向：包头—延安—西安—重庆—贵阳—南宁—湛江—海口（三亚），包括银川—西安高速铁路。兰（西）广通道线路走向：兰州（西宁）—重庆（成都）—贵阳—广州。“八横通道”里有沿江、厦渝两大通道。沿江通道线路走向：上海—南京—合肥—武汉—宜昌—重庆—成都，包括南京—安庆—九江—武汉—宜昌—重庆、万州—达州—遂宁—成都高速铁路。厦渝通道线路走向：厦门—龙岩—赣州—长沙—常德—张家界—黔江—重庆，其中，厦门至赣州段利用龙厦铁路、赣龙铁路，常德至黔江段利用黔张常铁路。

2. 普速铁路网

《规划》提出建设12条区际快捷大能力通道。涉及重庆的有京津冀—西南、长三角—成渝、珠三角—西南、西北—西南四大通道。分别涉及利用改造西康、襄渝、内昆等铁路，利用改造武襄渝、达成、成渝等铁路；建设黔江—遵义—昭通—攀枝花—大理铁路，规划研究沿江货运铁路，构建上海—南京（合肥）—武汉—重庆—成都沿江通道，连接长三角、长江中游、成渝城市群；利用渝黔、广茂等铁路，实施渝怀、黔桂铁路扩能，构建珠三角至西南地区通道；利用兰新、陇海、包西、兰渝、襄渝、渝黔、内昆等铁路，建设库尔勒—格尔木、格尔木—成都等铁路，构建西北（含呼包鄂榆）至西南地区通道。规划还提出，构建西煤东运、北煤南运、海（江）铁联运大通道，完善煤炭集疏运系统，提升煤运通道能力。

《规划》提出的促进脱贫攻坚和国土开发铁路，涉及重庆及周边的主要有安康—恩施—张家界、黔江—遵义—昭通—攀枝花—大理、汉中—巴中—南充、涪陵—柳州、泸州—遵义等铁路。

《规划》提出强化铁路集疏运系统，以资源富集区、主要港口及物流园区为重点，规划建设地区开发性铁路以及疏港型、园区型等支线铁路，形成干支有效衔接、促进多式联运的现代铁路集疏运系统，畅通铁路运输的“最先一公里”和“最后一公里”。

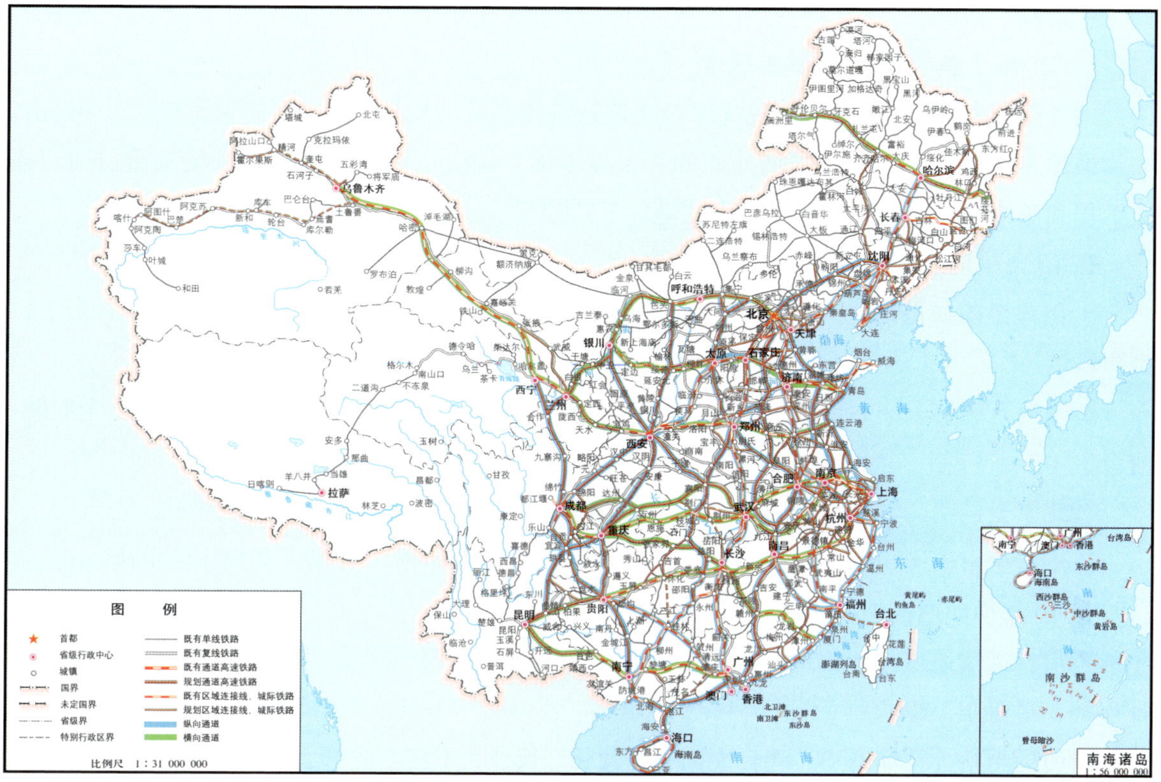

图 3.1 中长期高速铁路网规划示意图

3. 综合交通枢纽

《规划》提出，统筹运输网络格局，按照“客内货外”的原则，优先铁路枢纽布局，完善系统配套设施，修编铁路枢纽总图。《规划》提出了构建北京、上海、广州等 19 个综合铁路枢纽，重庆名列其中。

《规划》提出，按照“零距离”换乘要求，同站规划建设以铁路客站为中心，与其他交通方式有机衔接的综合交通体，特大城市要强化铁路客运枢纽与机场、城市轨道交通的便捷联结。实施站区地上地下立体综合开发，打造高效便捷的综合客运枢纽和产城融合发展的临站经济区。

《规划》提出，合理布局铁路物流中心、铁路集装箱中心站及末端配送服务设施，扩大货物集散服务网络。按照“无缝化”衔接要求，完善货运枢纽多式联运、集装箱运输、邮政快递运输、国际联运以及集疏运等“一站式”服务设施，提升枢纽集散能力和服务效率。优化货运枢纽编组站。以发展枢纽型园区经济为导向，推动传统货运场站向城市货流配送中心、现代物流园区转型发展。

（三）《“十三五”现代综合交通运输体系发展规划》

1.“十纵十横”综合运输大通道

国务院印发的《“十三五”现代综合交通运输体系发展规划》（以下简称《规划》）提出，构建横贯东西、纵贯南北、内畅外通的“十纵十横”综合运输大通道，加快实施重点通道连通工程和延伸工程，强化中西部和东北地区通道建设。

在 10 条纵向通道中，通过重庆的有：

①包头至防城港运输通道，起自包头（满都拉），经延安、西安、重庆、贵阳、南宁，至防城港。

②临河至磨憨运输通道，起自临河（甘其毛都），经银川、平凉、宝鸡、重庆、昆明，至磨憨、河口。

③北京至昆明运输通道，起自北京，经太原、西安、重庆（成都），至昆明。

④烟台至重庆运输通道，起自烟台，经潍坊、济南、郑州、南阳、襄阳，至重庆。

在 10 条横向通道中，通过重庆的有：

①沿江运输通道，起自上海，经南京、芜湖、九江、武汉、岳阳、重庆、成都、林芝、拉萨、日喀则，至亚东、樟木。

②厦门至喀什运输通道，起自厦门，经赣州、长沙、重庆、成都、格尔木、若羌，至喀什。

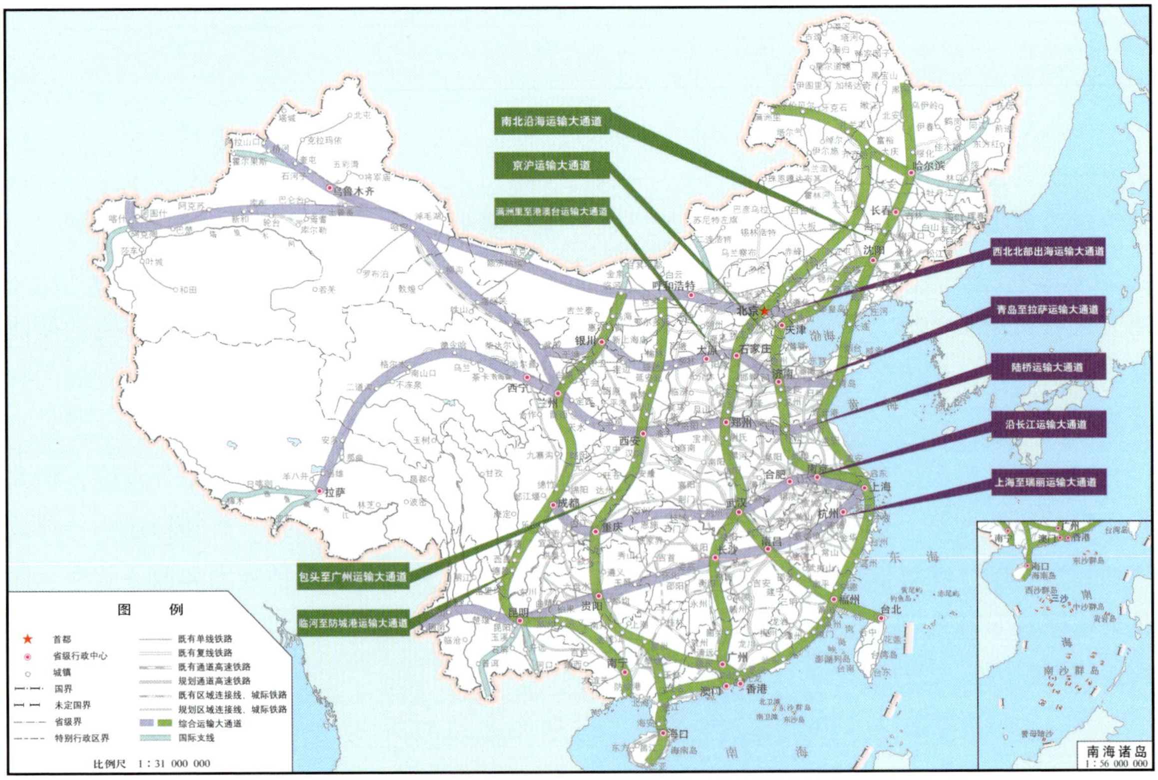

图 3.2　综合运输大通道和全国性综合交通枢纽示意图

2. 快速铁路网与普速铁路网建设

《规划》提出，构建高品质的快速交通网，明确了一批快速铁路网重点工程。高速铁路网重点工程有重庆至昆明、郑州至万州高速铁路。

《规划》提出，强化高效率的普通干线网，确定了一批普通干线网重点工程。普速铁路重点工程有渝怀铁路改造工程。

3. 强化战略支撑作用

《规划》提出，打造“一带一路”互联互通开放通道。着力打造丝绸之路经济带国际运输走廊，加快推进 21 世纪海上丝绸之路国际通道联系，加强“一带一路”通道与港澳台地区的交通衔接。

《规划》提出，建设长江经济高质量综合立体走廊。统筹推进干线航道系统化治理和支线航道建设，研究建设三线枢纽水运新通道。加快铁路建设步伐，建设沿江高速铁路。

《规划》提出，发挥交通脱贫攻坚基础设施支撑作用。强化贫困地区骨干通道建设。加快资源丰富和人口相对密集贫困地区开发性铁路建设。

《规划》提出，发展引领新型城镇化的城市交通建设。推进成渝城市群等城市群城际铁路建设。

《规划》提出，加强城市交通建设。完善优化超大、特大城市轨道交通网络。加快建设大城市市域（郊）铁路，有效衔接大中小城市、新城新区和城镇。

4. 加快运输服务一体化进程

《规划》提出，优化综合交通枢纽布局。重点推进北京—天津—上海、广州—深圳、成都—重庆国际性综合交通枢纽。

提升综合客运枢纽场站一体化服务水平。按照“零距离”换乘要求，在全国重点打造 150 个开放式、立体化综合客运枢纽。

促进货运枢纽站场集约化发展。按照无缝衔接要求，优化货运枢纽布局，推进多式联运和干支衔接型货运枢纽（物流园区）建设。

促进枢纽站场之间有效衔接。强化城市内外交通衔接，推进城市主要站场枢纽之间直接连接，有序推进重要港区、物流园区等直通铁路，实施重要客运枢纽的轨道交通引入工程。

（四）《关于依托黄金水道推动长江经济带发展的指导意见》

2014 年 9 月，国务院颁发《关于依托黄金水道推动长江经济带发展的指导意见》（以下简称《指导意见》），提出建设综合立体交通走廊，形成快速大能力铁路通道，建设上海经南京、合肥、武汉、重庆至成都的沿江高速铁路。改扩建沿江大能力普通铁路，规划建设衢州至丽江铁路。《指导意见》提出，加快建设上海、重庆等 14 个全国性综合交通枢纽。强化城市群交通网络建设。充分利用区域运输通道资源，重点加快城际铁路建设，形成与新型城镇化布局相匹配的城际交通网络。成渝城市群要建设以重庆、成都为中心的“一主轴、放射状”城际交通网络，实现城市群内中心城市之间、中心城市与节点城市之间 1 ~ 2 h 通达。

《指导意见》附件《长江经济带综合立体交通走廊规划（2014—2020 年）》中提出，到 2020 年，建成横贯东西、沟通南北、通江达海、便捷高效的长江经济带综合立体交通走廊。建成高效的铁路网络，形成以沿江、沪昆高速铁路为骨架的快速铁路网和以沿江、衢（州）丽（江）、沪昆铁路为骨架的普通铁路。基本建成一体化发展的城际交通网，形成以快速铁路、高速公路等为骨干的城际交通网，实现中心城市之间以及中小城市与周边城市之间 1 ~ 2 h 交通圈。重点建设上海经南京、合肥、武汉、重庆至成都的沿江高速铁路，重庆至贵阳快速铁路；改扩建沿长江普通铁路；新建衢州至丽江铁路。规划的铁路重点项目有：快速铁路，建设重庆至郑州、重庆至贵阳、重庆至昆明、成都至重庆、汉中经巴中至重庆等铁路；普通铁路，建设衢州经九江、岳阳、常德、黔江、遵义、昭通、攀枝花至丽江铁路，实施渝怀等铁路扩能改造。

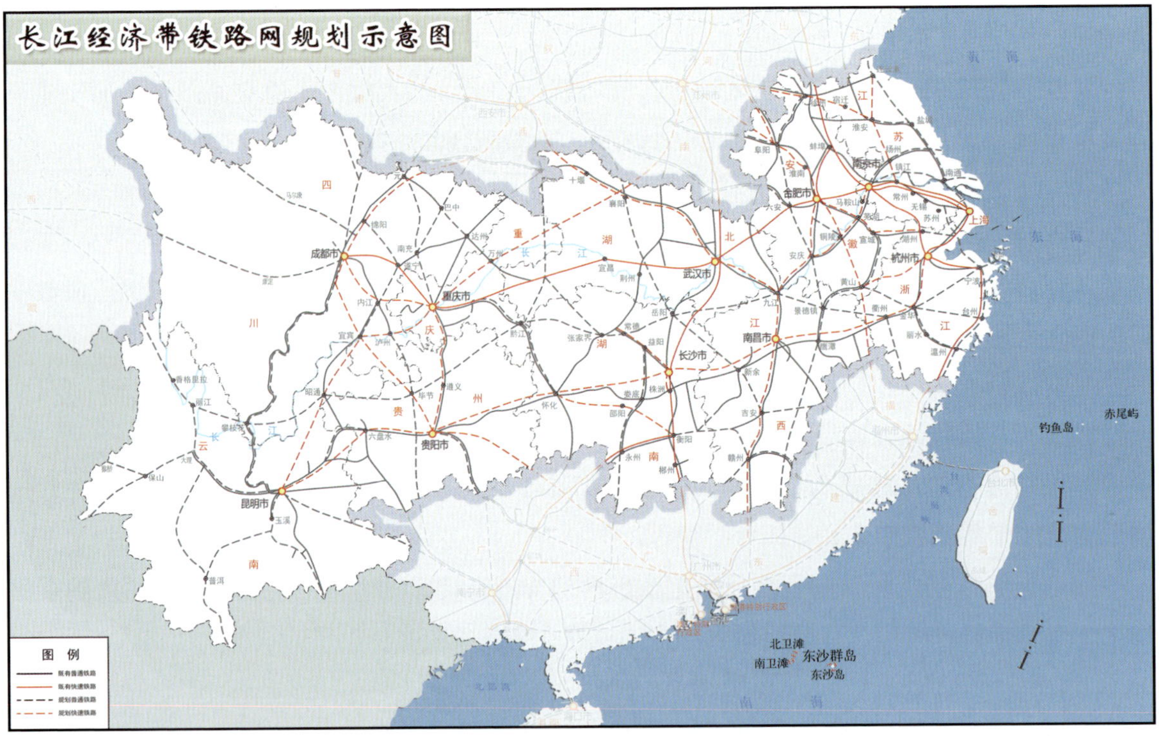

图 3.3　长江经济带铁路规划示意图

（五）《武陵山片区区域发展和扶贫攻坚规划（2011—2020 年）》

2011 年 10 月 31 日，国务院扶贫办、国家发展改革委印发《武陵山片区区域发展与扶贫攻坚规划（2011—2020 年）》。该规划经国务院批准下发，提出加快构建连通内外、功能配套、安全高效、适度超前的现代化基础设施体系，为片区扶贫攻坚创造良好条件，为区域经济社会跨越发展提供有效支撑。

建设“两环四横五纵”交通主通道。积极推进纳入国家中长期铁路网规划、国家高速公路网规划的重大项目建设，规划建设一批完善主通道、消除省际断头路、促进旅游业发展等有重要作用的重大项目，建设和完善黔江、怀化、张家界等区域性综合交通枢纽，加快形成连接重庆、武汉、长沙、贵阳等中心城市的综合运输通道。

铁路建设方面包括：在建重庆—利川铁路、长沙—昆明客运专线、玉屏—铜仁城际铁路、渝怀铁路二线，规划建设渝黔铁路扩能工程、长沙—常德城际铁路，规划研究安康—恩施—张家界—衡阳铁路、遵义—黔江—恩施铁路。

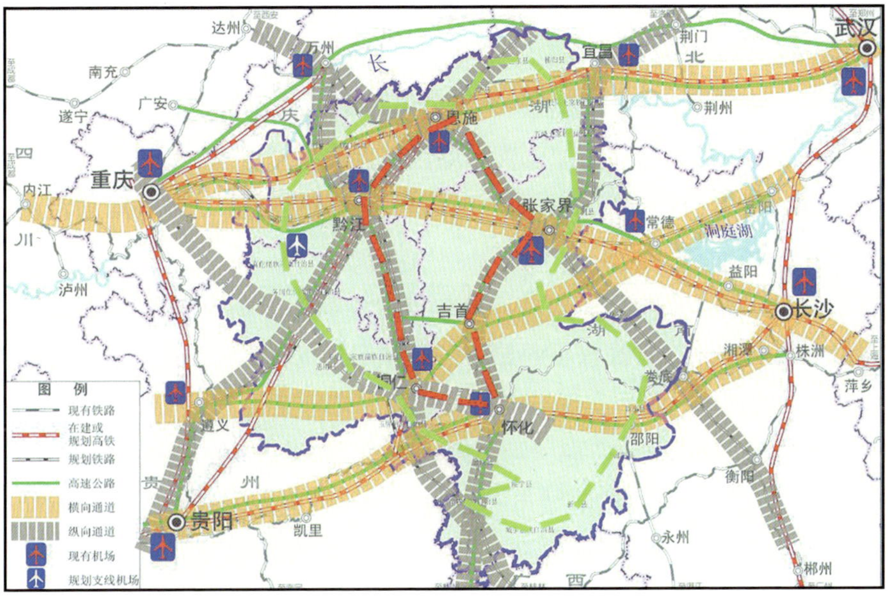

图 3.4　武陵山片区“两环四横五纵”交通主通道示意图

（六）《煤炭物流发展规划》

2013 年 12 月 30 日，国家发展改革委发布《煤炭物流发展规划》。我国煤炭需求持续增加，生产开发布局加速西移，西煤东调、北煤南运格局更加突出，要求发展现代煤炭物流，提高物流效率，保证稳定供应，大型煤炭基地建设有序推进，煤炭产业集中度不断提高，为煤炭物流规模化、集约化发展创造了有利条件。现代物流技术、新一代信息技术的快速发展，为煤炭物流发展提供新的机遇。

根据煤炭生产开发和消费布局，结合区域发展规划，完善煤炭运输通道，建设一批煤炭物流节点，形成“九纵六横”的煤炭物流网络。

在“通道布局”中，涉及重庆的主要有：

①新疆煤炭外运通道，主要包括兰新、兰渝纵向通道，适应新疆煤炭外运需求。

②水运通道，由长江横向通道、沿海纵向通道、京津运河纵向通道组成，满足华东、华中、

华南地区煤炭需求。

在“节点布局”中，涉及重庆的主要有：

①大型煤炭储配基地。依托煤炭陆路和水路运输通道条件，在主要消费地、沿海沿江主要港口和重要铁路枢纽，建设环渤海、山东半岛、长三舟、海西、珠三角、北部湾、中原、长株潭、武汉、环鄱阳湖、成渝等大型煤炭储配基地。

②煤炭物流园区。在大型煤炭储配基地内，按照合理辐射半径，建设锦州、营口、秦皇岛、京唐港、曹妃甸、天津、黄骅、万州、广元、荆州、岳阳、九江、芜湖、北海、武威、中卫等一批煤炭物流园区。万州煤炭物流园区的功能是：煤炭下水中转、储配，辐射湘鄂赣等地区。

（七）《关于打造现代综合客运枢纽提高旅客出行质量效率的实施意见》

2016 年 5 月 3 日，国家发展改革委印发《关于打造现代综合客运枢纽提高旅客出行质量效率的实施意见》。文件明确提出：到 2020 年，基本建成内涵更加丰富、服务更加优质、布局更加合理、运行更加高效、功能更加完善的现代综合客运枢纽系统，一体衔接，综合服务、中转集散、内外辐射能力进一步增强，客运现代化水平显著提高，有效地满足人们日益提升的出行需求。

在全国重要综合交通枢纽城市，打造 100 个以大型高铁车站为主和 50 个以机场为主的现代化、主体式综合客运枢纽，日高峰小时旅客发送量超过 5 000 人的大型高铁车站以及年吞吐量超过 1 000 万人次的机场，基本实现城市轨道交通等多种交通方式连接。

科学布局综合客运枢纽。综合考虑国际国内通道和网络格局，按照国际性、全国性、区域性、地区性 4 个层级，优化综合交通枢纽城市和区域布局，明确不同层级枢纽城市的客运服务功能范围。原则上，高速铁路、城际铁路和市域（郊）铁路应在城市中心城区设站，或者充分利用城区内既有车站进行改扩建。强化既有和新建综合客运枢纽站场的分工协作。

结合城市轨道交通网规划编制及调整、新一轮重点铁路枢纽总图修编、城际铁路以及市域（郊）铁路建设等，重点围绕超、特大城市的大型对外客运站场，建设大容量、快速化的衔接通道。

畅通站场间直接联系。通过快速、大容量的城市公共交通，连接城市内各种类别、方向和功能的综合客运枢纽，实现旅客在主要枢纽之间的快速直达。超大城市的主要客运枢纽间以换乘时间不超过 1 h，换乘次数不超过两次为宜。

便捷枢纽内站场换乘。综合客运枢纽宜采用同台或主体换乘方式，换乘时间一般不超过 3 min。新建综合客运枢纽应主体布局换乘系统，鼓励既有客运枢纽实现立体化换乘。

打造智慧枢纽。以新一代移动互联为媒介，将综合客运枢纽打造成汇集各类客流、商流、资金流、信息流的城市智慧中枢。加强大数据等应用，推进综合客运枢纽与智能交通等融合发展。

该文件提出了一批综合交通枢纽重大建设示范工程。其中，第一类：国家发展改革委和地方政府共建枢纽示范城市，有广州、武汉、重庆、乌鲁木齐、昆明、郑州等。

（八）《成渝城市群发展规划》

2016 年 4 月，国家发展改革委印发《成渝城市群发展规划》。该规划指出：成渝城市群是西部大开发的重要平台，是长江经济带的战略支撑，也是国家推进新型城镇化的重要示范区。该规划依据《全国主体功能区规划》《国家新型城镇化规划（2014—2020 年）》和《关于依托黄金水道推动长江经济带发展的指导意见》编制，是培育发展成渝城市群的指导性、约束性文件。

该规划提出：依托综合运输大通道，以长江上游航运中心和重庆、成都两大综合交通枢纽建设为核心，以高速铁路、城际铁路和高速公路为骨干，构建安全、便捷、高效、绿色、经济的综合交通运输网络，支撑引领“一轴两带双核三圈”城市群空间格局的形成。

优先建设城际交通网络。建设以高速铁路、城际铁路、高速公路为骨干的城际交通网络，打造核心城市间、核心城市与周边城市间、相邻城市间力争 1 h 通达的交通圈。共同加快建设兰渝铁路、成渝高速铁路。鼓励利用干线铁路富余能力开行城际列车。启动渝昆铁路前期工作，规划重庆至达州、达州至开州、万州等城际铁路。加快成安渝高速、重庆—广安—巴中高速公路建设，实施国省干线公路升级改造，联合打通“断头路”“瓶颈路”，减少安全隐患路段。

构建便捷畅通的对外交通通道。加快推进“一江两翼”国际通道建设，依托长江黄金水道和沿江铁路，完善向东出海的川渝汉沪通道；依托兰渝、宝成、西康至襄渝、兰新等铁路，

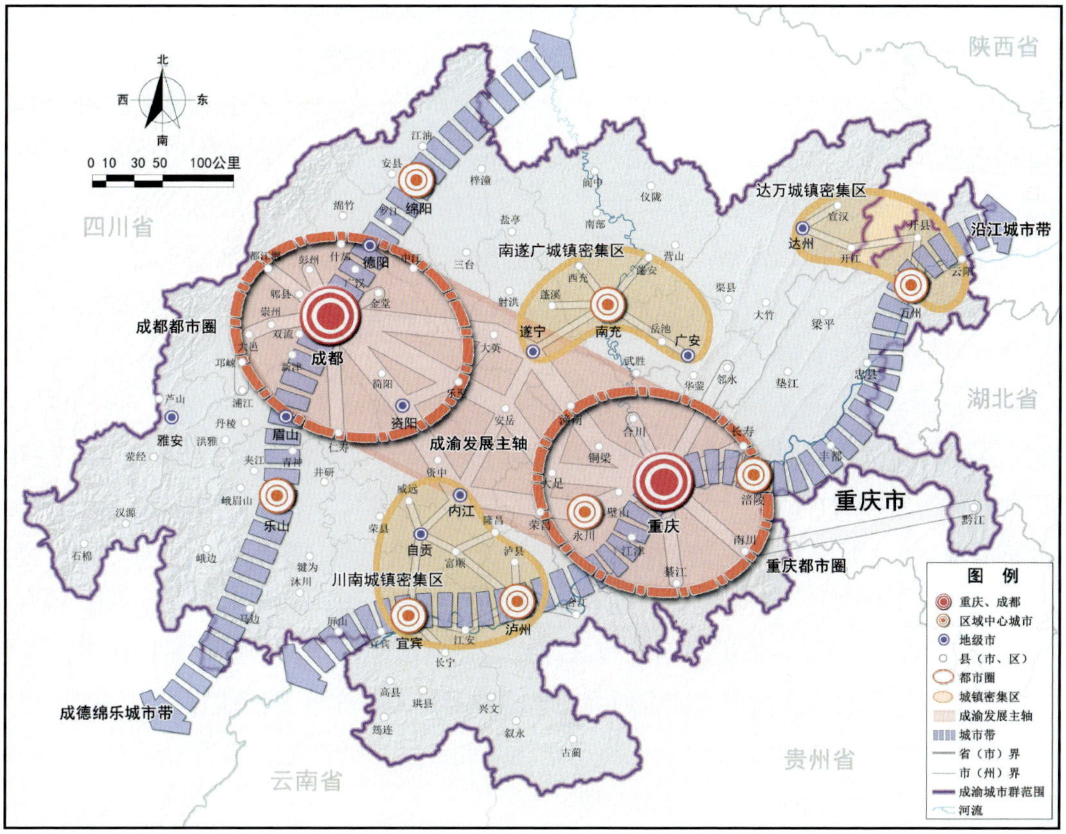

图 3.5　成渝城市群示意图

打造内陆地区连接丝绸之路经济带的通道；依托成昆铁路和渝昆铁路，构建向南开放的川渝滇至东南亚陆上通道。加快成贵、成西、郑万、兰渝、成昆扩能等铁路建设，研究建设重庆至西安铁路，完善连接毗邻黔中、滇中、长江中游、关中至天水、兰州至西宁等区域的五大国内通道。

铁路建设重点工程有：建设成都至西宁、成渝、西成、渝万、成贵、渝昆、郑万高速铁路和成兰、成蒲、黔张常、成雅、兰渝、渝昆、渝黔铁路，重庆铁路枢纽东环线、隆黄铁路叙永至毕节段等铁路，实施成渝、成昆、达万等铁路扩能改造工程，规划建设成都—新机场—自贡、重庆至黔江、遂宁至达州、绵遂内宜、自贡至泸州、达州至重庆、达州至万州、重庆至合川、重庆至江津、重庆至璧山至铜梁、合川—铜梁—大足—永川等城际铁路、市域（郊）铁路。开展成都至格尔木铁路等前期研究工作。

（九）《西部陆海新通道总体规划》

2019年8月2日，根据国务院的批复，国家发展改革委印发《西部陆海新通道总体规划》。该规划指出：西部陆海新通道位于我国西部腹地，北接丝绸之路经济带，南连海上丝绸之路，协同衔接长江经济带，在区域协调发展格局中具有重要战略地位。要把该规划实施作为深化陆海双向开放，推进西部大开发形成新格局的重要举措，加快通道和物流设施建设，提升运输能力和物流发展质量效率，深化国际贸易合作，促进交通、物流、商贸、产业深度融合，为推动西部地区高质量发展，建设现代化经济体系提供有力支撑。

统筹区域基础条件和未来发展需要，优化主通道布局，创新物流组织模式，强化区域中心城市和物流节点城市的枢纽辐射作用，发挥铁路在陆路运输中的骨干作用和港口在海上运输中的门户作用，促进形成通道引领、枢纽支撑、衔接高效、辐射带动的发展格局。

①主通道。建设自重庆经贵阳、南宁至北部湾出海口（北部湾港、洋浦港），自重庆经怀化、柳州至北部湾出海口，以及自成都经泸州（宜宾）、百色至北部湾出海口三条道路，共同形成西部陆海新通道的主通道。

②重要枢纽。着力打造国际性综合交通枢纽，充分发挥重庆位于“一带一路”和长江经济带交汇点的区位优势，建设通道物流和运营组织中心；发挥成都国家重要商贸物流中心作用。建设广西北部湾国际门户港。

③核心覆盖区。围绕主通道完善西南地区综合交通运输网络，密切贵阳、南宁、昆明、遵义、柳州等西南地区重要节点城市和物流枢纽与主通道的联系。

④辐射延展带。强化主通道与西北地区综合运输通道的衔接，联通兰州、西宁、乌鲁木齐、西安、银川等西北重要城市。结合西北地区禀赋和特点，充分发挥铁路长距离运输优势，协调优化运输组织，加强西部陆海新通道与丝绸之路经济带的衔接，提升通道对西北地区的辐射联动作用，有力促进西部地区开发开放。

同时，注重发挥西南地区传统出海口湛江港的作用，加强通道与长江经济带的衔接。

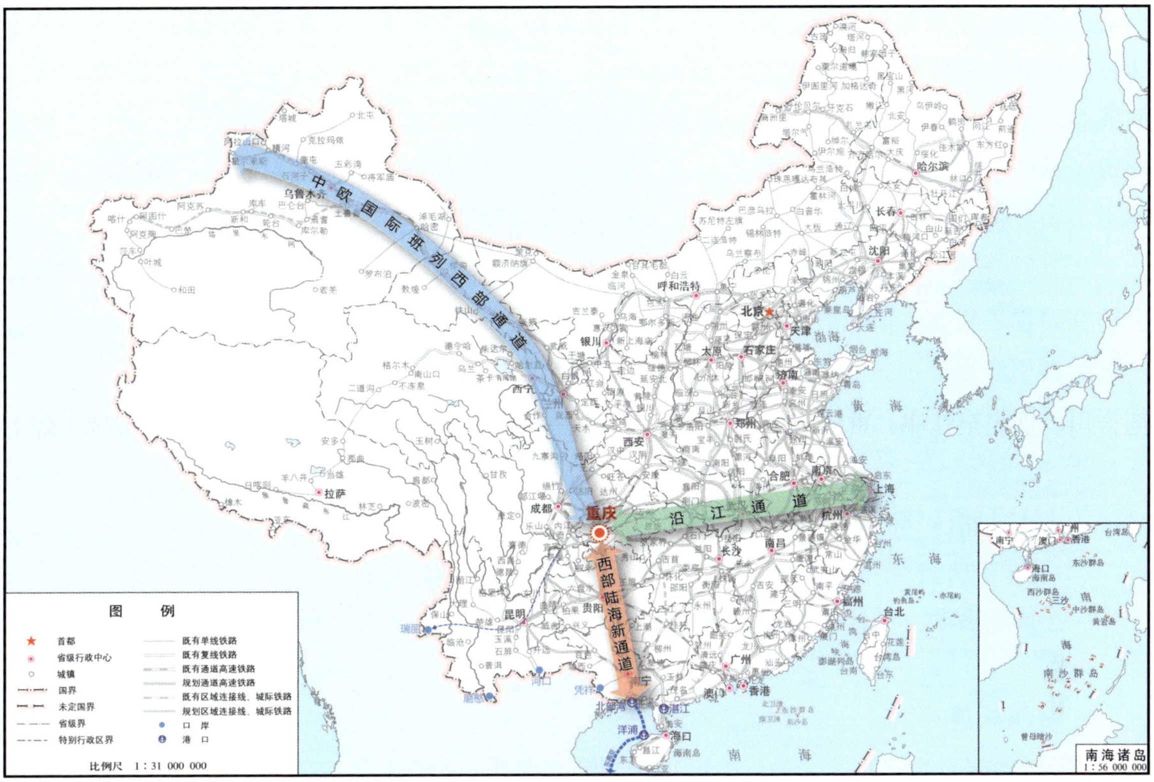

图 3.6　西部陆海新通道（全国）

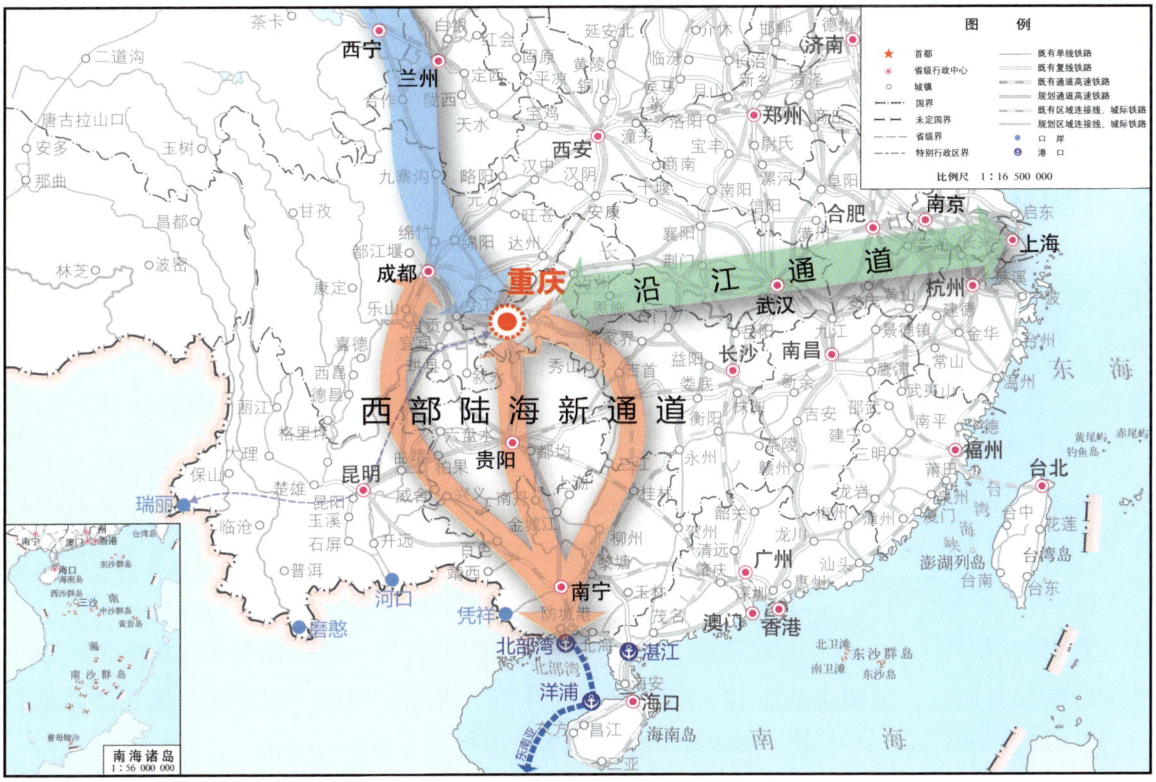

图 3.7　西部陆海新通道（局部）

加快推进铁路建设。打造重庆、成都至北部湾出海口大能力铁路运输通道，实施一批干线铁路扩能改造项目，新建局部支线和联络线，畅通能力紧张“卡脖子”路段，形成东、中、西线合理分工，相互补充的铁路运输网络。中线着力提升通道能力，加快贵阳至南宁等新线建设；东线着力加快既有铁路改造提升，推进渝怀铁路增建二线等项目建设；西线加强补齐通道短板，建设黄桶至百色等铁路项目。研究建设双层集装箱运输通道。

提升综合交通枢纽功能。加强铁路货运场站建设，新建和改扩建一批具有集装箱办理能力的铁路货运基地，增强铁路班列始发直达和集零中转的能力。

交通枢纽重点项目有：推进重庆团结村集装箱中心站、重庆鱼嘴铁路货运站升级改造。加快重庆铁路枢纽东环线建设。

（十）《重庆铁路枢纽规划（2016—2030 年）》

2018 年 8 月 18 日，中国铁路总公司、重庆市人民政府以铁总发改函〔2018〕539 号批复原则同意修编后的《重庆铁路枢纽规划（2016—2030 年）》，主要明确了以下事项：

1. 枢纽范围

北至遂渝、兰渝铁路渭沱站（含）；南至川黔铁路小岚垭站（含），东环铁路珞璜东站（含）；东至郑渝高铁、渝利铁路长寿北站（含）；西至成渝铁路古家沱站（含）。

2. 规划年度

规划年度 2030 年，远景 2050 年；近期工程 2020 年。

3. 枢纽总图方案

规划年度重庆铁路枢纽将形成衔接成都、兰州、西安、襄阳、武汉、长沙、贵阳、昆明 8 个方向，成渝、西渝、渝万、厦渝、渝昆高铁，既有遂渝、兰渝、襄渝、渝利、渝贵、渝怀、成渝、川黔铁路等干线及重庆—合川、潼南等成渝地区城际铁路引入的环线放射状大型铁路枢纽。

（1）客运系统布局

规划形成重庆、重庆西、重庆北、重庆东站“四主”客运站布局，预留科技城站（璧山北）、南彭站成为市郊（域）铁路重要客运节点的条件。

（2）货运系统布局

规划形成“1 + 2 + 12”三级物流节点网络。其中团结村为一级物流基地；小岚垭、鱼嘴为二级物流基地；三级物流基地 12 个（白市驿、木耳、龙盛、南彭、唐家沱、土场、东港、黄磏、双福、磨心坡、伏牛溪、洛碛）。规划黄茅坪为汽车专业物流基地，重庆东、重庆西、重庆北等动车所（存车场）预留办理高铁快运作业条件。

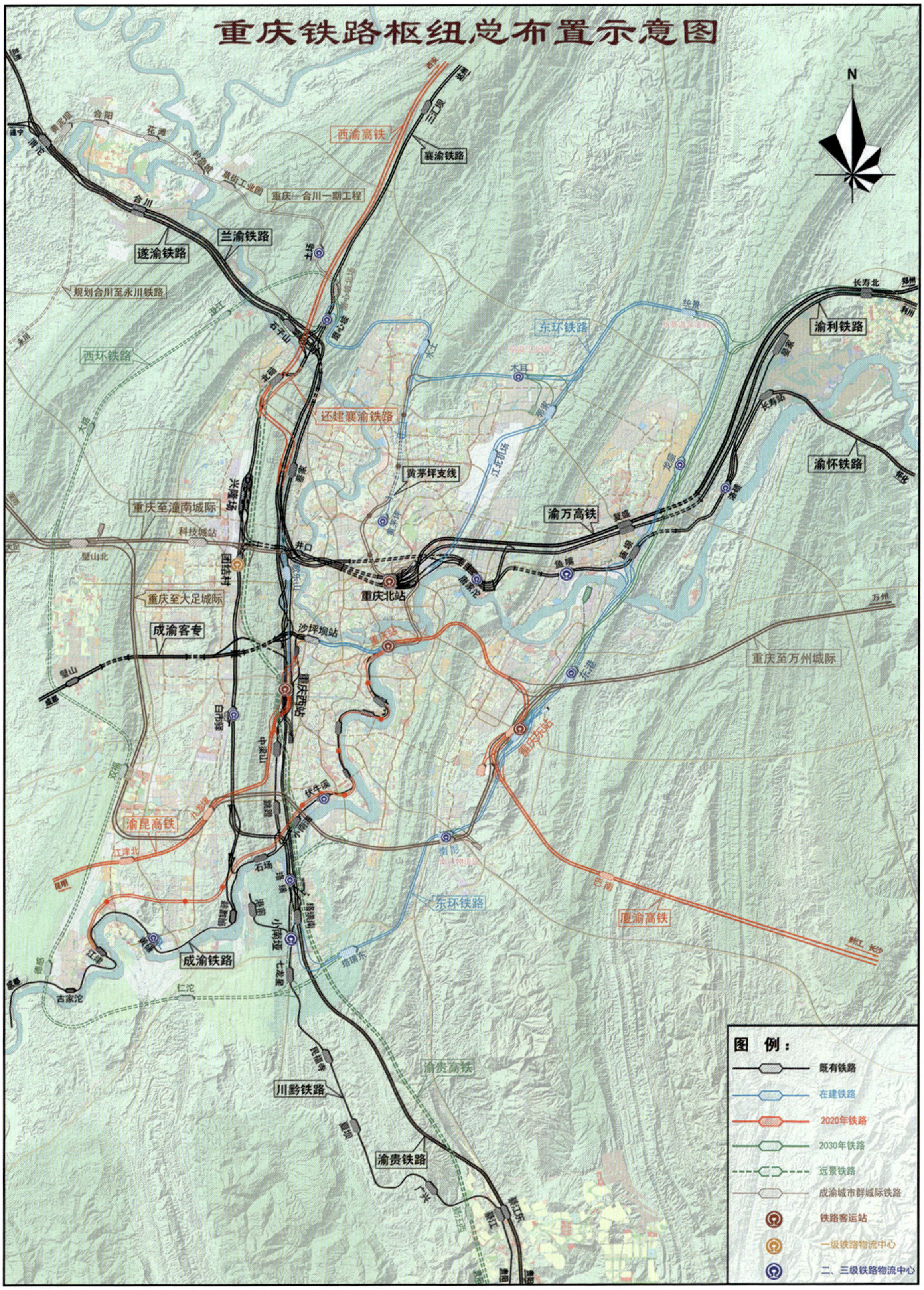

图 3.8　重庆铁路枢纽总布置示意图

（3）解编系统

兴隆场为枢纽编组站，规划年度维持现有三级六场站型及规模；东港站规划预留设置区段站条件，以减少枢纽东环线货车走行距离。

（4）引入线、疏解线及联络线

规划引入渝昆高铁，自枢纽西南侧引入重庆西站，向北连通重庆北站，并规划连通重庆站（沙坪坝站）联络线，规划预留渝昆高铁引入重庆东站联络线、渝万城际及渝利铁路、枢纽东环线、重庆东站相关联络线。

规划西渝高铁，自枢纽北侧接轨童家溪—重庆西联络线引入重庆西站，规划预留西渝高铁与远景规划的渝贵高铁直通道建设条件。

规划厦渝高铁，自枢纽东侧引入重庆东站，出站后向西经重庆站—重庆东站直径线引入重庆站，贯通在渝铁路。

相关联络线：规划预留渝贵高铁引入重庆东站联络线、利用既有铁路开行公交化市郊（域）客车相关联络线、枢纽西环线及相关联络线等。

4. 近期工程

近期工程主要有渝昆高铁引入枢纽工程、西渝高铁引入枢纽工程、厦渝高铁引入枢纽工程、利用既有铁路开行公交化市郊（域）客车相关改造工程。

三、重庆 2035 年铁路发展愿景

（一）重庆铁路发展需要考虑的主要因素和 2035 年预期目标

1. 重庆铁路发展需要考虑的主要因素

新中国成立 70 年来，特别是改革开放以来重庆铁路建设取得了辉煌的成就。但是重庆作为中西部唯一直辖市、国家中心城市，铁路发展仍存在明显短板，主要体现在：重庆所拥有的对外铁路通道数量仍然不足，高速铁路干线和普通铁路干线偏少，市域（郊）铁路发展滞后，各种交通方式衔接不畅，铁路枢纽功能需要进一步加强。

研究重庆未来铁路发展需要考虑的主要因素如下：

（1）适应重庆城市定位

重庆是长江上游的经济中心、历史文化名城、国家中心城市、国家重要的现代制造业基地、西南交通枢纽。习近平总书记对重庆发展寄予厚望，明确提出重庆是西部大开发的重要战略支点，处在“一带一路”和长江经济带的连接点，要求重庆建设内陆开放高地，成为山清水秀美丽之地；同时，希望重庆在推动新时期西部大开发中发挥支撑作用，在共建“一带一路”中发挥带头作用，在推动长江经济带绿色发展中起到示范作用。未来时期，铁路发展必须适

应重庆国家中心城市发展，适应习近平总书记关于重庆工作的重要指示要求。

（2）适应重庆 2035 年发展愿景

2035 年中国将基本完成现代化，重庆将初步建成全球城市（现代化国际化大都市），经济发展领跑中国西部，成为中国发达地区。重庆将建成我国现代化制造业基地，形成现代化经济体系；实现城乡统筹发展，空间格局优化，实现人口与经济布局均衡；基础设施更加完备，城市品质明显提升；对外开放跃上新水平，建成中国西部的门户城市；技术创新、产业创新层出不穷，成为我国科技创新中心之一。建成重庆现代化国际化大城市，既要着眼于未来走出去的需要，更要着重于国内大范围大尺度互联互通，有利于国土开发和区域发展，有利于增强国家应付重大自然灾害和国防实力。按此需要构想未来重庆铁路发展。

（3）推动成渝地区双城经济圈建设

推动成渝地区双城经济圈建设，有利于在西部形成高质量的重要增长极，打造内陆开放高地，对推动中国高质量发展有重要意义。要尊重客观规律，发挥比较优势，推进成渝地区统筹发展，促进产业、人口及各类生产要素合理流动和高效集聚，强化重庆和成都的中心城市带动作用，使成渝地区成为具有全国影响力的重要经济中心、科技创新中心、改革开放新高地、高品质生活家居地，助推高质量发展。要按此要求规划和推进成渝双城圈城际铁路和重庆市郊铁路建设。

（4）符合建设交通强国要求和国家中长期规划

2019 年 9 月，中共中央、国务院印发《交通强国建设纲要》明确提出，到 2035 年，基本建成交通强国，拥有“三张网”，基本形成“两个交通圈”。近年来，国家陆续颁发了一些涉及铁路发展的中长期规划，如国务院印发的《中长期铁路网规划（2016—2030 年）》《“十三五”现代综合交通运输体系发展规划》《关于依托黄金水道推动长江经济带发展的指导意见》、国务院扶贫办和国家发展改革委制定的《武陵山片区区域发展和扶贫攻坚规划（2011—2020 年）》、国家发展改革委制定的《煤炭物流发展规划》《关于打造现代综合客运枢纽提高旅客出行质量效率的实施意见》《成渝城市群发展规划》《西部陆海新通道总体规划》，以及中国铁路总公司、重庆市人民政府批复的《重庆铁路枢纽规划（2016—2030 年）》等，这些规划都对重庆铁路中长期发展作了一些规定或描述。

城市化是经济发展也是交通基础设施的主要推动力。在全国“两横三纵”城镇化格局中，沿长江城镇化横轴与呼和浩特至昆明城镇化纵轴在渝相交。在全国城市群发展布局中，成渝城市群是重点发展的四大城市群之一。国家关于重庆铁路发展的规划，是推进铁路建设的有利条件。对于经济社会发展出现的新要求，技术创新、技术进步推动铁路发展的新趋势，可能涉及铁路发展布局或重大项目的变化，我们要及时觉察跟进并积极向国家反映，争取有关方面在制定新规划或者组织修订原有规划时加以体现。同时，要加强与周边省区的协调配合，并照顾毗邻利益，共同争取地方意图得到中央部门支持，形成国家意志并早日得以实现。

（5）应对国家建设大宗物资煤炭铁矿石调运战略通道的需要

我国资源分布极不均衡，北煤南运、西煤东运是基本格局。未来时期，在经济增速放缓、资源环境约束和节能减排的压力下，在一次能源消费结构中，煤炭占比将有所下降，预测2035年原煤占能源消费比重将下降到60%内，但仍居举足轻重。与此同时，煤炭生产格局将发生重大变化，长江以南各省煤矿将普遍关停，山西煤炭基地、鄂尔多斯盆地煤炭基地、新疆煤炭基地三大基地将进一步加强，特别是新疆的外送数量将大幅增加。国家长远规划的“九纵六横”煤炭物流规划，其中涉及重庆的包括兰新、兰渝铁路（纵向）和长江通道（横向）。重庆位于我国内陆腹心，陕甘宁与新疆煤炭输向华中、华南的运输距离最短。另一方面，我国是世界第一大钢铁生产国，但是每年需要进口几亿吨优质铁矿砂，西南、西北地区各钢铁厂都需要进口铁矿砂。建设大能力铁路货运专线，按钟摆式联运模式组织煤铁江海联运、水铁联运，将优化中国的综合运输体系，重庆要争取成为我国重要物资战略输送通道的重要节点。

2. 重庆2035年铁路发展的预期目标

①拓展通道。在主要对外方向上建成大能力客货运输通道，在建设时预留技术标准提升空间。磁浮交通系统将成为陆上最快捷的交通方式，应当超前谋划成渝城市群以及重庆通往京津冀、长三角、粤港澳湾区三大城市区的磁浮交通系统线路。力争铁路建设时序超前，发挥交通基础设施引导产业空间布局和城镇聚合的作用。

图 3.9 重庆铁路通道总体示意图

②完善网络。在成渝城市群实现铁路客运城际化。在重庆市辖区内建成较完备的市域（郊）铁路体系，基本实现干线铁路、城际铁路、市域（郊）铁路、城市轨道交通融合发展。

③高效衔接。建成以四大铁路客站为主体的一体化综合客运枢纽，完成联系机场及港口、重要开发区、物流园区的铁路支线、联络线建设，实现铁水、公铁、铁空等联运发展，实现旅客出行便捷舒适，货物运输经济高效。

④全面协调。到 2035 年，在我国基本建成交通强国之时，作为国家中心城市的重庆，要实现铁路的全面协调发展，做到设施布局完善、服务便捷舒适、物流高效便捷，智能、平安、绿色、共享交通发展水平在全国大城市中居于领先，达到世界一流水平。

（二）重庆与西北铁路通道发展研究

1. 研究范围与总体设想

通常意义的中国西北地区，或俗称大西北地区，是指陕西、甘肃、宁夏、青海、新疆 5 省区，有的也把内蒙古包括进来。我们研究重庆的对外通道，当然是站在重庆审视区域格局。

重庆与西北地区的铁路交通，是丝绸之路交通的组成部分。具体来说，可以分为渝兰乌（重庆—兰州—乌鲁木齐—霍尔果斯）通道、渝宁喀（重庆—成都—西宁—格尔木—喀什）通道、渝银（重庆—银川）通道、渝西包（重庆—西安—包头）通道四大通道。其中渝兰乌通道和渝西包通道是重庆西北面的主通道，渝宁喀通道和渝银通道是重庆西北的辅助通道。

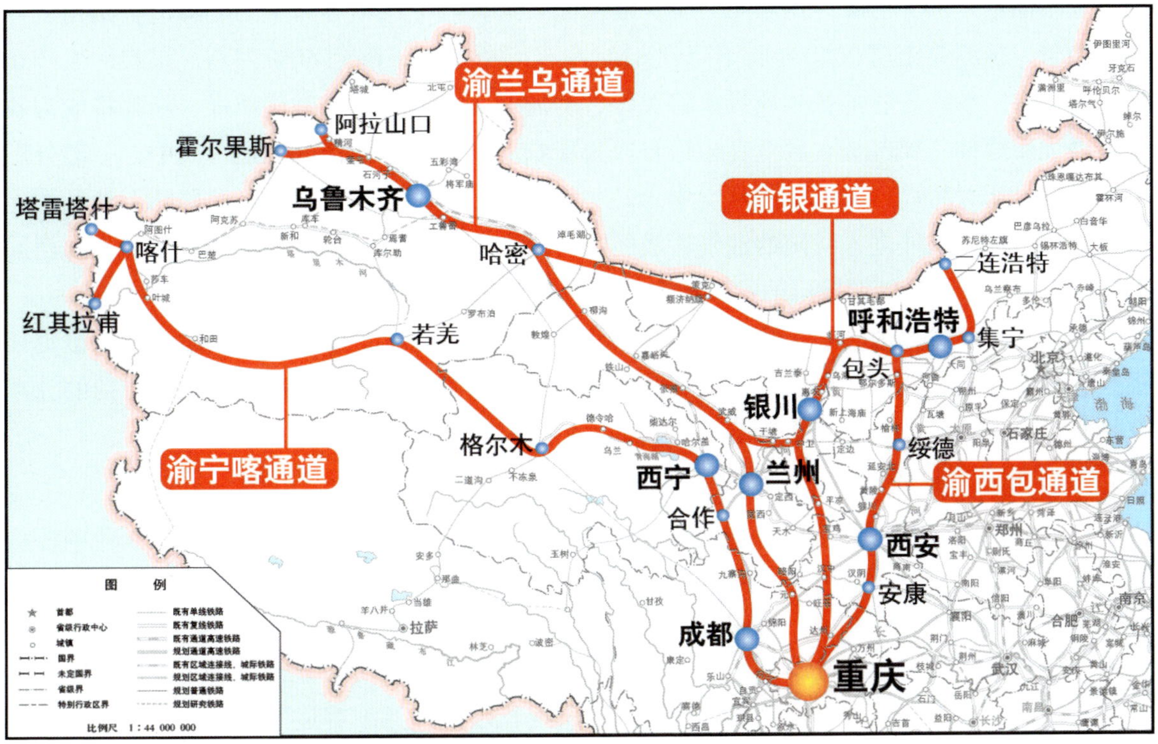

图 3.10　重庆与西北铁路通道示意图

2. 渝兰乌铁路通道发展展望

（1）扩大渝兰乌铁路通道的必要性

一是有利于国土开发和连片贫困山区脱贫致富。新疆、甘肃、青海三省区国土广袤，面积达281万 km^2，占全国国土面积的29.3%。如果加上毗邻的西藏，面积共达403万 km^2，占全国国土面积的42.0%。该地区是藏、回、维少数民族聚集区，也是我国集中连片贫困区的主要组成部分。

这一通道所处地域，正好处于中国地形顶级台阶青藏高原与次级台阶黄土高原、秦巴山地的交界处。该通道路径是由中国地形决定的天然走廊。由重庆所处四川盆地300多米的丘陵地带，循着嘉陵江上游白龙江河谷，上溯到青藏高原东北麓甘南谷地，再上到海拔1 200多米的兰州，形成长江流域通往大西北的最短路径。其中，历史上著名的阴平古道即为其中一段。

如果渝兰乌大通道形成以后，大西北到长江中下游流域和珠江三角洲的时空距离将大大缩短，人员物资交流将大为便捷，将极大地促进大西北的国土开发，加快连片贫困山区人民脱贫致富的步伐。

二是有利于促进丝绸之路经济带与长江经济带的有机串接。渝兰乌通道形成以后，渝新欧班列将不再绕道西安，将缩短几百公里，至少缩短1天货物在途时间，将有效地提高运营效率。重庆作为长江上游航运中心，服务范围原来主要是四川、云南、贵州三省。渝兰乌通道形成以后，重庆航运中心服务范围可以扩大到大西北。通过陆上交通大通道与长江航运有机串接，可以实现大西北内陆通江达海，也有效串接起丝绸之路经济带与海上丝绸之路。

三是有利于形成中国新的能源主通道。新疆是我国能源的战略性接续地区。新疆2014年煤炭基础储量为158.01亿t，远景储量几千亿吨，居全国第一位；石油基础储量4.2亿t；天然气基础储量6 598亿 m^3，均居第二位，勘探前景远大。中国以煤为主的能源消费结构正在逐渐调整，预测煤比重2020年将下降到62%左右，2030年下降到60%左右。煤炭的生产布局也将调整，华南各省的低劣质煤矿将关停，增加调入北方、西北的优质煤，新疆将成为我国新增优质煤的主要基地。渝兰乌通道将成为新疆能源东输最便捷的通道。其中，一部分煤炭变成电力通过特高压输电干线从空中走，一部分通过铁路外运。中亚是我国陆上油气的主要来源。目前，国外进入我国的油气管线经过河西走廊到达兰州以后，都经过宁夏、陕西通向华北、华中。今后能源输出的发展趋势，也将会通过渝兰乌走廊通往华南。

四是有利于极大地增强国防实力。我国西部战区地域辽阔，承担的国家防务和安全责任很大。大西北地广人稀，川渝地区乃是西部战区战略纵深区。渝兰乌通道将是最便捷的驻军及物资调运通道，川渝地区可以成为我国国防的坚强后盾。

（2）渝兰乌铁路通道发展设想

积极规划并推进兰渝客运专线项目。兰渝铁路是一条客货兼容铁路，设计时速偏低，特别是甘肃境内按时速160 km设计，使全线运营速度不匹配。而且，兰州至乌鲁木齐已形成由电气化双线和客运专线构成的复线并行大能力通道，兰渝通道能力也与之不匹配。国家“十三五”规划确定，要建设兰州至广州的高速铁路通道。兰州与重庆之间必须建设新的高速铁路，这一高铁通道才名副其实。因此，重庆应积极推进兰渝客运专线的前期准备工作，争取尽快动工建设，最终形成复线并行、客货分线的大能力通道。

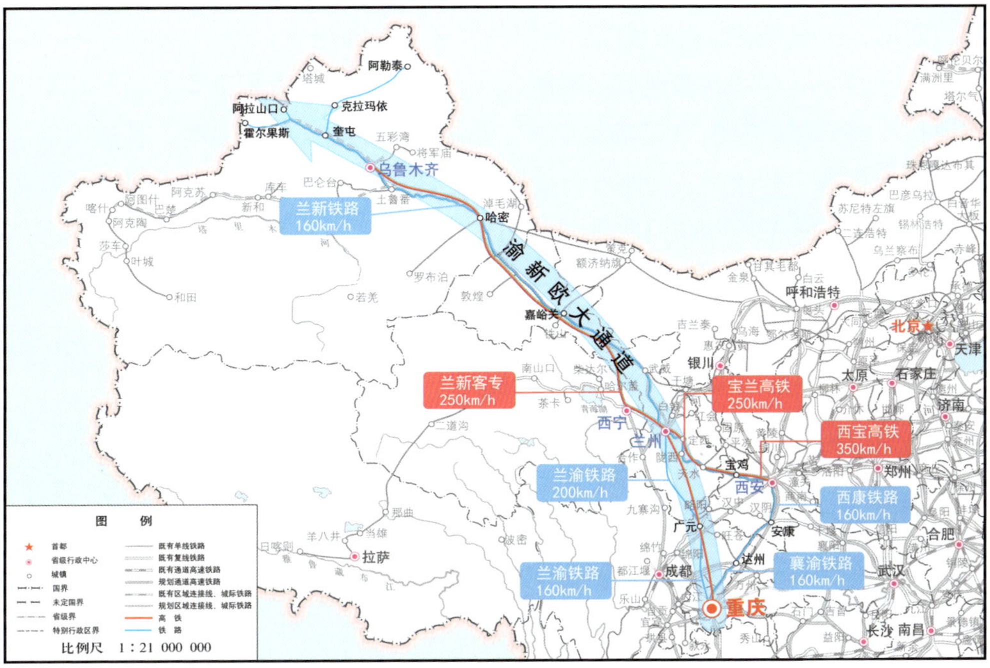

图 3.11　渝兰乌铁路通道示意图

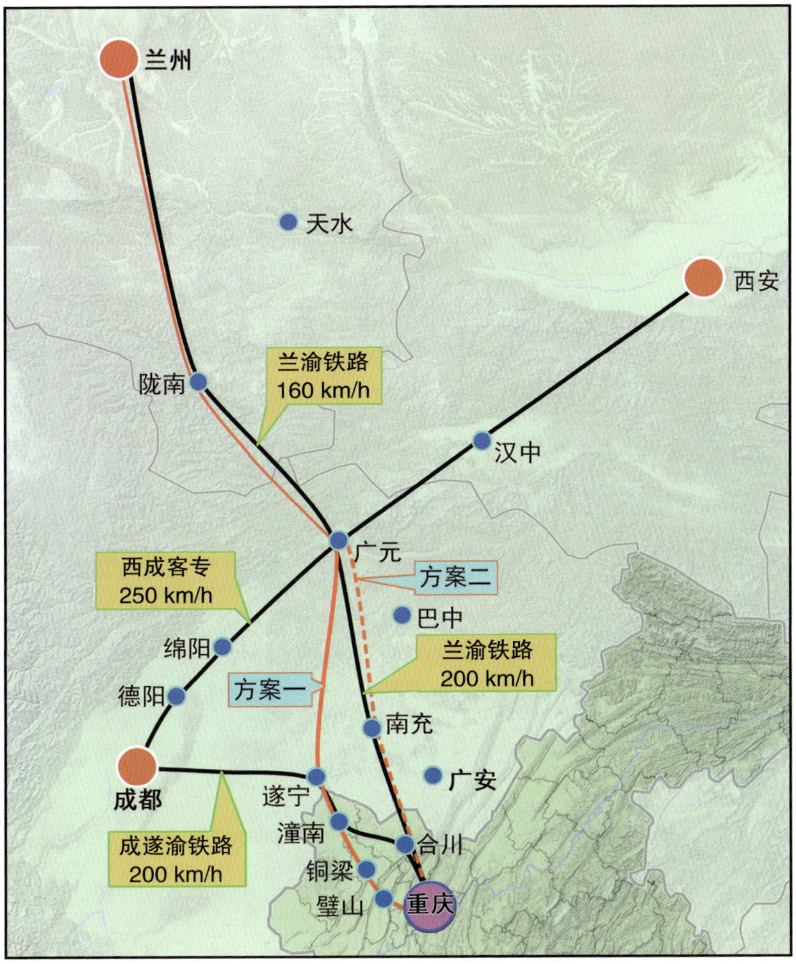

图 3.12　兰州至重庆铁路复线方案设想示意图

按水陆联运、江海连通模式形成国家战略物资运输新通道。

2020 年，重庆航运中心初步建成，形成 2.2 亿 t 货物、500 万标准集装箱吞吐能力，实现航道终年通行 5 000 吨级船舶、1 万吨级船队，集疏周边货物要达到 60%。长途大宗货物通过水运的价格相对低廉，较铁路、公路有较大竞争优势。因此，要争取形成疆煤经渝转水，运往长江中下游地区，形成 8 000 万 t 的通过能力。此外，陕甘宁煤炭在渝转水 2 000 万 t。西北地区酒泉钢铁厂、西宁钢铁厂以及新疆八一钢铁厂所需进口富铁矿精粉，可以通过江海联运在重庆港深水港区转铁路运往西北各厂。这样比在沿海港口直接转运要经济得多。如能实现使用万吨级江海直达船舶运输，经济效益还会提高。

渝兰乌铁路通道，由兰新、兰渝两条大体并行的双线电气化铁路组成，形成客货分线、复线并行格局。加强铁公水衔接，发展水陆联运，形成大西北与长江中下游物流大通道。同时，配合建设油气管线与特高压输电线路，形成能源地下走、地面走、空中走的立体交通格局，成为国家能源输送大通道。

3. 渝宁喀铁路通道发展研究

（1）渝宁喀铁路通道的设想

渝宁喀铁路通道大体路径是，由重庆出发，经四川成都通往青海西宁，经格尔木接新疆若羌、和田，至边境城市喀什，通过新建的吐尔尕特口岸进入中亚，也可以接红其拉甫口岸通往巴基斯坦瓜达尔港。这条通道经过路径为，由四川盆地上溯到青藏高原，再穿越昆仑山进入塔里木盆地，要经过武都—马边、康定—甘孜等大断裂带，沿途地区地震频发，地质灾害严重。青藏高原平均海拔 4 000 ~ 5 000 m，许多地区是冻土荒漠，被视为“工程禁区”。要形成一条完整交通通道，需要克服许多难以想象的困难，需要经过多年艰苦的努力。

（2）成渝之间形成发达的现代铁路交通网

重庆是中国西部唯一的直辖市，成都是中国西部第一人口大省四川的省会。今后两大城市都将发展成为人口超千万的超大城市。成渝城市群是中国第四大城市群，也是西部人口最集中、生产力最发达的地域。2018 年，川渝两地合计地区生产总值为 61 041 亿元，仅次于广东、江苏、山东，在全国范围内名列前茅。新中国成立 70 年来特别是改革开放以来的建设，成渝之间已经建立起发达的交通通道，主要有成渝铁路、成遂渝铁路、成渝客运专线 3 条铁路，远期将建磁浮交通线路。

今后的发展设想：建设成渝中线高铁，经过路径为成都—乐至—安岳—大足—璧山—重庆，全长约 260 km，设计时速 350 km，成为成渝之间最便捷通道，老成渝铁路改为货运专线。成渝之间最终形成 3 条复线、1 条单线的紧密联系。在成渝两大都市之间将建设时速超 600 km 的磁浮交通系统。

（3）积极促进成都以西铁路通道建设

西宁至成都铁路，是列入《中长期铁路路网规划》的路网性干线。

成都至格尔木、格尔木—若羌—库尔勒等线路都已经列入了国家铁路路网中长期规划。

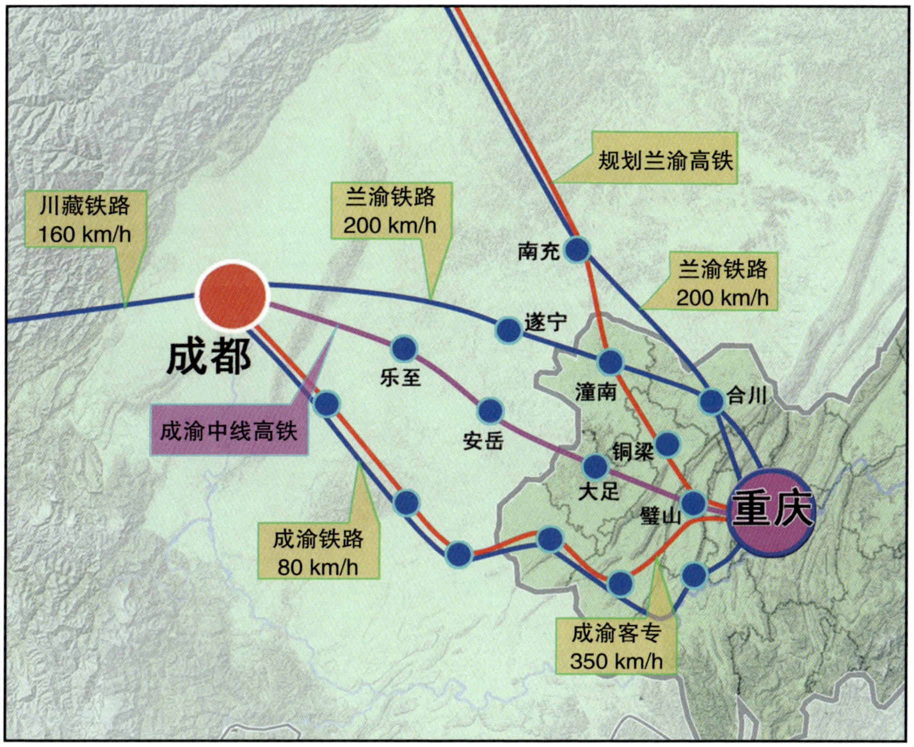

图 3.13　成渝城市群铁路交通示意图

国家“十三五”规划要修建和田至若羌的铁路，川藏铁路也要启动。由重庆往西直接连接喀什通往中亚、南亚，今后将会实现。但是，这条通道成都以西的地域都是高原荒漠，沿途客货发生量很少，所以不可能形成客货大通道。

（4）2035 年渝宁喀铁路通道展望

火车可以经成都、西宁、格尔木抵达喀什，并去往中亚与南亚，形成新的通道。这条通道成渝段形成 3 条高速铁路复线 +1 条单线铁路 +4 条高速公路的强联系，这种情况在全国也不多见。但是成都以西由于各方面限制，不可能形成大通道。

4. 渝银铁路通道

（1）渝银铁路通道建设的意义

重庆到银川的铁路通道，简称为渝银铁路通道，是这次我们研究新提出来的通道。渝银铁路通道的大致路径是：银川—中卫—宝鸡—汉中—广安—重庆。这条通道由高速铁路、普通铁路共同组成。

增辟渝银铁路通道使其成为重庆市通向西北、向北的一条新交通通道。宁夏地处我国西北与华北交通要冲，向西可以经过新建的巴彦淖尔至哈密铁路，连接新欧亚大陆桥（渝新欧通道）；向东可以经包头、呼和浩特再向北接二连口岸，通往蒙古和俄罗斯接老欧亚大陆桥。对重庆来说，可以开辟通往新疆的第二通道，增加一条重庆融入“一带一路”的交通纽带。

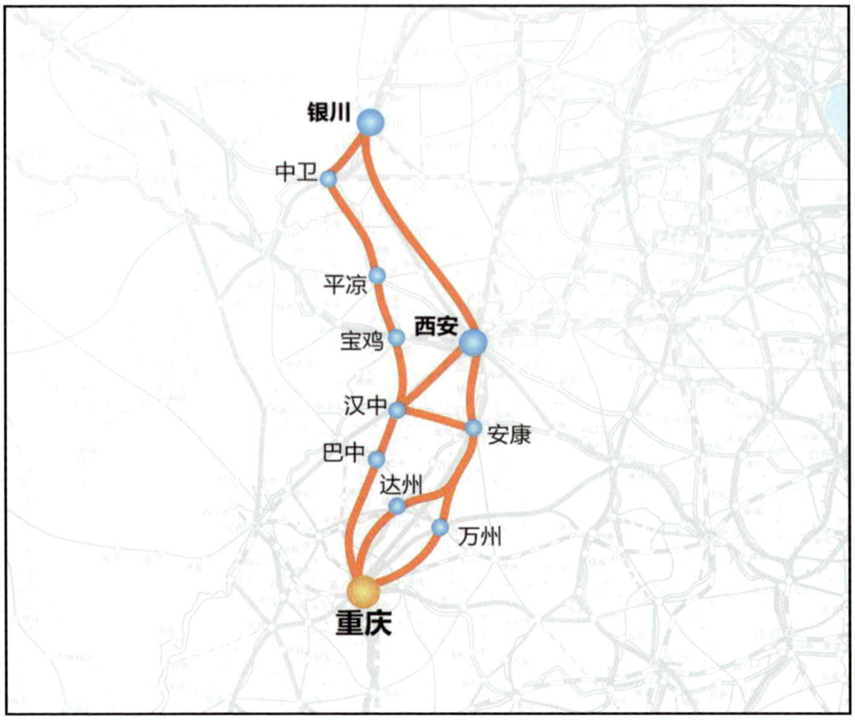

图 3.14　渝银铁路示意图

渝银铁路通道沿线矿产资源丰富。宁夏煤炭储量大、品种全、质量优、埋藏浅，尤以“大西煤”著称，具有低硫、低磷、低灰、发热值高等特点。煤炭基础储量为 70.06 亿 t，位列全国第 11 位，2014 年生产原煤 8 600 万 t，居全国第 9 位。宁夏是全国原煤调出地区。甘肃华亭煤田是我国新兴煤炭工业基地，基础储量 33.74 亿 t，占甘肃全省的 40.2%，被誉为“绿色煤都”。该矿煤炭质量好，已向重庆市双槐电厂供煤。陕西宝鸡亦是重要煤炭产地。渝银铁路通道可以成为重庆市又一能源通道，且是最便捷通道。

渝银铁路通道具有扶贫开发的重要意义。线路经过的地域，北端为六盘山区，南端为秦巴边区，历史上分别建立有陕甘宁革命根据地和川陕革命根据地，为中国革命作出过历史贡献。现在属于国家 14 个连片贫困山区。新的通道形成有利于促进区域发展，对外开放，帮助老区人民脱贫致富。

渝银铁路通道有助于形成新的国家级旅游走廊。线路经过的地区，有许多国家级风景名胜，同时，还有不少周、秦、汉三国以及唐宋元时期的人文胜迹。陕甘宁边区和川陕苏区，留下了无数革命遗址。线路经过的广安、仪陇，分别是邓小平、朱德的故乡，也是人们向往的胜地。

（2）渝银铁路通道的路径设想

建设银川至重庆高铁的具体路径设想为，由宁夏省会银川引出，经固原，甘肃平凉、华亭，陕西宝鸡、汉中，四川巴中、广安，经北碚接入重庆铁路枢纽。线路全长约 970 km。

宝鸡至重庆段至今未有铁路，亦无规划新线。建议从宝鸡经汉中、巴中至重庆修建一条新线，这条线大体循东经 107°，近乎一条航迹线，设计时速 200 km，客货兼营。汉中是陕南重镇，西安至成都高铁经过汉中。西安至汉中段高铁长约 230 km。两线在汉中交汇以后，亦形成了重庆至西安的一条高铁通道。全线为双线电气化Ⅰ级干线，设计时速 200 km，客货兼营。这条线路将是宁夏入渝的最短路径。

（3）2035 年渝银铁路通道发展展望

重庆经广元、汉中、宝鸡至银川高铁建成，大大增强长江经济带与“一带一路”的联系。

5. 渝西包铁路通道

（1）建设渝西包铁路通道的意义

①渝西包铁路通道，即重庆经西安至包头的通道，是构成国家“四纵五横”综合运输通道的包头至湛江通道的北段。国家规划的“八纵八横”高速铁路网中的包头至海口纵线北端，即重庆至包头高速铁路，构成本通道的主干。这条通道的区位极其重要，正好处于中国大陆的地理中轴线，起着联系东西、连通南北的重要作用。

②渝西包铁路通道，位于中国城市化主轴线上。国家规划的“三纵两横”城市化格局中，呼和浩特—西安—重庆—贵阳轴线大致与渝西包通道叠合。国家“十三五”规划提出要加快建设成渝城市群、关中平原城市群、呼包鄂榆城市群，这三大城市群正好处在本通道南端、中端和北端。西南地区长江上游经济中心重庆，与西北区域中心城市西安都将发展成为上千万人口的超大城市，因此形成 4 h 以内到达联系捷径。

③渝西包通道北端，是我国最大的能源基地。陕西、山西、蒙西地区（简称“三西”地区），是世界著名的优质煤炭富集地区。“十二五”以来，国家在此重点建设的煤炭基地已经形成了巨大的生产能力，其中仅鄂尔多斯煤田即形成年产 13 亿 t 原煤的能力。“三西”地区煤炭，历来通过大秦铁路输往秦皇岛，通过神华铁路输往黄骅港，再通过海运至华南各地。国家铁路路网规划提出，新建内蒙古中西部、山西中南部通往华南的煤运铁路，形成“三西”地区煤炭外运新的大能力通道。我们建议把渝西包通道亦建成运煤通道，形成输往华南的捷径，亦可以通过长江重庆港转运供应湖南、湖北。

④渝西包铁路通道，将成为重要的客运与旅游通道。重庆和西安两个超大城市，形成便捷交通以后，将极大地促进两地经济文化交流及人员往来。西安是九朝古都，延安是革命圣地，三秦大地人文荟萃，历来为国内外旅游目的地。重庆也有悠久历史传统和厚重文化积淀，特别是“三峡乘船游”是世界级旅游产品。两地合作，将形成黄金旅游热线。

⑤渝西包铁路通道向西通过巴彦淖尔至哈密铁路连接新欧亚大陆桥，向东通过呼和浩特北接二连浩特通往蒙古、俄罗斯接老欧亚大陆桥，将增强重庆与“一带一路”联系的回旋余地。

（2）渝西包铁路通道发展设想

新建西安至重庆高铁，是国家规划的包头至海口纵线高速铁路的组成部分。现包头至银川、银川至西安两条高铁已经展开全线施工，“十三五”期间将建成通车。建议国家新建包头—榆林—延安—西安高铁，与既有铁路实行客货分线。新建西安至重庆客运专线投运以后，既有西康、襄渝线改为以货运为主。陕西境内需要新建西安—安康—岚皋段。重庆境内新建线路走向为：城口—开县—忠县—丰都—涪陵—重庆（东）。全部线路按双线电气化Ⅰ级干线建设。这条线路建议设计时速 350 km，以与郑万高铁（设计时速 350 km）衔接，亦是沿江高铁的一段。

新建安恩张铁路，线路走向为：安康—城口—巫溪—奉节—恩施—张家界。国家《中长期铁路路网规划（2016—2030 年）》把安恩张铁路列为促进脱贫攻坚和国土开发铁路。根据经济社会发展需要，我们建议把安恩张线纳入西安至长沙高铁建设方案统筹考虑，提升安恩张线在路网中的重要性，提高该线的建设技术标准，有效地缩短西安至长沙高铁的里程。

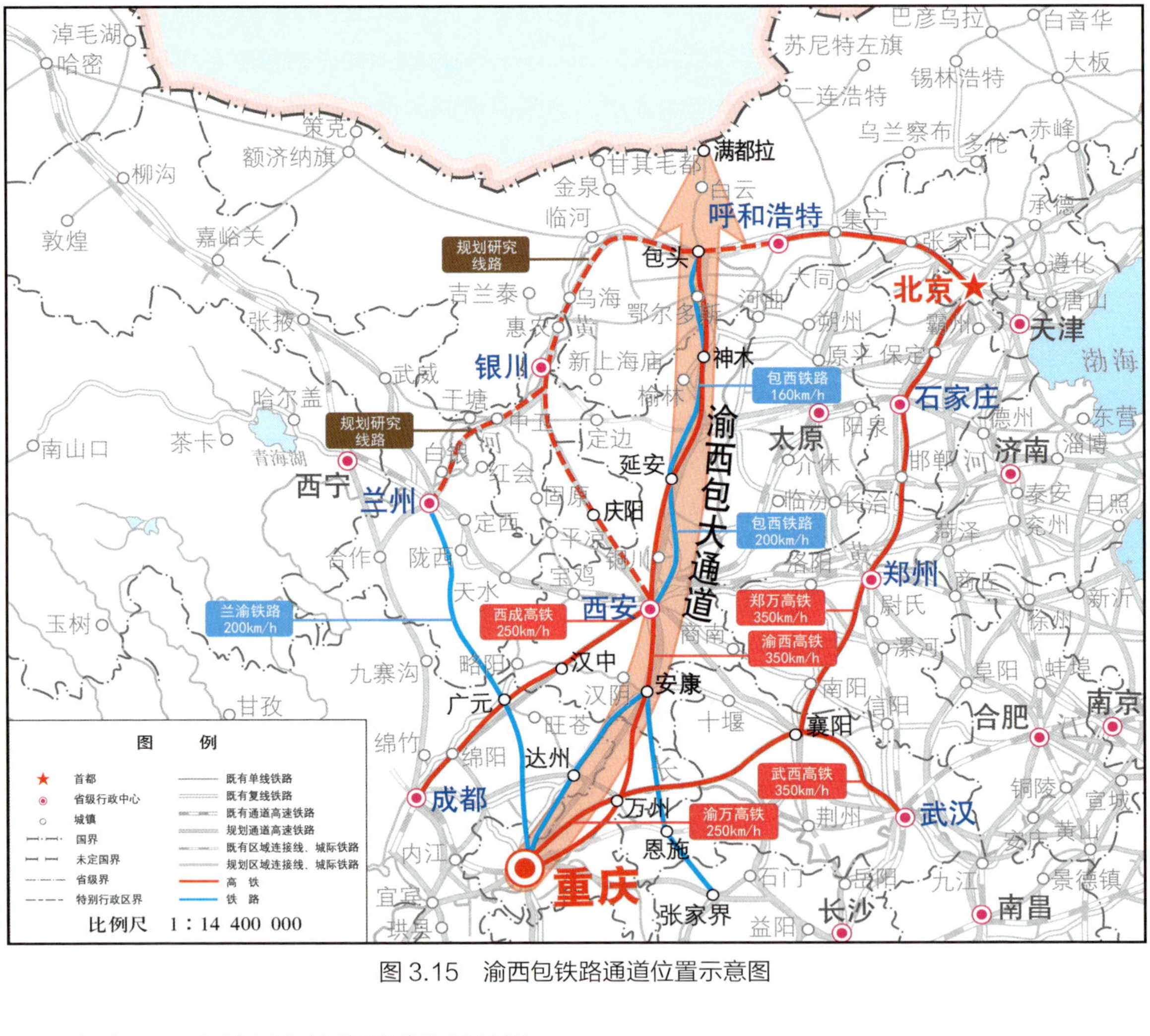

图 3.15 渝西包铁路通道位置示意图

（3）2035 年渝西包铁路通道发展展望

渝西包铁路通道形成，成为国家包海交通主轴的重要组成部分。新建包头西安重庆高铁，与既有线实行客货分线。其中，西安至重庆段线路走向是西安—安康—万州—重庆，按时速 350 km 设计。安恩张线纳入西安至长沙高铁方案，铁路在重庆境内与长江干流相交，通过铁公水枢纽港区形成多种方式联运关系。

（三）重庆与东南、西南铁路通道发展研究

1. 研究范围与总体构想

我们研究重庆与华南铁路通道范围，界定在闽、粤、琼；与西南铁路通道范围，界定在桂、黔、滇、藏。

重庆与东南、西南向铁路通道，包括渝厦（重庆至厦门）、渝广（重庆至广州、深圳）、渝海（重庆至海口）、渝昆（重庆—昆明—河口、瑞丽、腾冲）、渝藏（拉萨至日喀则、樟木）5 条通道。

2. 渝厦铁路通道

（1）建设渝厦铁路通道的意义

厦门与漳州、泉州合称“闽南金三角地区”，古代是海上丝绸之路的起点，现在仍是我国对外开放前沿地区。厦门是副省级城市，是我国最早实行对外开放的 4 个经济特区之一，是我国东南国际航运中心。厦门港深水岸线长，陆域面积广，主航道可通行 20 万吨级集装箱船、30 万吨级油轮，通航水平居我国港口第三位，发展潜力很大。2015 年，厦门港集装箱吞吐量达到 918 万标箱，货物吞吐量突破 2 亿 t，在中国沿海港口综合竞争力排序第七。按国家“十三五”规划，2020 年，厦门港集装箱吞吐能力达到 1 300 万标箱，货物吞吐量达到 3.4 亿 t。渝厦之间形成大能力快捷通道，可以建立起丝绸之路经济带与海上丝绸之路的直接联系，加强“一带一路”与长江经济带的结合，有利于推进西部大开发、促进中部地区崛起，并支持东部地区更好发挥对全国发展的支撑引领作用。

渝厦铁路通道与渝兰铁路通道相接，形成中国大西北到东南沿海地区的斜向大通道；而且，这条斜向大通道与北京到昆明形成东北—西南斜向大通道在重庆交汇，且与横向长江通道相交，将极大地改变中国原来“四纵四横”交通大格局，对促进中国区域协调发展将起到重要的作用。

（2）渝厦铁路通道建设设想

新建渝厦高速铁路，设想渝厦高速铁路的大致走向是：重庆—长沙—赣州—厦门。其中，重庆至长沙有两个方案：方案一是重庆—南川—武隆—彭水—黔江—酉阳—秀山—怀化，接沪昆客运专线至长沙，线路长约 850 km，其中重庆境内 380 km。方案二是重庆—南川—武隆—彭水—黔江—张家界—常德—长沙，线路全长约 760 km，其中重庆境内约 300 km。

两个方案各有优缺点。方案一优点是线路全新设计，可以采用时速 350 km 高标准；服务重庆区县多，照顾酉阳、秀山，有利于加快渝东南发展；缺点是里程偏长，地质条件相对困难。方案二优点是线路顺直，里程较短，工程量少，缺点是黔张常铁路时速仅为 200 km，成为短板，导致全线不能形成高速通道；服务重庆区县少。从有利于建设重庆对外交通大通道的立场出发，

我们赞成两个方案都建设。先实行方案一以尽快连通，再实行方案二。

（3）2035 年渝厦铁路通道展望

重庆至厦门铁路通道形成。重庆至厦门客运专线建成通车。重庆至怀化至厦门是主通道。重庆至怀化形成复线（渝怀铁路二线、渝厦高铁）大能力通道，实行客货分线，既有渝怀铁路作为货运专线，新建高铁作为客运专线。怀化为沪昆通道重要节点，重庆经怀化接沪昆通道形成渝沪之间又一快捷通道。重庆—黔江—长沙—厦门作为渝厦辅助通道，其中重庆至黔江，以服务城际客运为主。

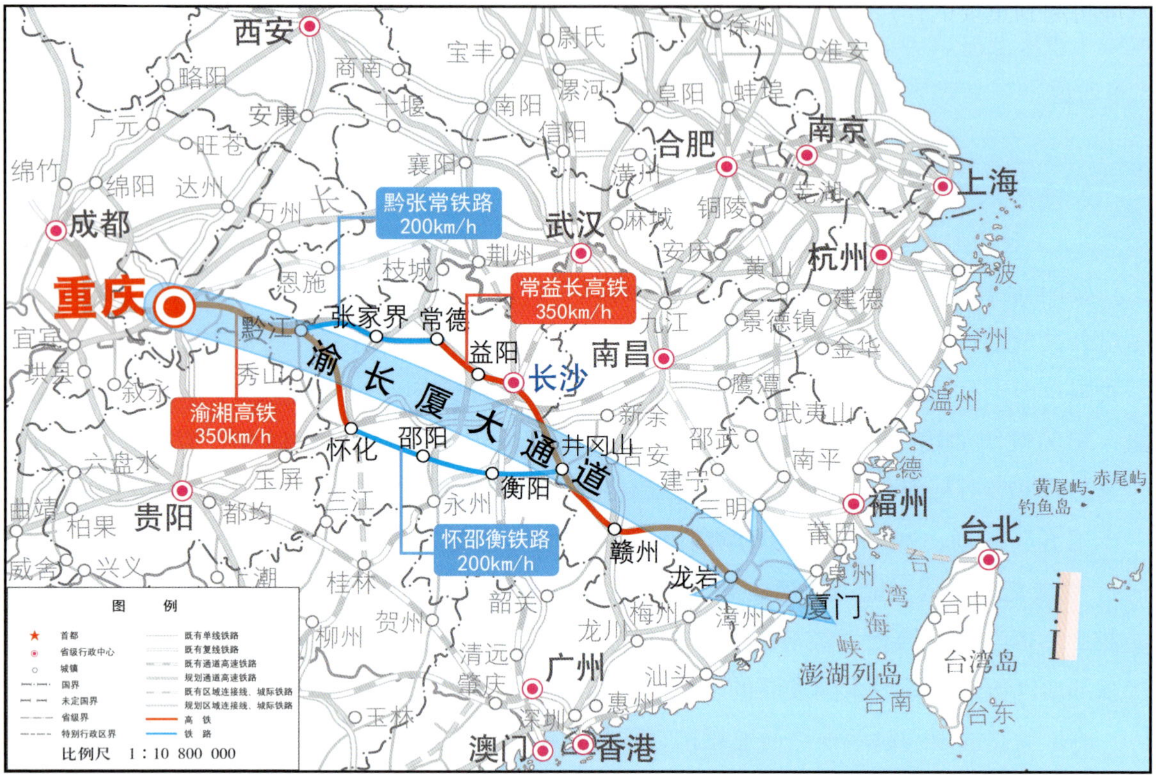

图 3.16　渝厦铁路通道示意图

3. 渝广铁路通道

（1）扩大渝广通道的意义

一是重庆与广州两大国家中心城市形成便捷联系。珠江三角洲是我国对外开放前沿地区，广深珠毗邻港、澳，经济外向度最高，广州是我国国家中心城市。成渝城市群是我国西部最具发展潜力的地区，重庆是中西部唯一直辖市、国家中心城市。渝广两地应当形成便捷的陆上联系。

二是形成捷径，加密路网。目前，重庆与广州两大国家中心城市之间无高速铁路网直接联系通道。从重庆出发，经渝黔新线、贵广高铁至广州的里程，仍长达 1 200 km。经渝怀铁路去往广州的里程大致相近。如果能够在两地之间建立起直接通路，距离控制在 1 000 km 左右，可以有效地缩短重庆与广州的时空距离，可以大大改善全国综合交通网结构。

三是加强“一带一路”与长江经济带的联系。珠江三角洲是我国开放前沿，广深与港澳均为海上丝绸之路出发点。成渝城市群是我国第四大城市群，也是西部最具发展潜力的地区。通过建设这一通道，加快两地发展，支持国家战略实现。

四是促进国土开发和贫困地区脱贫致富。新的通道经过武陵山连片贫困地区，这条线路串接重庆通往大西北渝兰通道、渝银、渝西包通道，特别是渝兰新与渝广深串接组成中国西北—东南斜向铁路大通道，形成新疆到珠江三角洲的最短路径，对我国国土开发、区域经济协调发展将起到重要的作用。

五是形成黄金旅游热线。这条通道上有长江三峡风景区、贵州梵净山风景区、桂林漓江风景区，还有湘鄂川黔革命根据地以及红军长征遗迹。重庆、广州是上千万人口超大城市，是国内出游人口最多的大城市之一，而且航空交通发达，可能培养成为黄金旅游线。

（2）渝广铁路通道发展设想

新建重庆至桂林客运专线，与贵广客专桂林至广州段连接，形成重庆至广州的直达捷径。设想路径为：由重庆南川经贵州正安、镇远、黎平至广西桂林，线路长 620 km，双线电气化Ⅰ级干线，设计时速 350 km。桂林至广州段利用既有贵广客运专线，长 400 km。重庆至广州全线里程 1 000 km 左右，全线旅行时间在 4 h 以内。

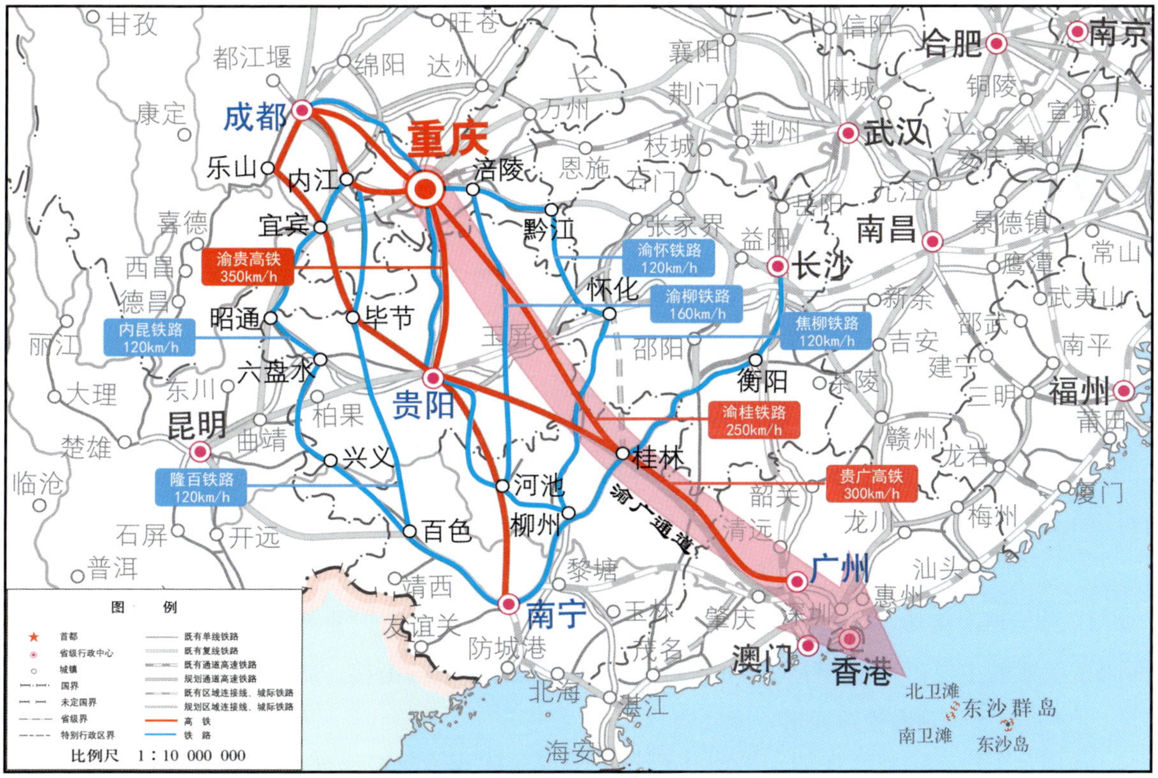

图 3.17　渝广铁路通道方案示意图

设想建设重庆至广州时速超 600 km 的磁浮交通系统，建立成渝城市群与粤港澳大湾区城市群之间的快捷联系。

（3）2035 年渝广铁路通道发展展望

形成重庆经桂林至广州客运专线，与既有铁路线实行客货分线。争取启动渝广磁浮线建设。

4. 渝海铁路通道

（1）扩大渝海铁路通道的意义

一是中国地理、城镇体系、交通中轴线的南段。包头—西安—重庆—海口通道，大致位于中国大陆地理中轴线，也是中国综合交通体系中轴线与中国城镇化体系中轴线。渝海铁路通道是该轴线南段，串联起了重庆、贵阳、南宁、海口四大省会城市。

二是西南最便捷的出海通道。渝海铁路通道是重庆乃至西南腹地最便捷的出海通道。重庆与防城、北海、湛江等北部湾港口的直线距离均不到 1 000 km。东南亚是全球经济活跃地区，目前已成为重庆进出口额居首位的地区。中新联合示范项目促进了陆海大通道的兴起。

三是连接“一带一路”与长江经济带的纽带。北部湾港口群是海上丝绸之路的出发点，重庆是长江上游航运中心，渝海铁路通道起到“一带一路”与长江经济带的纽带作用。

四是促进旅游业大发展、经济社会发展。海南全境和北部湾地区属于热带海洋性气候，物产丰富，是我国旅游观光胜地。成渝城市群经济较发达，是我国旅游出行人口最多的地区之一，亦是重要的旅游目的地。贵州自然风光绮丽、人文景观荟萃。大西北与华南自然生态及人文环境差异更大。这些都成为经济交流和旅游观光产业发展的动力。渝海铁路通道形成，有利于实现沿线旅游业大发展。

（2）渝海通道发展设想

新建重庆至贵阳客运专线，双线电气化国家Ⅰ级干线，设计时速 350 km，线路走向方案：重庆—綦江—遵义—贵阳，里程约 340 km。新建贵阳经河池至南宁高铁，新建南宁经湛江至海口高铁，形成重庆至海口高铁通道。与渝西包铁路通道相衔接，形成包头—西安—重庆—海口铁路大通道。新的高铁（客专）建成通车以后，原有铁路改为以货运为主，实行客货分线。

新建渝柳（涪陵至柳州）铁路，形成重庆至南宁及海口的又一通道，以货运为主。

新建渝隆百铁路，线路走向：重庆—隆昌—黄桶—百色，以货运为主，形成川渝地区通往广西及海口的又一通道。

（3）加大陆海交通运输大通道的建设

广西与越南接壤。龙邦、凭祥是重要陆上口岸。广西防城、北海及广东湛江，都是我国面向东南亚的主要口岸。今后要进一步做好与东盟交通体系的衔接，加大陆海交通大通道建设。

（4）2035 年渝海铁路通道发展展望

重庆至海口特别是重庆至南宁段将形成多条高速铁路以及普通铁路干线，衔接“一带一路”与长江经济带，构成中国综合交通南北中轴线，促进国土开发和区域协调发展。其中，重庆至贵阳将形成渝黔高铁（复）、渝贵铁路（复）、川黔铁路并行的局面，将极大地促进两地经济文化交流融合。

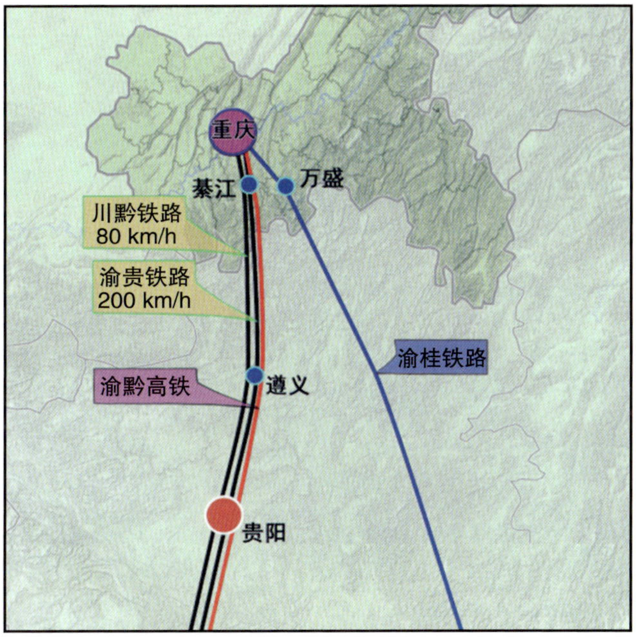

图 3.18　重庆贵阳铁路通道示意图

5. 渝昆铁路通道

（1）渝昆铁路通道建设的意义

构筑“一带一路”纽带。云南与越南、老挝、缅甸接壤，通过中国与东盟协议中的泛亚铁路、泛亚高速公路网，可以加强中国与东盟柬埔寨、泰国、马来西亚、新加坡联系。通过中缅印孟走廊，可以与南亚国家连接。昆明是南方丝绸之路重要节点，通往东南亚、南亚的陆上交通枢纽。渝昆铁路通道，可以建立起“一带一路”与长江经济带的交通纽带。

打造西南内陆腹地通往海洋的捷径。昆明通往边疆口岸城市河口、磨憨、瑞丽、腾冲的铁路均已纳入国家规划，渝昆铁路通道形成以后与泛亚铁路相接，重庆可以快捷到达泰国、柬埔寨沿海港口，快捷到达马来西亚、新加坡，快捷到达缅甸面向印度洋的港口，增加西南内陆腹地通往海洋的捷径。

加强地区联系，促进边疆繁荣。云南是我国少数民族最多的省份。少数民族地区经济文化相对落后的主要原因之一是交通闭塞。渝昆铁路开通以后，西南边疆与内陆腹地将建立起更紧密联系，特别与首都北京的时空距离大大缩短，有利于促进少数民族脱贫致富，增强国家认同，促进边疆繁荣，巩固多民族统一国家。

支援边疆，巩固国防。云南历来是边防重地。渝昆铁路开通以后，平时有利于加强内地对边疆地区的支持，战时有利于调运兵力物资，对巩固国防将起重要作用。

（2）渝昆铁路建设设想

改扩建内昆铁路，增建二线，形成双线电气化 I 级干线。

新建渝昆高铁，线路走向：重庆—江津—永川—泸州—宜宾—昭通—昆明，线路全长 780 km，设计时速 350 km，双线电气化 I 级干线。

（3）2035 年渝昆铁路通道发展展望

完成内昆铁路增建二线改扩建。全线由客货兼营改为货运。完成渝昆高铁的建设，形成时速 350 km 的快捷通道，在重庆与郑渝高铁串接，最终构成北京到昆明的陆上捷径，成为中国大陆东北—西南方向大通道。

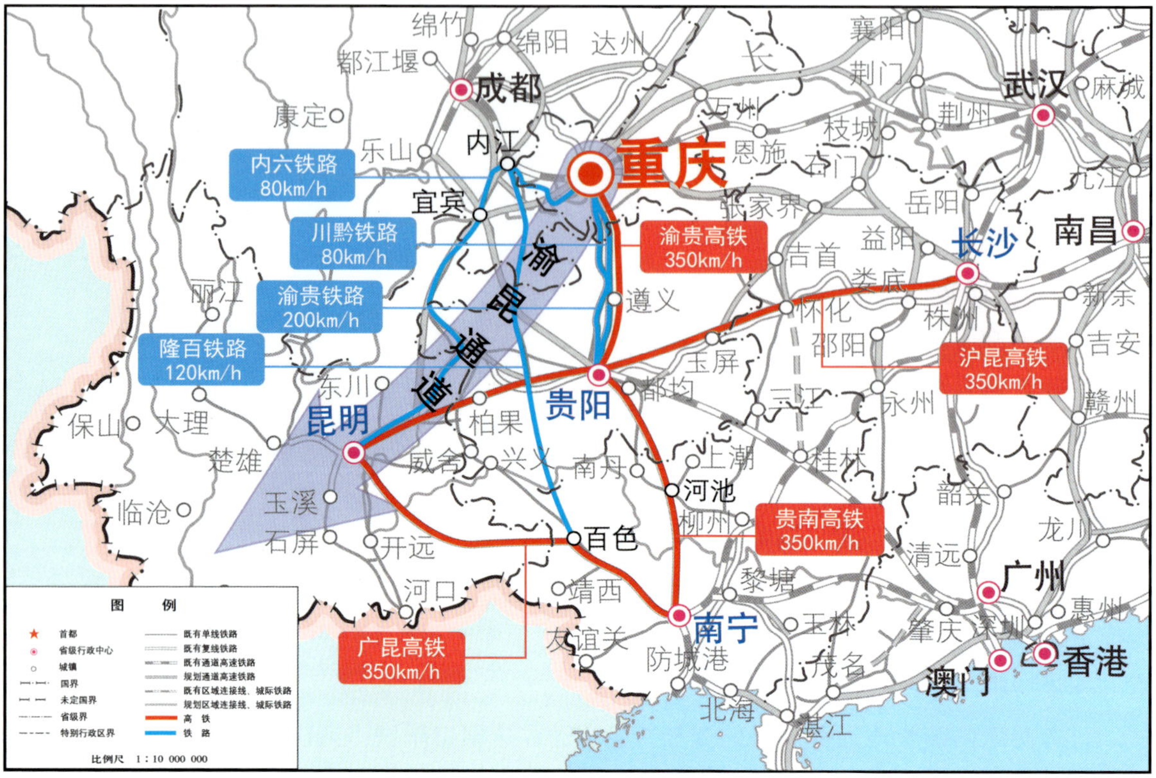

图 3.19 渝昆铁路通道示意图

6. 渝藏铁路通道

（1）建设渝藏铁路通道的意义

西藏面积120万km^2，是青藏高原的主体部分，修筑铁路异常艰巨。国家长远规划修建青藏、川藏、滇藏3条铁路。现青藏铁路已通车。川藏铁路修建已提上议事日程。渝藏通道形成以后，与沿江大通道串接，就形成了真正意义的横贯我国国土的东西铁路通道，对加快西藏发展、巩固边防、进一步促进多民族融合，都有重要的意义。

（2）渝藏铁路通道发展设想

渝藏铁路通道线路全长约1 910 km，其中新建成渝中线高铁，线路走向：重庆—安岳—成都，全长280 km，重庆境内95 km，设计时速350 km。此段铁路应作为新沪汉渝蓉高速铁路重庆以西路段。现成渝高铁功能调整为城际铁路。成都至拉萨为新建川藏铁路，单线，全长约1 630 km，线路走向为成都—雅安—康定—巴塘—波密—林芝—拉萨，设计时速160 km。

老成渝铁路，为既有单线电气化铁路，全长505 km。建议改造为双线电气化货运专线，线路适当裁弯取直，提高运行速度。重庆市区至江津段改建为城市铁路。

（3）2035年渝藏铁路通道发展展望

渝藏铁路通道贯通，重庆向西至西藏樟木可以通往尼泊尔及印度。渝藏铁路通道与沿江通道串接，形成中国横贯东西的大通道。

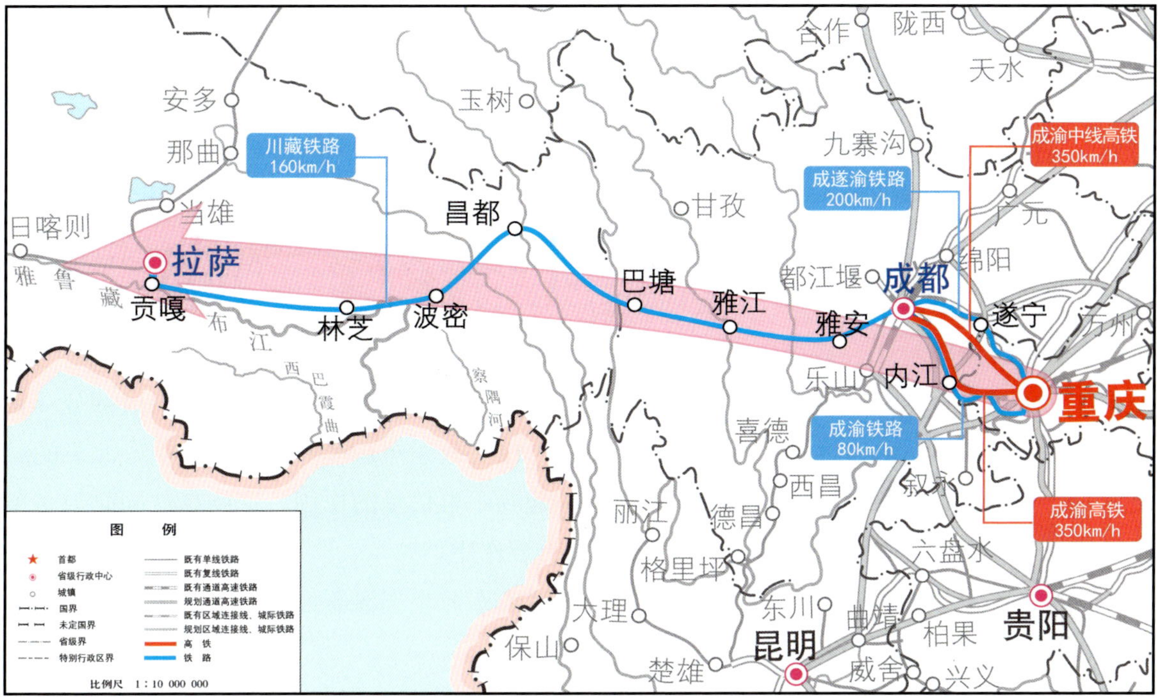

图 3.20　渝藏铁路通道示意图

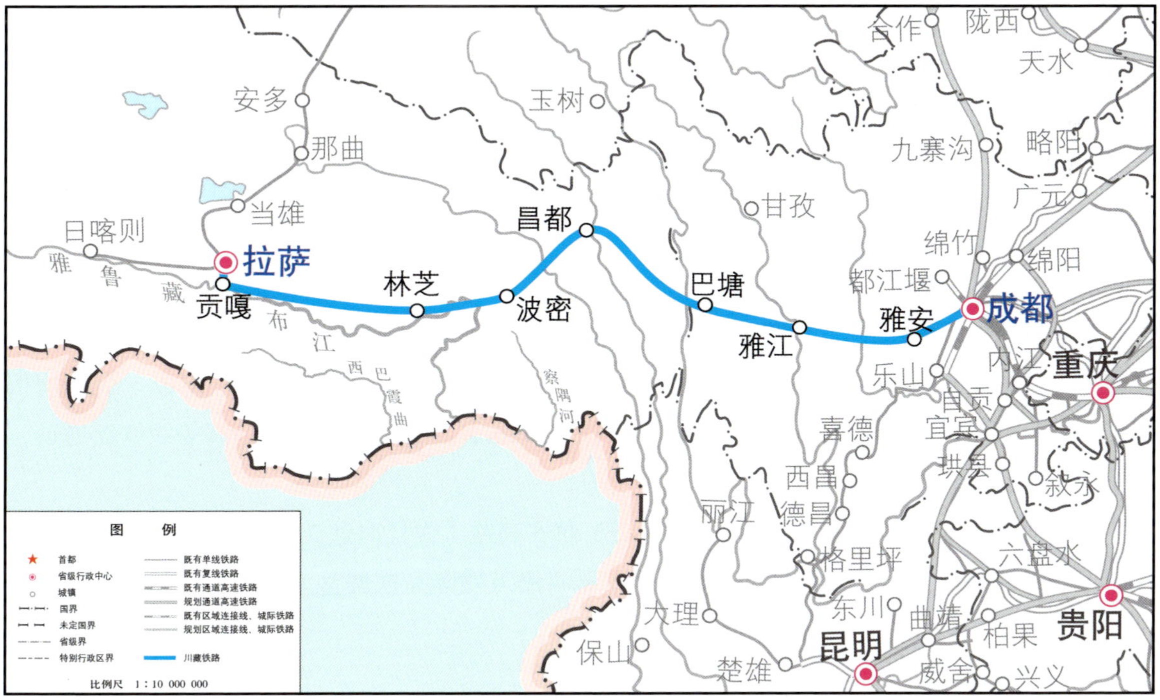

图 3.21　川藏铁路规划示意图

（四）重庆与华北、华东铁路通道发展研究

1. 研究范围与总体构想

我们研究重庆与华北、华东铁路通道的范围，大致界定在重庆通往华北地区与长江中下游地区，包括渝京通道（重庆至北京）、渝沪通道（重庆至上海）、渝甬通道（重庆至宁波）。相对来说，渝甬通道比较单薄，并入沿江通道（渝沪通道）一并讨论。

缩小重庆与国家政治中心北京的时空距离。重庆作为中西部唯一的直辖市，与首都北京没有一条直通高铁，现在去往北京至少需 12 h，这与重庆政治地位经济发展是不相称的，须尽快改变这种局面。

加快形成中国大陆东北—西南斜向交通轴。渝京铁路通道是京昆大通道的组成部分。京昆大通道构成中国大陆东北—西南斜向交通轴，可以有效缩短边境与国家政治中心北京的时空距离，对加强国家统一、促进区域协调发展都起到不可估量的作用。京昆高铁同时与多条纵轴横轴通道相交，对形成中国现代化交通网有重要作用。

促进渝东北生态涵养区的发展。渝京通道纵贯渝东北生态涵养区，对三峡库区繁荣稳定发展将起重要促进作用。

2. 渝京铁路通道

（1）扩充渝京铁路通路

郑万高铁线路走向：郑州—平顶山—南阳—襄阳—巴东—巫山—万州，线路全长 818 km，设计时速 350 km，年输送能力每年 6 000 万人次。2016 年 2 月，郑万高铁重庆段开工，预计 2022 全线建成通车。

新建渝西高铁——重庆至西安高铁线路走向取重庆经万州经城口方案，按时速 350 km 设计，其中新建渝万段与郑万高铁衔接。

（2）2035 年渝京铁路通道发展展望

渝京铁路通道形成，其中渝京铁路快速通道由两段组成，北京至万州段，即京广高铁京郑段 + 郑万高铁；重庆境内万州至重庆段由渝西（重庆至西安）高铁渝万段组成。全线均按时速 350 km 设计，并且与渝昆高铁相接（时速 350 km），形成我国又一最高等级铁路通道，形成东北—西南交通大轴线。

渝万城际高铁设计时速 250 km，待重庆至西安高铁（设计时速 350 km）建成投产以后，渝京高铁重庆境内路径改走渝西高铁渝万段，既有渝万城际高铁调整为重庆—万州城际铁路。

3. 渝沪铁路通道

（1）建设渝沪铁路通道的意义

作为长江经济带建设的支撑和抓手。长江通道是我国国土空间开发最重要的东西轴线。

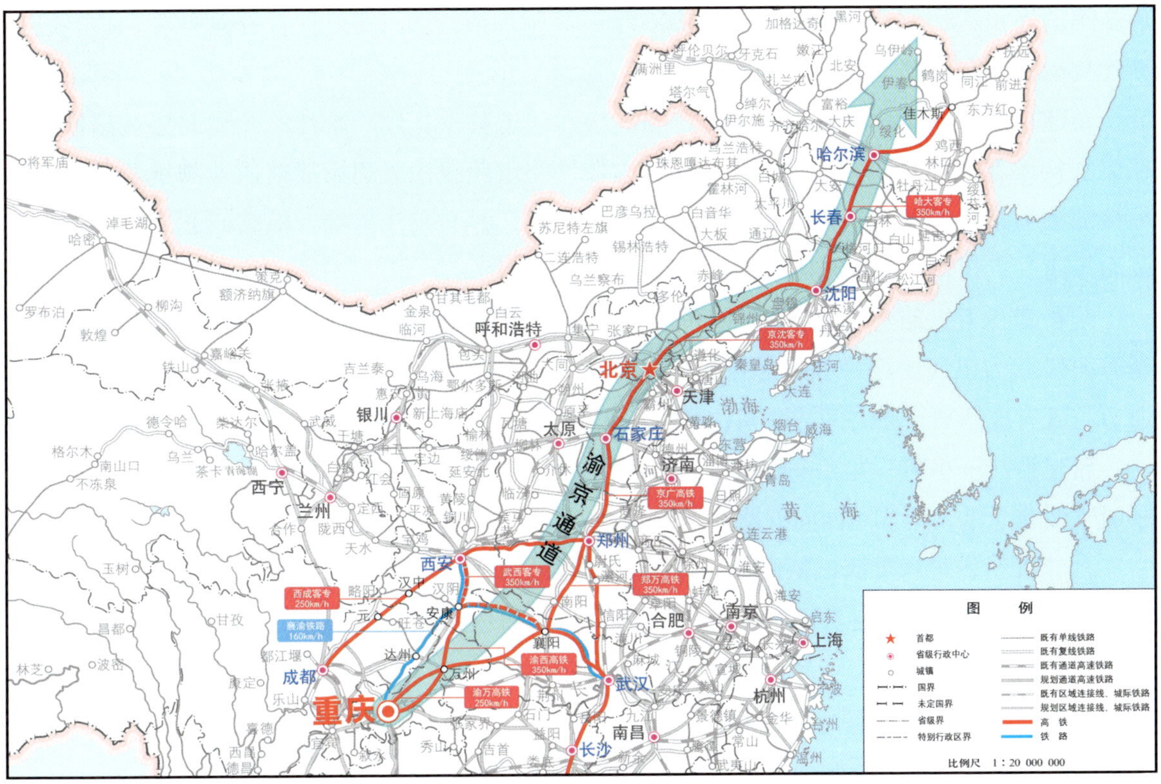

图 3.22　渝京铁路通道示意图

依托长江通道推动长江经济带发展，打造中国经济新支撑带，是党中央、国务院审时度势，谋划中国经济新格局作出的重大战略决策，与推动长江经济带发展要求相比，沿江通道建设仍有较大差距。交通基础设施是经济带建设的重要支撑，同时也是经济带建设的重要抓手。

促进东中西协调发展。渝沪铁路通道横贯东中西三大地带，是促进区域协调发展的重要载体。渝沪铁路通道连接上中下游，可以为引导要素合理流动和优化资源配置提供保障。

为陆海双向开放创造条件。通过渝沪铁路通道的建设加强与上海国际航运中心的联系，实现水陆连通、江海直达，可以更好地连通“一带一路”与长江经济带，实现与周边国家交通基础设施互联互通，为海陆双向开放创造交通先行条件。

推动长江流域绿色循环发展。通过渝沪通道建设，节约集约利用交通运输资源，优化交通运输网络结构，发挥水运和铁路的节能环保优势，实现交通绿色低碳发展，促进长江经济带成为水清地绿天蓝的生态廊道。

（2）渝沪铁路通道发展设想

形成快速大能力铁路通道。新建上海经南京、合肥、武汉、重庆至成都的沿江高速铁路，按双线电气化Ⅰ级干线，时速 350 km 设计。其中，重庆至武汉段走向方案为：重庆—涪陵—丰都—石柱—利川—宜昌—武汉，线路全长 780 km，重庆境内约 210 km。

新建沿江货运铁路，线路走向为：重庆—涪陵—丰都—忠县—万州—云阳—奉节—巫山—巴东—宜昌—武汉—南京—上海。预测长江上游 2030 年将形成 3 亿 t 过闸货运量。除启动开通新闸道外，需要通过铁路进行分流 6 000 万 t。高附加值货物对时效性有较强要求，宜走铁路，新建货运铁路有必要。

新建广忠黔铁路，线路走向为：广安—垫江—忠县—石柱—黔江，此线北接兰渝铁路，在忠县接入新生深水港，向南在黔江衔接渝怀铁路。此线构成国家战略通道的重要联络线，衔接郑渝通道、渝兰乌通道、渝沪通道及渝厦通道，并与长江衔接，提高西北及四川盆地以及渝东南、贵州物资下水便捷性，起到联通江海的作用。

改扩建达万铁路与宜万铁路利万段。达万铁路是既有单线铁路，宜万铁路利川（凉雾）至万州段亦为单线铁路。增建达万、万利二线，按双线电气化 I 级干线，形成既有沪汉渝蓉通道与既有成达襄铁路之间的联系，可以极大地增强长江上游地区路网的坚强性和灵活性。

新建黔江—岳阳—九江—衢州—宁波铁路。此线与黔毕昭（黔江—毕节—昭通）铁路相接，联通宁波北仑港，构成东西向铁路通道。

万吨级船舶进入重庆三峡库区具有极其深远的意义。万吨级水运通道与渝新欧铁路通道串接，将在欧洲、中亚与东亚、东南亚之间形成一条直通、快捷、高效、低成本的物流通道，重庆真正成为“一带一路”与长江经济带的支点。

（3）2035 年渝沪铁路通道发展展望

渝沪铁路通道形成了中国横贯东西、联通南北、通江达海的交通大通道。

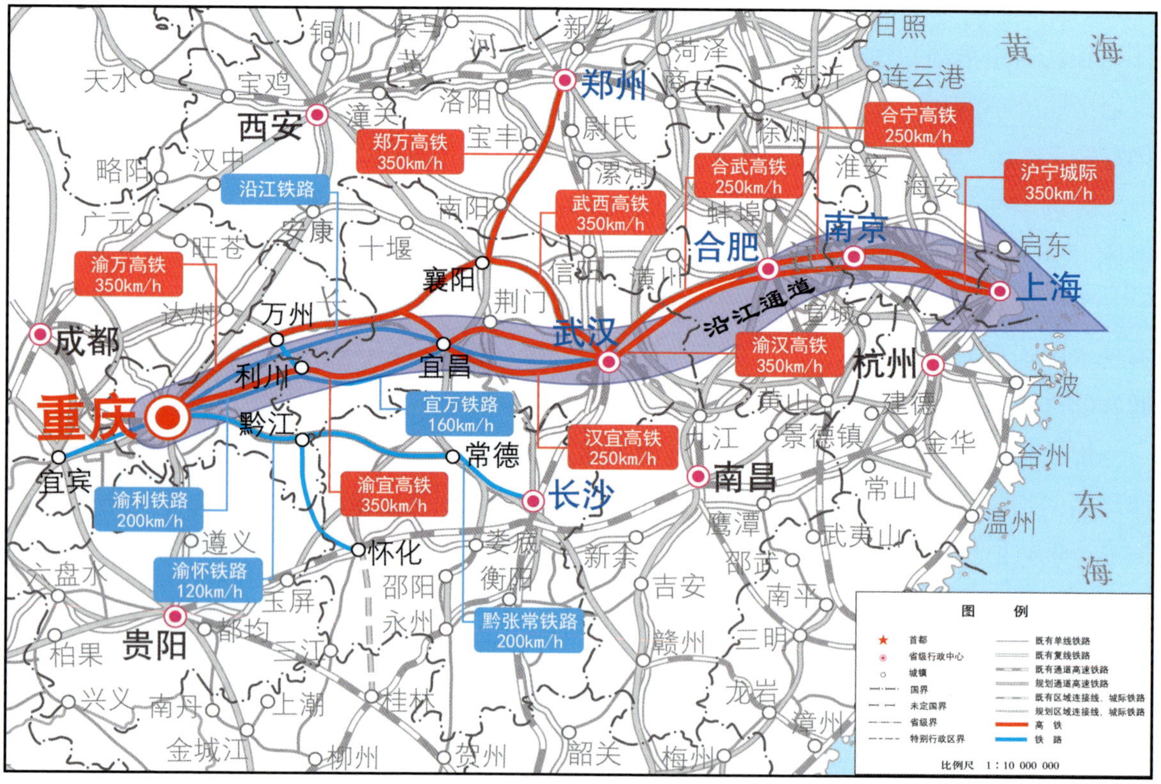

图 3.23　渝沪铁路通道示意图

形成渝沪快速铁路复线并行格局。沪汉蓉铁路既有通道，通行快速客车和双层集装箱，以集装箱运输为主。沪汉渝蓉新线设计时速为 350 km，为客运专线。建成沿江货运铁路，承接每年 6 000 万 t 货运分流任务。建成渡昭毕黔九衢宁铁路，形成又一条大致与长江平行的货运通道。

（五）城际铁路与市郊铁路发展研究

1. 研究范围与总体构想

城际铁路研究范围，主要是成渝地区双城经济圈以及黔北地区；市郊铁路主要是重庆市大郊区的市区及渝东北、渝东南城镇群。

2. 城际铁路

城际铁路是成渝地区双城经济圈重要的基础设施。早在 2015 年，由四川省和重庆市发展改革委联合编制完成的《成渝城市群城际铁路网规划》，即获得国家发展改革委批复。该规划按“骨架网”和“辅助线和市域线”两个层次布局，形成“5 骨架 18 辅助线”的城际网，线网规模共计 4 356 km，其中重庆境内 1 647 km。

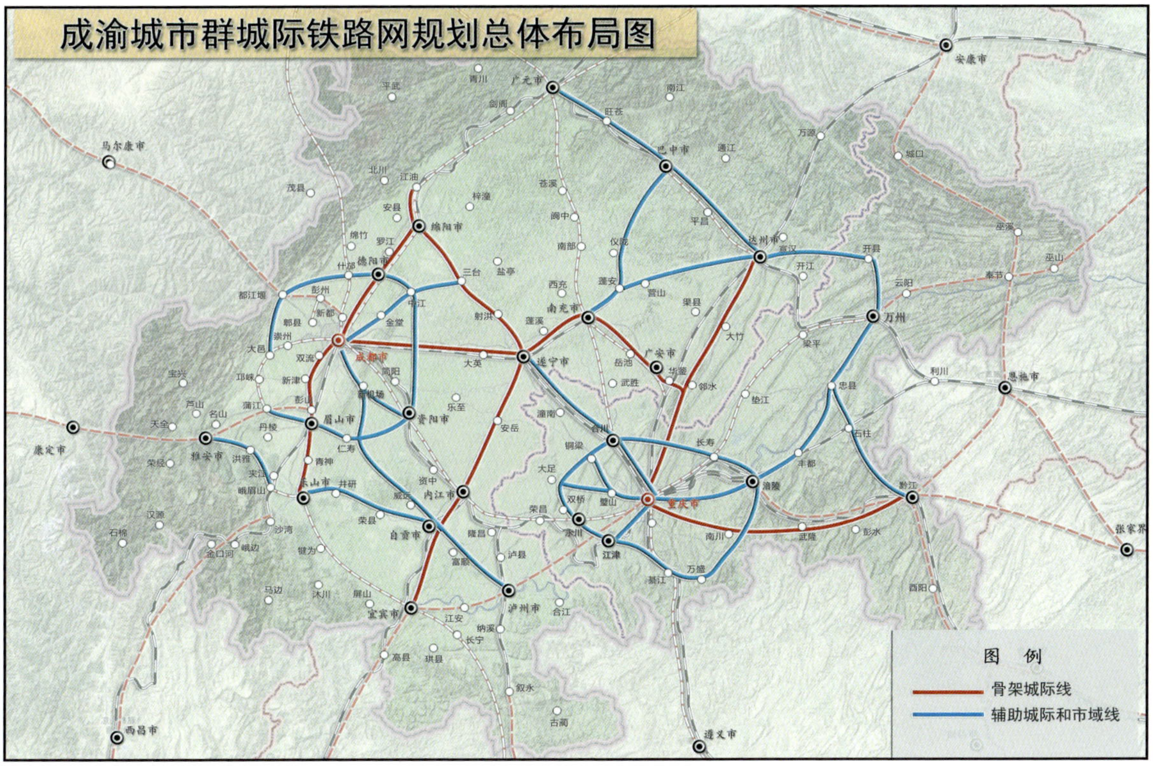

图 3.24　成渝城市群城际铁路路网规划总体布局图

表 3.1　成渝城市群城际铁路路网规划一览表

层次	线路名称	区段	长度（km）			速度目标（km/h）
			合计	四川境内	重庆境内	
骨架线	成绵乐城际	成都—江油	160	160	—	250
		成都—乐山	124	124	—	
	川东横线城际	成都—遂宁	148	148	—	250
		遂宁—南充	67	67	—	
		南充—广安	81	51	30	
	绵遂内宜城际	绵阳—遂宁	126	126	—	250
		遂宁—内江	124	124	—	
		内江—宜宾	120	120	—	
	渝达城际	达州—邻水—重庆	209	179	30	250
	渝南黔城际	重庆—南川—黔江	280	—	280	250
辅助线	成都平原城市群环线	浦江—眉山	40	40	—	160
		眉山—资阳	85	85	—	
		资阳—中江	109	109	—	
		中江—都江堰—大邑	112	112	—	
	乐山—雅安	乐山—雅安	88	88	—	160
	成都—新机场—自贡—泸州—重庆	成都—新机场	34	34	—	200
		新机场—自贡	166	166	—	
		自贡—泸州	88	88	—	
	成都—金堂—三台	成都—金堂	53	53	—	200
		金堂—三台	71	71	—	200
	新机场—资阳北	新机场—资阳北	28	28	—	160
	广元—达州城际	广元—达州	250	250	—	200
	南充—巴中	南充—巴中	147	147	—	200
	达州—开州	达州—开州	89	55	34	160
	乐山—自贡	乐山—自贡	125	125	—	160
	重庆大都市区环线	合川—长寿—涪陵	174	—	174	160
		涪陵—綦江	132	—	132	
		綦江—江津	85	—	85	
		江津—永川	29	—	29	
		永川—大足—铜梁—合川	131	—	131	
	重庆—合川	重庆—合川	75	—	75	160
	重庆—江津	重庆—江津	32	—	32	160
	重庆—铜梁	重庆—璧山—铜梁	39	—	39	160
	璧山—大足	重庆—大足	28	—	28	160

续表

层次	线路名称	区段	长度（km）			速度目标（km/h）
			合计	四川境内	重庆境内	
辅助线	重庆—开州	重庆—涪陵	55	—	55	160
		涪陵—开州	223	—	223	160
	万州—黔江	忠县—黔江	200	—	200	160
	遂宁—合川	遂宁—合川	90	20	70	160
	达州—南充	达州—南充	139	139	—	160
合计			4 356	2 709	1 647	—

涉及重庆的路线是：

①骨架线两条：渝达城际（重庆—邻水—达州），长 209 km，其中重庆境内 30 km，速度目标值为 250 km/h；渝南黔城际（重庆—南川—黔江），长 280 km，速度目标值为 250 km/h。

②辅助线 10 条：自贡—泸州—重庆，达州—开州，重庆大都市区环线，重庆—合川，重庆—江津，重庆—铜梁，璧山—大足，重庆—开州（经涪陵），万州—黔江（经忠县），遂宁—合川。

根据近年来重庆及周边经济社会发展的趋势，2019 年 10 月中铁二院重庆勘察设计研究院有限责任公司提出，在原规划基础上新增重庆至广安（邻水）、乐山、铜仁、毕节方向的 4 条城际铁路，实现环渝周边地级市高铁覆盖，增强重庆在城市群双城经济圈中的辐射带动作用，同时扩大重庆江北国际机场、第二机场的基地范围。

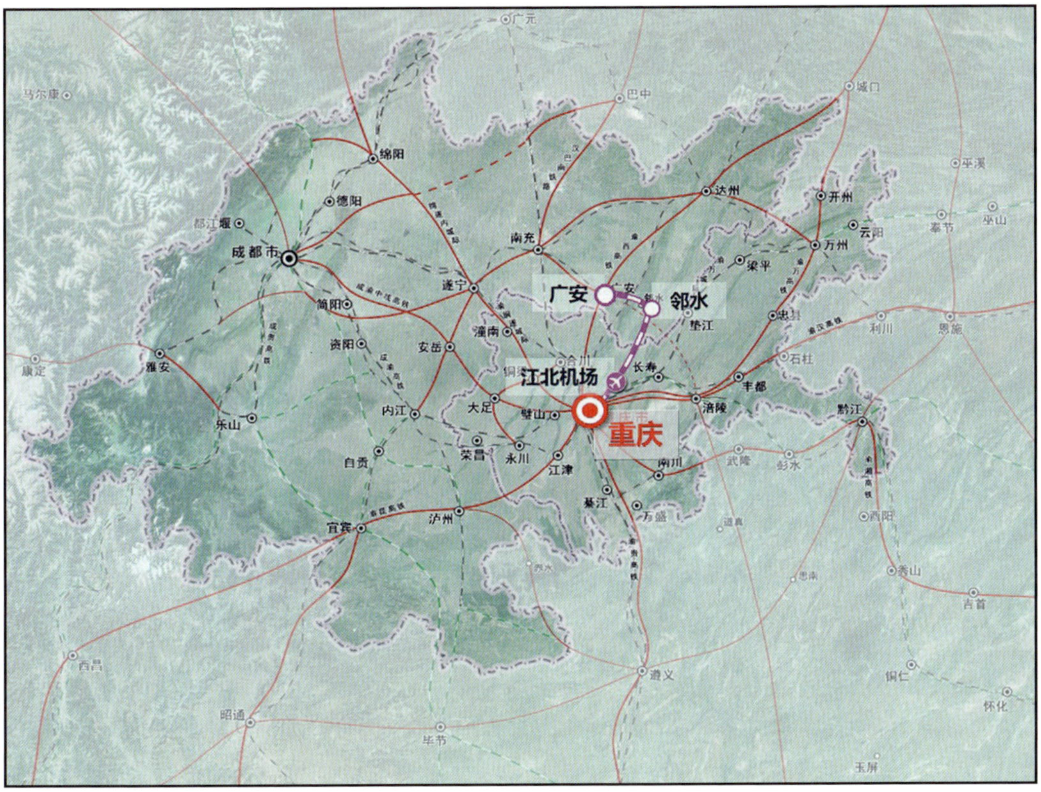

图 3.25　重庆—邻水—广安城际铁路规划示意图

（1）重庆至广安城际铁路

线路走向：重庆—江北机场—邻水—广安，路线全长约 102 km，重庆境内约 27 km。

线路功能定位：一是增强广安地区与重庆的城际交流，带动邻水县发展，促进川渝合作示范区一体化建设；二是与南广城际、汉巴南铁路衔接，形成重庆—广安—南充—巴中—汉中的高标准城际铁路线路；三是扩大江北机场腹地，增强对川东北地区的服务。

（2）重庆至乐山城际铁路

线路走向：重庆—自贡—乐山，线路全长约 272 km，重庆境内约 112 km。

线路功能定位：一是强化川南地区城市与重庆间的城际交流，助力成渝城市群的发展建设，支撑重庆向西发展；二是通过雅乐城际衔接川藏铁路，作为重庆进藏通道；三是扩大第二机场腹地，增强对川南地区的服务。

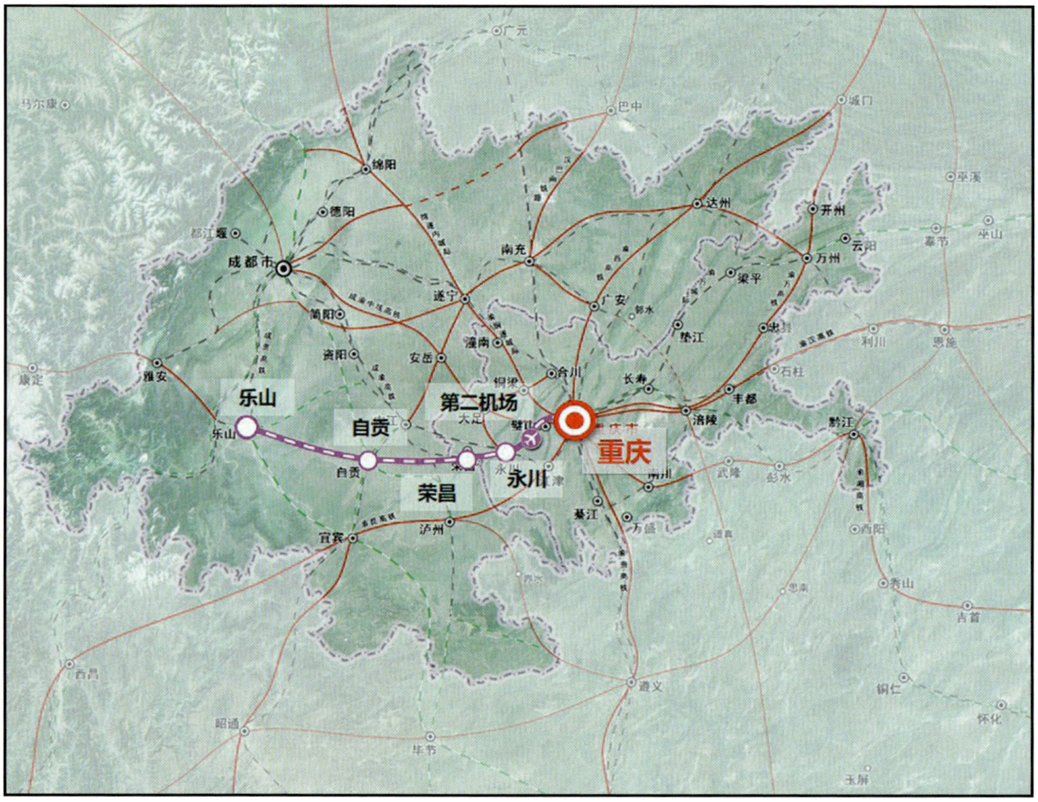

图 3.26　重庆—乐山城际铁路规划示意图

（3）重庆至毕节城际铁路

线路走向：重庆—赤水—毕节，线路全长约 290 km，重庆境内约 136 km。

线路功能定位：一是弥补西南方向城际铁路空白，加强赤水、毕节等近域城市的腹地联系；二是扩大第二机场腹地，增强对川南、黔北地区的服务。

（4）重庆至铜仁城际铁路

线路走向：重庆—道真—铜仁，线路全长约 328 km，重庆境内约 88 km。为整合铁路通

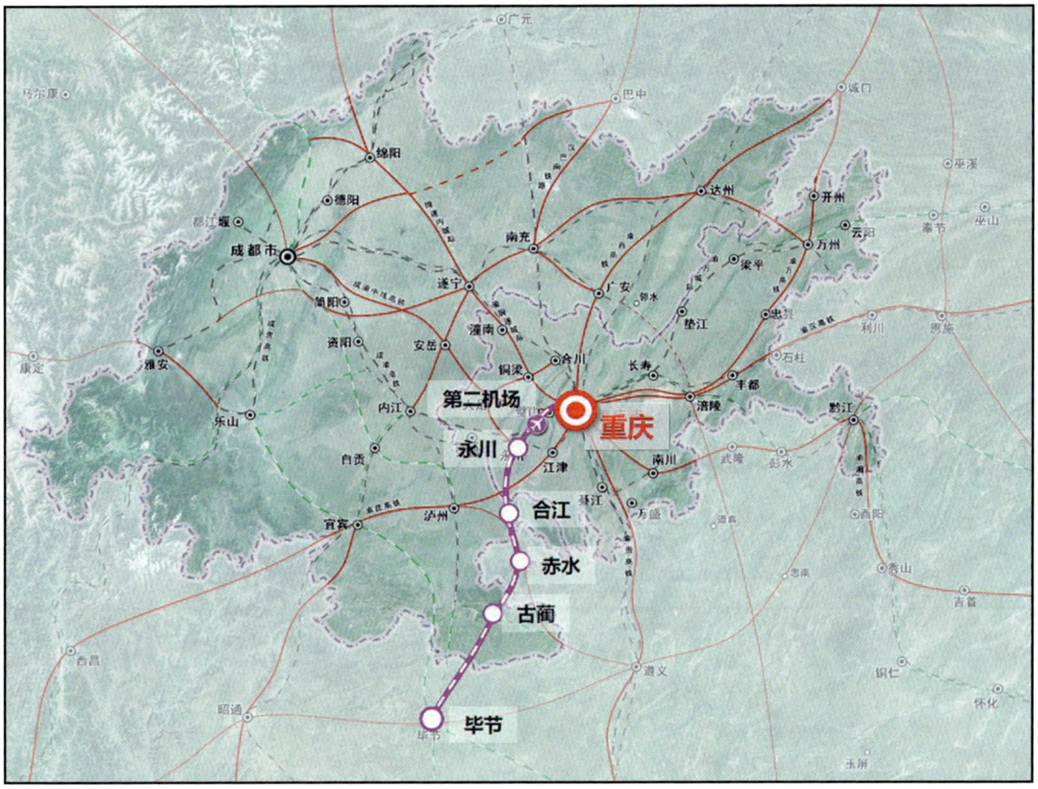

图 3.27　重庆—毕节城际铁路规划示意图

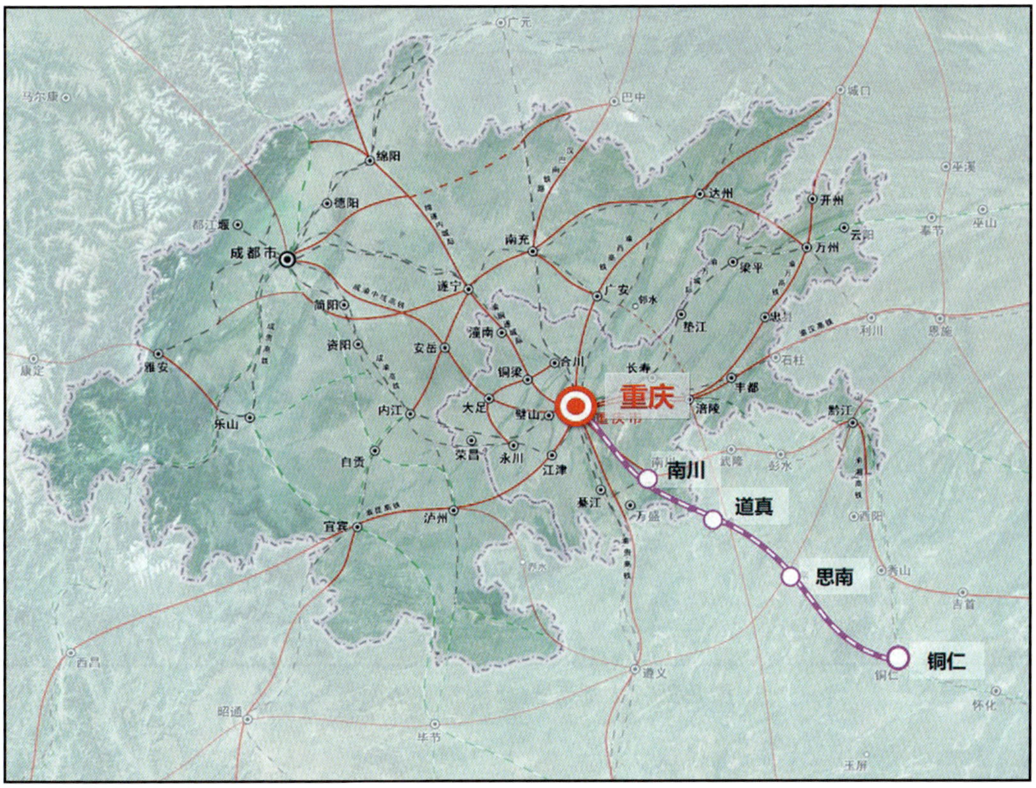

图 3.28　重庆—铜仁城际铁路规划示意图

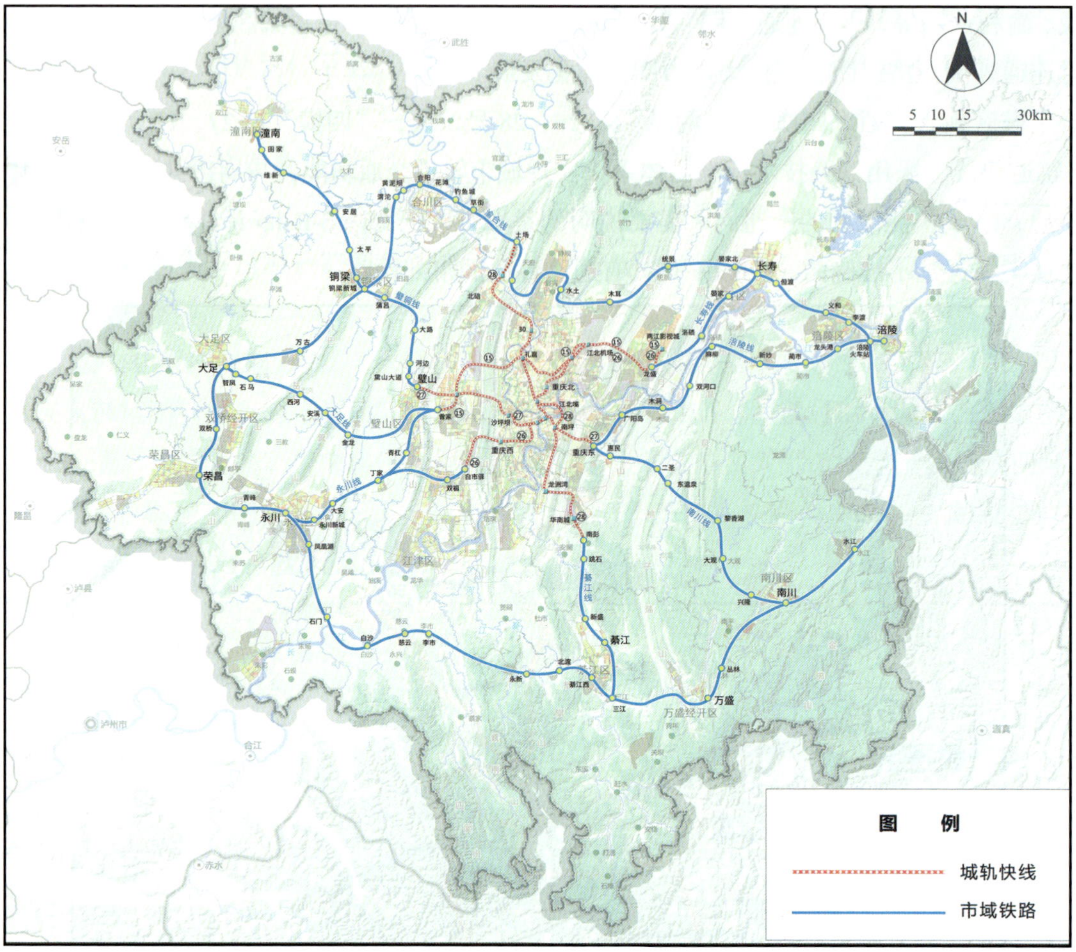

图 3.31　大都市区市域铁路快线网

（六）重庆铁路枢纽发展研究

1. 重庆铁路枢纽总体格局

统筹考虑路网格局、区位、区域及城市发展规划等多重因素，预计重庆境内未来将形成“一主四辅”的总体铁路枢纽格局。“一主”通常指重庆枢纽，它是路网性枢纽。“四辅”指 4 个区域性铁路枢纽，分别为万州枢纽、黔江枢纽、涪陵枢纽及永川枢纽。

重庆枢纽目前衔接既有成渝、川黔、襄渝、遂渝、渝怀、渝利、成渝客专、渝万城际、兰渝、渝贵 10 条干线铁路，以及在建渝湘高铁、渝合铁路、东环铁路。按照本次研究，规划年度内重庆枢纽还将引入渝昆高铁、渝西高铁、沿江高铁、成渝中线高铁、兰渝高铁、渝汉高铁、渝贵（阳）高铁、渝桂（林）高铁 8 条高速铁路，渝柳铁路、沿江铁路、枢纽西环线 3 条普速铁路，重庆至广安、重庆至铜仁、重庆至毕节、重庆至乐山 4 条城际铁路以及多条市域铁路。

万州枢纽衔接的既有铁路线路有渝万城际、达万线和宜万线，在建线路有郑万高铁。按照本次研究，规划年度万州枢纽将陆续引入沿江高铁、渝西高铁、成达万高铁等主要线路。

图 3.27　重庆—毕节城际铁路规划示意图

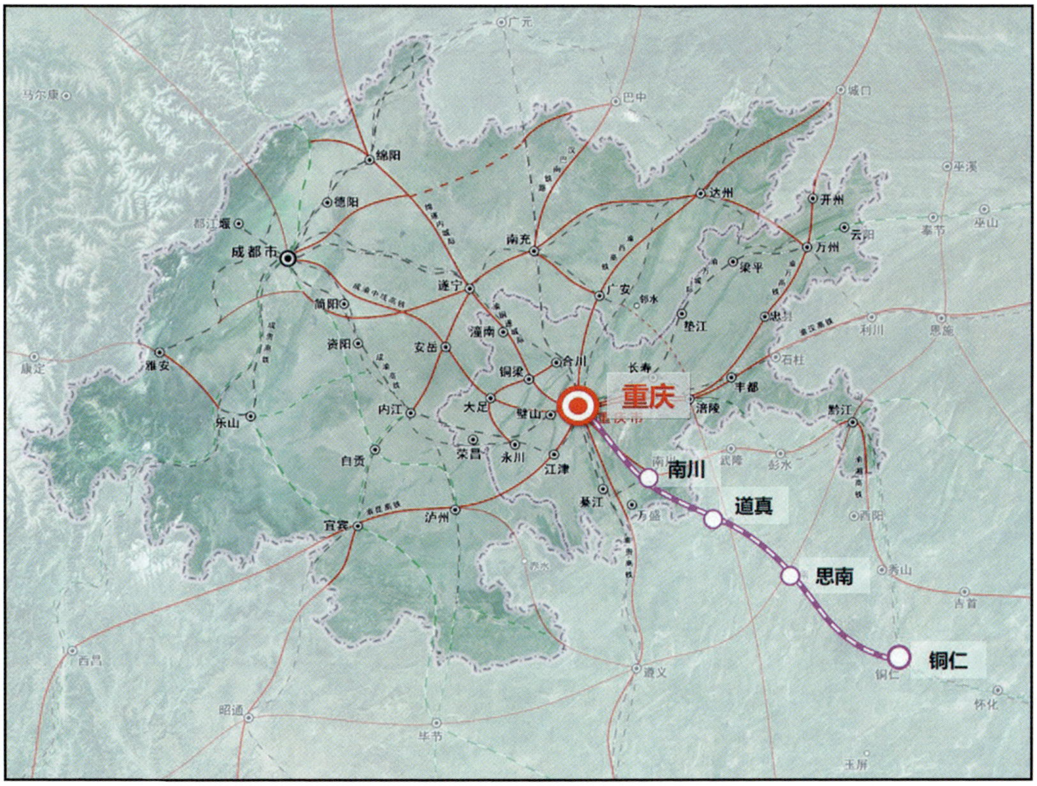

图 3.28　重庆—铜仁城际铁路规划示意图

道资源，可利用渝桂高铁，由思南引出支线至铜仁，服务重庆至铜仁之间的城际客流。

线路功能定位：强化铜仁至重庆的快速直接联系，促进渝南黔区域合作示范区的建设。

3. 市域（郊）铁路发展设想

主要规划设想有两点：一是采用政府购买服务模式，在通勤时段开行公交化列车，列车在站点加密停站，实现市域铁路服务功能；二是规划新增市域铁路，形成支撑大都市圈一体化发展的市域铁路网。

（1）公交化线网规划方案

重庆大都市圈铁路资源丰富而且具有开行公交化列车的条件。通过对铁路资源的有效整合、局部改造、功能转换、提前实施规划铁路等方式，重庆市在大都市圈范围构建“两环三纵三横九射”铁路公交网。其中，主城区形成“一环三纵三横”铁路公交网，主城周边 12 区形成“一环九射”铁路公交网。

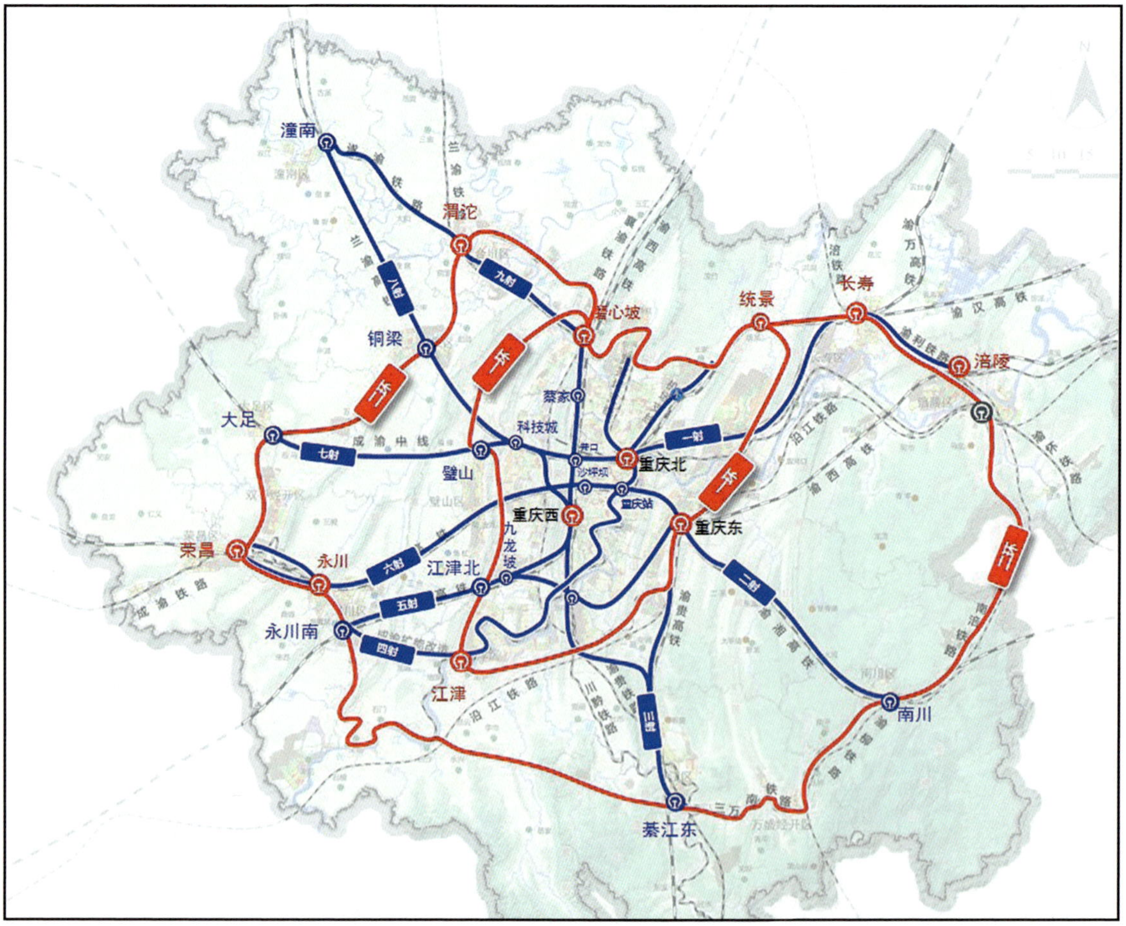

图 3.29　大都市区公交化铁路线网方案

（2）规划新增市域铁路

重庆大都市圈规划新增市域铁路线 11 条，主城区 6 条线路，外围 5 条射线，利用铁路二环线、渝利铁路等，形成连通外围、贯穿主城的市域快线网络，在主城区承担轨道快线的功能，同时连通外围经济组团，支撑大都市圈一体化发展。

主城区规划“两纵四横”（“两纵”是 26、28 号快线，“四横”是 27、15、30、31 号线）6 条轨道快线，采用铁路技术标准与体系，实现城市轨道交通功能，与周边县区规划市域铁路相连通，形成快捷便利的交通网。需要说明的是，有人把德国 S-Bahn 译作“都市快轨”，归入地铁类，这是不准确的。S-Bahn 是具有通勤性质的市郊铁路。

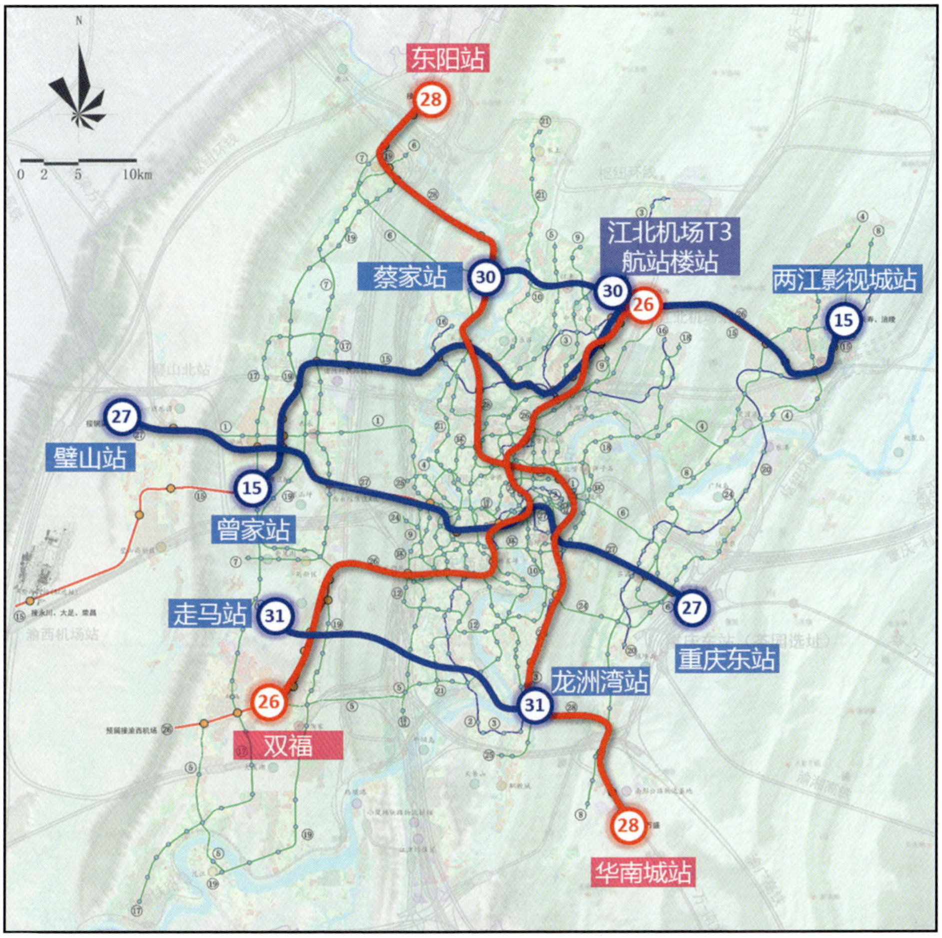

图 3.30　主城区“两纵四横”轨道快线网

外围 5 条射线分别为璧铜线、永川线、綦江线、大足线和南川线，外围射线的设计速度为 160 km/h，内与轨道快线贯通运营，在外围与铁路二环线预留贯通条件。

4. 打通货运“最后一公里”

微电园、综合保税区、港城园区、凤凰湖组团、板桥组团 5 个千亿级工业园区以及寸滩港、洛碛港、胡家坪港、白马港、水天坪港、新生港、夔门港 7 个“4+9”重点港口应当实现铁路直接覆盖。规划建设园区型、港区型铁路专用线，形成干支有效衔接的现代铁路集疏运系统，破解“最后一公里”瓶颈。

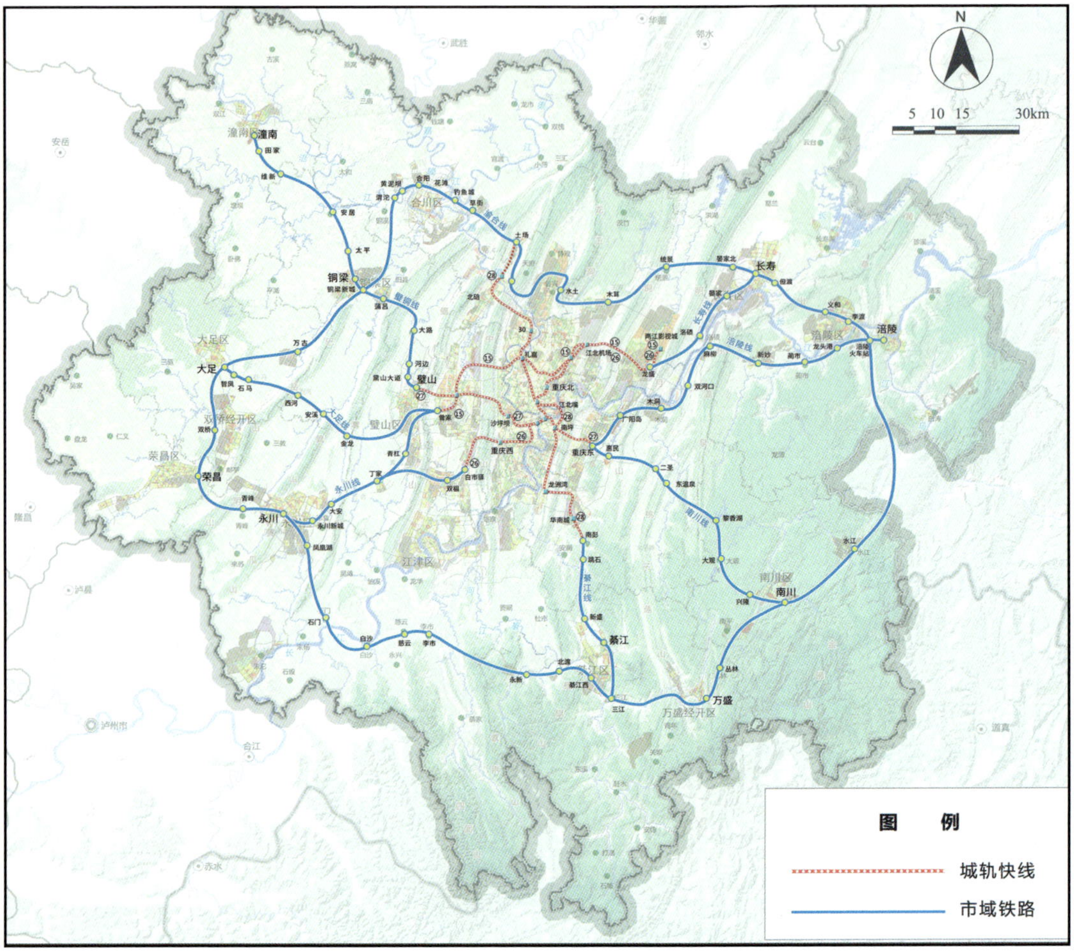

图 3.31　大都市区市域铁路快线网

（六）重庆铁路枢纽发展研究

1. 重庆铁路枢纽总体格局

统筹考虑路网格局、区位、区域及城市发展规划等多重因素，预计重庆境内未来将形成“一主四辅”的总体铁路枢纽格局。“一主”通常指重庆枢纽，它是路网性枢纽。“四辅”指 4 个区域性铁路枢纽，分别为万州枢纽、黔江枢纽、涪陵枢纽及永川枢纽。

重庆枢纽目前衔接既有成渝、川黔、襄渝、遂渝、渝怀、渝利、成渝客专、渝万城际、兰渝、渝贵 10 条干线铁路，以及在建渝湘高铁、渝合铁路、东环铁路。按照本次研究，规划年度内重庆枢纽还将引入渝昆高铁、渝西高铁、沿江高铁、成渝中线高铁、兰渝高铁、渝汉高铁、渝贵（阳）高铁、渝桂（林）高铁 8 条高速铁路，渝柳铁路、沿江铁路、枢纽西环线 3 条普速铁路，重庆至广安、重庆至铜仁、重庆至毕节、重庆至乐山 4 条城际铁路以及多条市域铁路。

万州枢纽衔接的既有铁路线路有渝万城际、达万线和宜万线，在建线路有郑万高铁。按照本次研究，规划年度万州枢纽将陆续引入沿江高铁、渝西高铁、成达万高铁等主要线路。

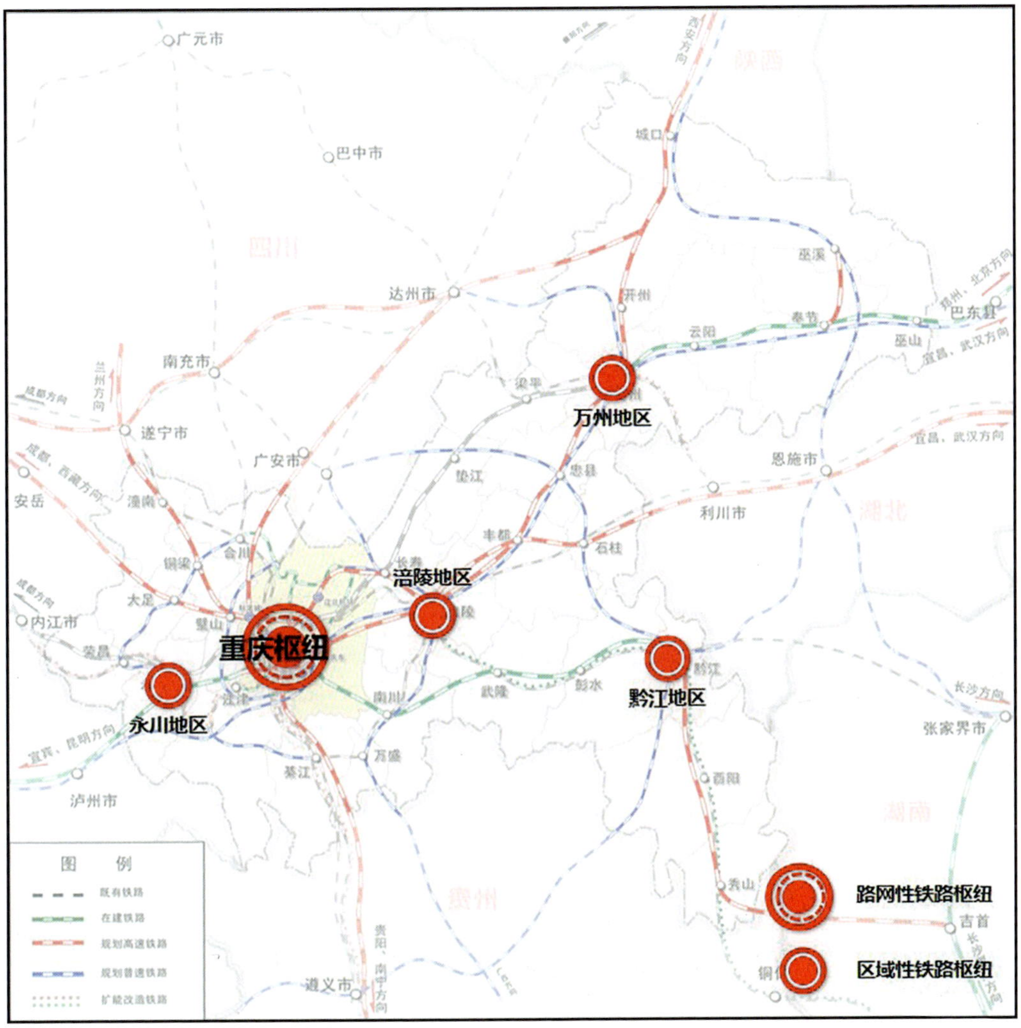

图 3.32　重庆铁路枢纽总体布局

黔江枢纽衔接的既有铁路线路有渝怀铁路、在建的渝湘高铁（重庆—黔江段）、渝怀铁路二线和黔张常铁路。根据本次规划成果，黔江枢纽未来将陆续引入的铁路线路包括渝湘高铁（黔江—吉首段）、万州至黔江高铁、恩黔遵昭铁路等主要线路。

永川枢纽衔接的既有铁路线路有成渝高铁、成渝铁路，规划年度还将引入渝昆高铁、沿江铁路、铁路二环线、市域铁路永川线等主要线路。

涪陵枢纽衔接的既有铁路线路有渝利铁路、渝怀铁路、南涪铁路、在建的渝怀铁路二线。根据本次规划成果，涪陵枢纽未来将陆续引入的铁路线路包括沿江高铁、广涪柳铁路等主要线路。

2. 重庆 2035 年铁路枢纽发展展望

（1）按照“客内货外”原则完成铁路枢纽总体布局

重庆铁路三大客站（重庆站、重庆北站、重庆西站）均位于都市核心区，拟建重庆东站（茶园）亦在核心区边缘，位置适宜。但是原来货运场站格局应做大幅度调整。现在都市区产生大量货运需求的工业企业如今都布局在都市区外围。因此，都市区的多数货运站场应予关停，调整布设新的货运场站体系。

（2）以铁路枢纽客站为中心建设一体化大型综合交通体

以铁路枢纽客站为中心推进一体化大型综合交通体建设。重庆铁路四大客站布局合理，分别承接不同方向干线客运列车，都应建设成为一体化大型综合交通体。它们的功能，首先是有机衔接干线铁路、市郊铁路、市内公共交通特别是地铁轻轨线等多种交通方式，按照“无缝化衔接”和“零距离”换乘要求，提供高效率、高质量的交通服务；其次是提供高水平的综合性服务，要借鉴大型飞机场客运航站综合经营以及国外大都市中心火车站商业开发的经验，大力开展各类增值服务，在方便乘客的同时，也提高自身经营效益；再次，新建客站是国家中心城市的重要公共建筑物，是代表重庆城市形象的标志性建筑，应当具有现代化水平和高标准设施。

重庆站（菜园坝）是四大客站建设中的重点难点。该站是渝中区的唯一客站，靠近重庆市党政中心，是人口高度聚集、综合服务增值潜力最大的“黄金宝地”。改建成大型多层结构综合交通体，实现菜园坝、两路口地区的复兴繁荣，改变尽头式车站的既有格局，新建菜园坝至茶园联络线、至重庆北站联络线（通过越江隧道）。在菜园坝综合交通体内，设置城市轨道交通站、长途汽车站、城市公共汽车及出租汽车站，并通过自动扶梯与自动步道建立与两路口现有轨道换乘中心以及两路口街面的便捷联系。

（3）建立各枢纽客站之间的便捷联系

建设重庆铁路枢纽东环线及新建联络线，改善各大客运站之间的联系。新建上桥至大渡口联络线（主要通过地下隧道线路），改建大渡口至菜园坝线段，在重庆西站与重庆站之间形成小环线；新建菜园坝至茶园、重庆北联络线（主要通过越江隧道和地下隧道线路），实现快捷联系；通过东环线建设，沟通重庆东站与重庆北站的联系。城市轨道交通（地铁轻轨）是承担都市区公共交通的主要方式。通过城市轨道交通网络连接铁路各大客站，在各大客站之间开行摆渡性质的互通客车。

（4）引高速铁路进江北国际机场

将高速铁路及城际铁路引入江北国际机场，建立重庆铁路各大客站与机场的快捷联系，建立重庆城市远郊以及四川中东部、贵州北部、湖北西部、陕西南部与江北机场的快捷联系，拓展江北国际机场的客货源腹地范围。新建重庆北站至江北机场铁路快线，在机场航站楼地下设机场站按立体方式实现乘客换乘；铁路出机场后接入枢纽东环线，并作为渝西（安）高铁引出线。新建渝万高铁支线，由长寿北引入江北国际机场。新建渝达城际铁路（重庆—邻水—大竹—达县），结合新线建设开行广安、内江、宜宾、泸州至重庆城际列车。

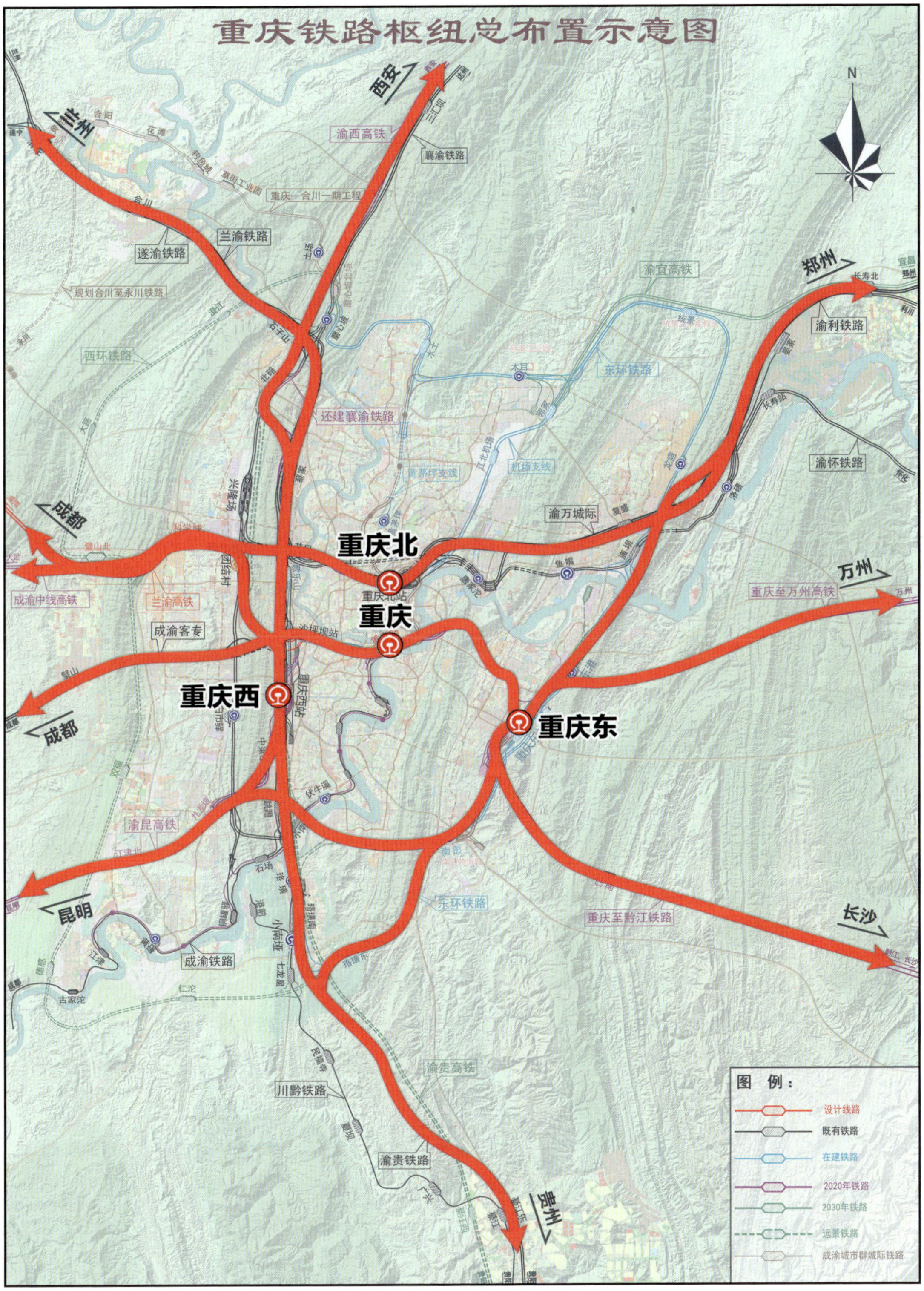

图 3.33　重庆铁路枢纽总布局示意图

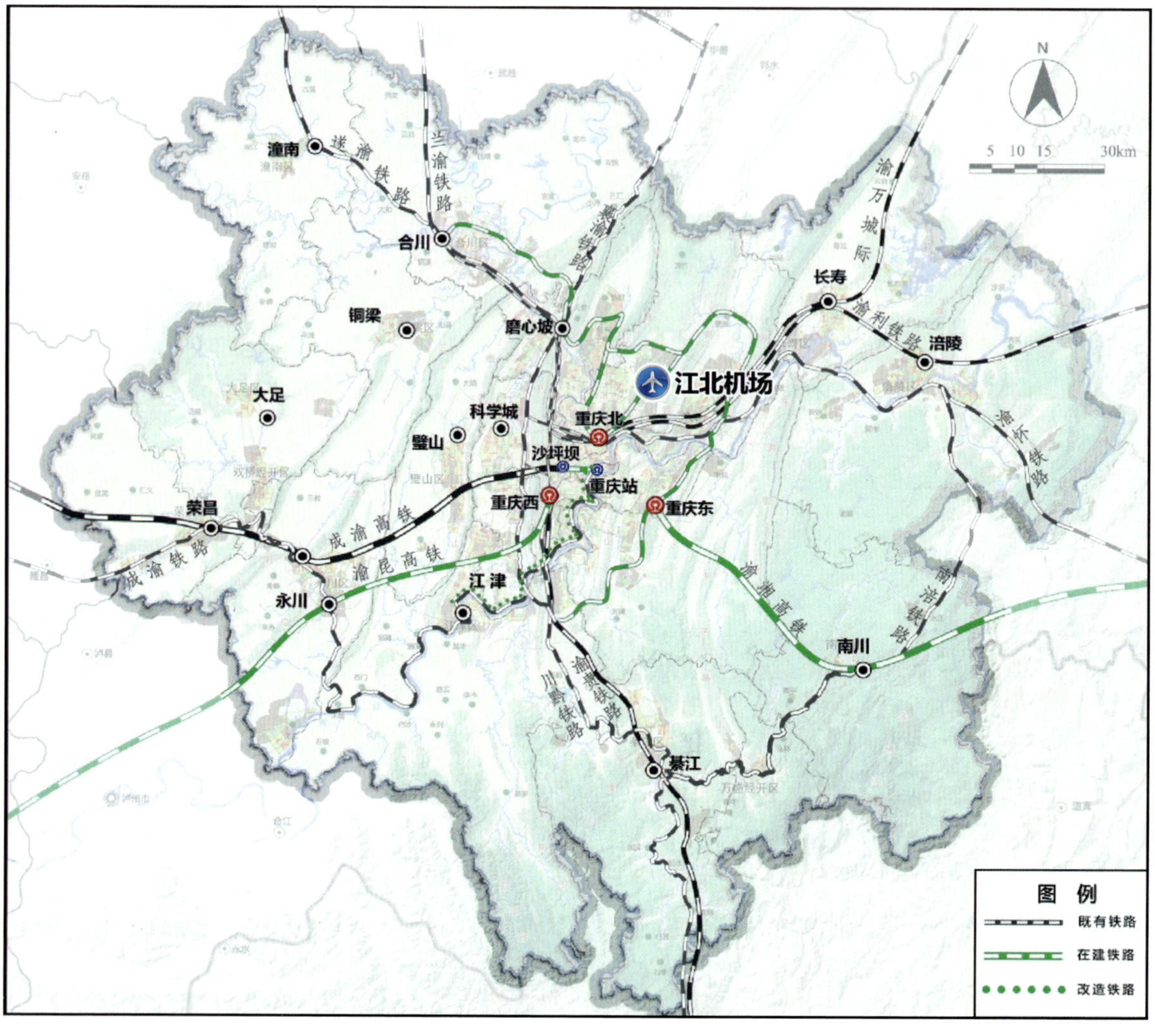

图 3.34　铁路引入江北机场示意图

（5）以铁水联运为重点完善重庆铁路枢纽货运物流系统

把铁路引入水港作为完善货运物流系统的重要措施。加快推进主城果园港区、江津珞璜港区、涪陵龙头山港区、万州新田港区 4 个铁公水联运的核心港区建设。忠县新生码头地处三峡库区深水航道，具有优越区位，终年可停靠 5 000 吨级甚至万吨级船舶；随着广忠黔（广安—忠县—黔江）铁路修建，将联系起西部广阔腹地，与渝新欧线路联结将形成西北地区通江达海的捷径。将忠县新生码头升级为铁公水联运港区。新建安张衡铁路，将在云阳（奉节）与长江横交，有可能形成北煤南运铁水转换的新节点，应当在规划上预做安排。

重庆铁路枢纽货运布局按集中化、规模化、专业化原则进行调整。近期，以在建东环线、渝黔线新货车线、襄渝线构成货运环线，整个货运环线落在都市区外围。重点发展团结村（集装箱中心站）、白市驿（综合货场）、珞璜—小岚垭（散货、水铁联运）、南彭（公路物流中心）、鱼嘴—唐家沱（水铁联运）、洛碛（危险品）等中心货站。远期，建设西环线，与东环线衔接构成重庆铁路外环。西环线移到缙云山以西，增设若干货运中心站，适应渝西地区城市化工业化快速发展、货运快速增长的需求。

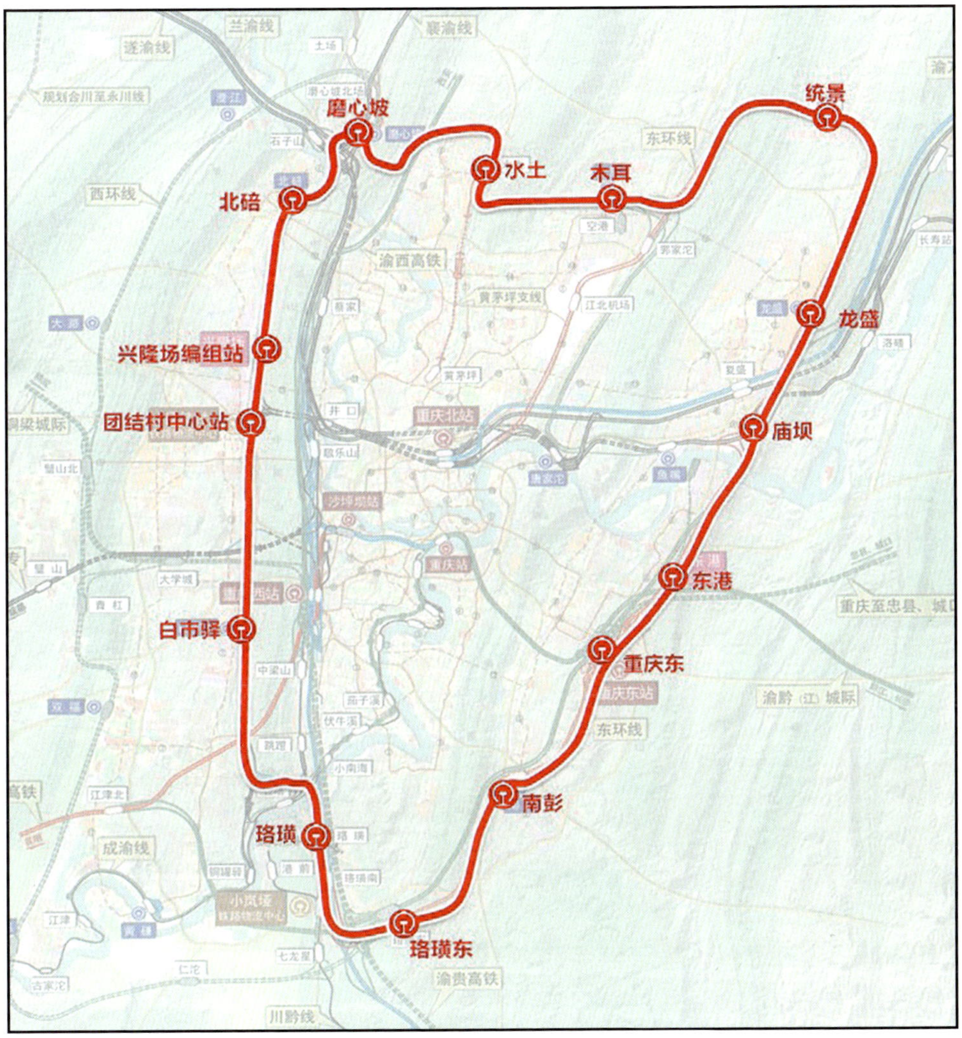

图 3.35　重庆主城铁路货运枢纽布局

第四章

中铁二院与重庆铁路发展

新中国成立和重庆解放70年来，中铁二院与重庆铁路的发展密不可分。可以说，重庆的每一寸铁路延伸，都浸透着中铁二院人的心血，都有中铁二院人的光和热。历史会记住这些为重庆铁路发展呕心沥血的人们。

一、中铁二院发展简史

（一）中铁二院伴随着共和国成长

中铁二院因西南铁路建设、重庆铁路建设而诞生。1949年12月31日，中共中央西南局决定兴建成渝铁路。1950年，中共中央、政务院批准了西南军政委员会关于修建成渝铁路的报告。为了把成渝铁路建设好，1952年9月18日，铁道部决定在原西南铁路工程局设计处的基础上，组建铁路设计总局西南设计分局，成为中铁二院的前身。从此，中铁二院踏上了近70年的辉煌历程。

1950年3月21日，西南军政委员会决定成立西南军政委员会交通部西南铁路工程局，全面负责修建成渝铁路。西南铁路工程局筹备处设在重庆两路口嘉陵新村18号，这里原来是美军司令部的军人俱乐部。筹备处的负责人是中国人民解放军第二野战军的老干部程俊。

西南铁路工程局由两个方面的机构和人员组成，一是工程队伍，二是勘测设计队伍。工程队伍主要由野战军部队组成。勘测设计队伍则是由邓小平亲自从各个地方招揽来的人才组成，并专门在西南铁路工程局下设立设计科。这个设计科正是中铁二院最早的组织雏形。

1952年1月，在西南铁路工程局设计科的基础上，组建成立了西南铁路工程局设计处，史晓昭、翟鹤程分别任正、副处长。设计处机关编制60人，陆续设立处长室、线路科、桥梁隧道科、建筑科、站场通信信号科、预算科、施工组织科、财务科、人事科、总务科10个科室。

1952年5月，原部属天成线南段勘测设计总队、川黔线勘测设计总队划归铁道部西南铁路工程局设计处领导，分别更名为西南铁路工程局设计处第一、第二勘测设计总队。至此，当时西南地区的铁路勘测设计力量完成了整合与统一。

1952年9月18日，铁道部决定将西南铁路工程局一分为二。工程方面成立铁道部新建铁路基建总局第二工程局（现在的中铁二局），勘测设计方面成立铁道部新建铁路设计总局西南设计分局（中铁二院的前身）。

1952 年 11 月 6 日，西南设计分局举行了隆重的挂牌仪式，标志西南设计分局正式成立。

1952 年 12 月，由于西南设计分局成立后职工人数剧增，机构扩大，分局机关由重庆市两路口迁至重庆市上清寺互助里 43 号（原国民政府交通部办公地址）。

1954 年 2 月 20 日，西南设计分局机关由重庆迁往成都市通锦路 3 号办公。随着铁路建设的变化，西南设计分局机关曾先后迁至江西省、福建省、贵州省等，1967 年 1 月 6 日，迁回成都通锦路原址，至今再无变化。

西南设计分局第一任分局长布克，是周恩来总理亲自签发文件任命的。布克 1915 年 10 月生于山东省临朐，1937 年参加党的少年先锋队，1938 年加入中国共产党，同年参加八路军，曾任八路军营长、团政委、第二野战军军政治部组织部长；新中国成立前夕，作为正式代表出席第一届全国政协会议；新中国成立后任贵州军区组织部长，后来任西南设计分局长（中铁二院第一任院长）、铁道部设计总局局长、铁道部副部长。2007 年 1 月 29 日在北京去世，享年 92 岁。

1956 年 1 月 1 日，铁道部以铁劳组（55）字第 151 号令、铁道部设人（55）字第 3733 号文决定，西南设计分局更名为铁道部第二设计院（简称“铁二院”）。至此，中铁二院正式诞生。

中铁二院正式诞生之后，其名称随着时代的变迁几经更改。1970 年 9 月 3 日，铁道部、交通部和邮电部（邮政部分）合并组成交通部后，铁二院更名为交通部第二铁路设计院。

1975 年 1 月 26 日，铁道部恢复之后，铁二院恢复为铁道部第二设计院。

1984 年 7 月 19 日，根据中共中央关于抓好经济体制改革和设计单位逐步向企业化、社会化方向发展的精神，铁道部决定将各勘测设计院改为公司。铁二院更名为铁道部第二勘测设计公司，对外称“中国华阳工程咨询公司”。

1985 年 8 月 13 日，铁二院恢复为铁道部第二勘测设计院。

2001 年 9 月 1 日，根据铁道部《关于铁路勘测设计单位更名的通知》（劳卫编〔2001〕8 号文），铁道部第二勘测设计院更名为铁道第二勘察设计院。同时，铁二院完成新的企业法人注册登记。至此，铁二院正式由事业单位变更为企业。

2003 年 9 月 27 日，根据国资委《关于将铁道部部属勘察设计院等企业分别划入中国铁路工程总公司、中国铁道建筑总公司有关问题的通知》（国资改革〔2003〕89 号文），铁二院脱离铁道部划归中国铁路工程总公司，隶属国务院国资委。

2006 年 7 月 19 日，根据中国铁路工程总公司中铁企〔2006〕196 号文，铁二院更名为“中铁二院工程集团有限公司”（简称“中铁二院”）。2007 年 2 月 8 日，举行改制挂牌庆典大会。此后至今未再更名。

中铁二院的历史，就是一部伴随着共和国成长的历史。

（二）中铁二院在成渝铁路建设中诞生并崭露头角

中铁二院的前身随着成渝铁路的修建，由西南铁路工程局设计科、设计处，逐渐成长为西南设计分局。当时的勘测设计人员都是邓小平同志精心招来的各方面优秀技术人员。邓小平同志认为，修建铁路，必须要有一支技术过硬的勘测设计队伍和一支强大而有力的工程队伍。在他的亲自主持下，1950 年 3 月 21 日成立了“重庆铁路工程局”，负责修建成渝铁路的准备工作。6 月，改组为西南军政委员会交通部“西南铁路工程局”，全面负责修建成渝铁路，工并在西南铁路工程局下设技术科，负责成渝铁路的勘测设计工作。

为了组织好成渝铁路的勘测设计队伍，邓小平同志不耻下问、亲自拜访著名工程专家陈修和（陈毅同志胞兄），了解成渝铁路的情况，并请他推荐勘测设计和工程技术人员。同时，采取各种措施从全国各地以及原国民政府遗留的工程技术人员中聘请专家和技术人员。一是大量吸收原国民政府成渝铁路工程局的技术人才，如胡懋康、姚章桂、蓝田、安子正、张光樑、蔡为苍、潘罕言、陈冠春等。二是大量吸收原黔桂铁路工程局和天宝铁路工程局的技术人才，如刘建熙、雷从民、何宗焯、陆永汉、张庚融、刘文斌、余恒村、翟鹤程、吴启佑、王玉如、孔繁琏等。三是大量吸收原中国桥梁公司重庆分公司人才，如郝昭謇、文蒸蔚、谢光遹、凌宗尧等。四是从中国人民解放军第二野战军和西南服务团吸收有关铁路建设人才，如韦宙、蒋彭龄、邵善臻、管成宪、陈德华等。五是从刚毕业的大学生中吸收有关铁路建设的优秀学子，如周烈、谢进范、刘国钧等。六是从社会上延揽铁路建设人才，如耿启曾、李诗言、李景诗、江彝淮、刘国修等。

这些技术人员后来大部分成为中铁二院的技术骨干人员。其中，翟鹤程、雷从民成为西南铁路设计分局第一任副分局长；蓝田成为中铁二院第一任设计总工程师；郝昭謇成为中铁二院第一任设计处长，后任工程师；张庚融、刘文斌、余恒村、吴启佑、谢光遹、凌宗尧等专家，都成为中铁二院前几任技术部门、生产部门以及各专业的负责人。

特别是对著名铁路选线专家蓝田的使用在当时传为佳话。蓝田 1917 年就开始从事铁路修建工作。30 多年里，他多次参与成渝铁路的论证，对成渝铁路如何修建非常熟悉。1950 年决定修建成渝铁路时，他不顾自己已年届六旬，决定参加。邓小平同志大喜过望，指示西南铁路工程局：“对蓝田这样的专家要大胆使用，让专家有职有权，并在工资待遇上要给予从优照顾。”蓝田先后被任命为西南铁路工程局巡视组主任、西南铁路设计分局线路勘测队队长、宝成铁路广略段总体设计负责人、铁道部第二设计院设计总工程师、铁二院副总工程师等职务。

一支熟悉勘测设计和铁路工程建设的队伍迅速组建起来之后，邓小平同志特别注重充分发挥技术人才的聪明才智。他对技术专家悉数提拔任用，并特别对大家指出，对专家要大胆使用、待遇从优，让他们有职有权，充分发挥作用。邓小平同志的关怀使这些专家深受感动，因而在铁路建设中竭尽所能、无私奉献自己的光和热。

被任命为西南铁路工程局巡视组主任的蓝田，老当益壮，带领勘测队沿成渝线反复勘测。为了精测路线，他从重庆沿长江步行测量，一路精心计算、精心比较，果断提出将原决定出成都沿沱江经姚家渡、赵家渡至石板滩一段线路改为出成都经洪安乡、赵柏树坳、沿小溪至沱江边接乱石滩的方案。这个改线方案不仅避开了不良地质地段，还缩短线路 23.8 km，只需增加一座隧道和部分桥梁，节省材料和施工费用 150 万元（旧币），但会影响原定通车计划。经专家论证和铁道部批准，采用了蓝田同志提出的改线方案。

1948 年毕业于西南联大土木系的孙致远，新中国成立前来到国民政府的成渝铁路工地，官员的腐败、路款的短缺、材料的断供、工地的荒废，让他失望沮丧。新中国成立后，他满怀豪情地投入成渝铁路的建设。为保证铁路建设质量和工期，他常常挑灯夜战，审查进度方案；时常深入工地和工人一起攻克技术难关，逐步成为我国铁路建设的技术骨干，先后担任过我国 10 条铁路的设计任务。

经过成渝铁路的磨炼，整个西南铁路工程局设计分局不仅提高了勘测设计技术水平，同时也极大地鼓舞了勘测设计人员的信心，为新中国铁路建设锻炼培育了一批优秀人才。

为了加速培养技术人才，提高勘测设计能力，达到专业化水平，1952 年 11 月 15 日，铁道部决定以经过成渝铁路建设锤炼的勘测技术人员为师资主体，委托西南设计分局开展技术教学培训，在重庆成渝线金刚沱车站开办了勘测设计技术训练班。

训练班先后开设了测绘班、预算班、地质班等，共举办 6 期，培养技术人员 500 余人。经过训练班培养的技术人员，到达现场一般都能很快适应技术要求，受到全国各地勘测设计队伍的欢迎。先后向当时的宝成线、成昆线、川黔线、襄渝线、贵昆线输送了大批技术人员，同时也向全国其他 4 个勘测设计分局输送了一批骨干人才。不少学员经过培训和实践的磨炼，迅速成长为各个单位的技术业务骨干，不仅担负起所在单位的勘测设计重任，而且有些人后来还成长为领导干部或专家。据不完全统计，他们当中走出军级领导 1 人、厅局级干部 1 人、处级和高级工程师 50 余人，为我国铁路事业发展壮大作出了贡献。

图 4.1　霞光中的中铁二院办公大楼

（三）中铁二院从重庆出发走向全国、走向世界

中铁二院人永远忘不了重庆两路口嘉陵新村 18 号那简陋的办公场地，永远忘不了战斗在重庆市上清寺互助里 43 号的艰苦岁月。

办公场地简陋，办公条件很差，但一颗颗热爱新中国的赤子之心、热爱铁路事业的报国之心，深深埋藏在每一位勘测设计人员的心中。这里是中铁二院的发端，这里是中铁二院人的根。从一定意义上来说，新中国的铁路建设也是从这里开始的。

从邓小平领导并亲自组建的西南军政委员会西南铁路工程局设计科、设计处，到铁道部设计总局西南设计分局，到今天的中铁二院，从开始时的 300 余人到今天的 6 000 多人，从一个部队管辖的设计单位成为今天的中国勘察设计行业的领军企业，从设计新中国第一条铁路——成渝铁路，到今天在世界各地勾画铁路蓝图，70 年来，中铁二院人以雄伟气魄，抒写了壮丽的诗篇。

在解放初期的困难岁月里，在筚路蓝缕艰苦创业的征程中，中铁二院人依靠自己的力量和智慧，相继勘测设计了新中国第一条铁路——成渝铁路、中国第一条电气化山区铁路——宝成铁路、中国第一次拥有的海防铁路——黎湛、鹰厦铁路，修复和重新勘测设计了西南第一条准轨铁路——黔桂线，开通了湘黔线，勘测设计建成了被联合国誉为“人类征服自然具有划时代意义的杰作”——成昆铁路，设计建设了第一条穿越革命老区帮助人民脱贫致富的襄渝铁路等。

图 4.2　20 世纪 60 年代中铁二院人勘测川藏线

在改革开放不断推进的20世纪90年代，党和国家决定实施以建设西南铁路为突破口的西部大开发战略，铁道部提出了“打通北口、开辟南口、扩大东口、强化内路”的决战西南战略构想，再一次掀起了新一轮铁路建设大会战。中铁二院义不容辞地承担了南昆、内昆、渝怀、广大铁路建设，以及株六、宝成、襄渝二线等诸多铁路干线的勘察设计工作，奠定了中铁二院在我国铁路勘察设计版图中的重要地位。

进入21世纪，中铁二院实现了由山区铁路、普速铁路向高速铁路、城际特快和货运重载铁路设计建设的重大转变。中铁二院所涉及建设的遂渝、浙赣、武广、郑西、福厦、胶济、西成、成渝客专、长昆、贵广、云桂、大瑞、成绵乐、成兰、成灌等一大批杰作，代表了当今中国铁路设计的水平。其中，由中铁二院设计完成的遂渝铁路无砟轨道段，是国内第一条具有自主知识产权的无砟轨道，填补了中国在该领域的技术空白，实现了中国高速铁路工程建造技术的重大突破。

在突破铁路设计技术的同时，中铁二院主动迈向城市轨道交通和高速公路的勘察设计。在全国已开工建设地铁的28个城市中，中铁二院承担或参与了其中27个城市的地铁设计建设任务，市场份额超过40%。中铁二院先后设计完成了成渝高速、沪宁高速、广深高速等国内首批高速公路，成为公路系统之外全国唯一拥有“四甲”设计资质和“公路特大桥梁、特长隧道”设计甲级资质单位。同时，先后设计完成了南京赛虹桥、成都人南立交、成都东站和广州南洲路立交等重点城市标志性建筑。

中铁二院实施国际化战略，从亚洲丛林到东欧平原，从非洲高原到南美大地，都留了中铁二院人拼搏进取的足迹。在委内瑞拉、阿根廷、尼日利亚、阿尔及利亚、埃塞俄比亚、孟加拉国、老挝等数十个国家和地区，承担或涉足了各类前期或在建项目60余项。

70年来，中铁二院从重庆走出，立足西南，面向全国，冲向世界，开拓进取，追求卓越，以敢为天下先的精神先后创造了铁路工程勘测设计领域的多项“全国第一”，完成和参与的高速铁路设计里程近1万千米，新建和改造的铁路里程超过6.5万千米。截至2018年，已建成铁路通车里程超过2万多千米，占全国总营运里程的22%，为中国经济社会发展以及铁路建设事业作出了巨大贡献。先后荣获国家、省、部级科技进步奖、优秀工程勘察奖、优秀设计奖、优秀软件奖、标准设计奖及质量管理奖等320余项。中铁二院领衔创造的“在复杂地质、艰险山区修建成昆铁路新技术”荣获国家科技进步特等奖。

中铁二院先后涌现出来不少杰出工程技术人才、多位勘察设计大师。例如，中铁二院桥梁技术专家陈克坚荣获“2017—2018年度十大桥梁人物”称号。

二、中铁二院参与建设的重庆重大建设工程（部分）

（一）勘测设计建成成渝铁路

20世纪50年代初，中铁二院人在条件十分艰苦、设备十分落后、环境非常恶劣的条件下，以建设新中国的满腔激情和超常的意志魄力，征战巴山蜀水，勘测设计建成了新中国诞生后的第一条钢铁大动脉——成渝铁路，写下了“服务桑梓，报效祖国”的华丽篇章。随之又挥师北上，在“难于上青天”的千里蜀道，在“猿猱欲度愁攀援”的崇山峻岭，勘测设计建成了中国第一条电气化铁路——宝成铁路，打通了当时四川盆地通往西北、连接北京的出省铁路通道。

（二）勘测设计建成川黔铁路

1950年，在修建成渝铁路的同时，党中央、毛主席为实现贵州人民多年的愿望，毅然决定修筑川黔铁路。

川黔铁路在重庆与成渝、襄渝铁路相接，是连通贵州与川渝地区及中南、西北地区各省区联系的又一大通道。建成川黔铁路，对开发西南山区丰富的资源，促进少数民族地区经济社会发展，加强西南地区工业建设，内陆地区通往东南沿海，促进物资交流及其后的对外开放，都有着十分重要的意义。

贵州全省地貌主要由高原山地、丘陵和盆地交叉错落构成，92.5%的面积为山地和丘陵。北部有大娄山，自西向东北斜贯全境，川黔要隘娄山关高1 444 m；中南部有苗岭横亘，主峰雷公山高2 178 m；东北有武陵山，由湘蜿蜒入黔，主峰梵净山高2 572 m；西部有乌蒙山，海拔2 900.6 m。岩溶地貌发育典型，喀斯特地形面积达10.9万km^2，占全省面积的61.9%。境内岩溶分布范围广泛，形态类型多样，地域差异明显，给勘测设计修筑铁路带来巨大困难。同时，贵州才刚解放，大山里的土匪十分猖獗，测量队只有在人民解放军的武装护卫下才能进入沿线山区勘测。

图4.3　勘测路上

当时的西南军政委员会组织川黔铁路测量队多次对东线和西线复测、比较，进行了一系列艰苦的勘测设计工作。经过勘测工程师和勘测人员的艰苦努力，精心勘测、精心设计，1956 年勘测设计工作终于完成。1956 年 10 月，新华社发布消息称："据新华社贵阳 21 日电，川黔铁路全线测定工作已经基本结束。目前，测量人员正在进行全面设计。在此以前，由于测量人员采用了边测量边设计的工作方法，已经向施工部门交付了约 160 km 的设计资料，使重点工程娄山关隧道能在 7 月份动工。横跨乌江的大桥也快要动工。"

川黔铁路的起点在当时四川的重庆境内，利用成渝铁路重庆境内猫儿沱到綦江段的既有铁路线。重庆刚解放，西南军政委员会首长邓小平、刘伯承为恢复重庆交通建设，决心尽快建好铁路交通线。于 1950 年 1 月接管綦江铁路局，开始修建綦江至赶水的铁路，以从綦江铁矿运输矿石供应大渡口钢铁厂。綦江至三江段 18 km 铁路于 1950 年 3 月开工，当年 10 月竣工。三江至赶水段 41 km 铁路于 1951 年 1 月开工，次年 1 月竣工。至此，这段铁路实际上已经修到川黔交界处。1956 年初，川黔铁路定测工作基本结束，成渝铁路上的小南海被确定为川黔铁路起点。当年 6 月 4 日，全线重点工程开工，12 万筑路大军分期分批开赴沿线重点工程。

1958 年，赶水到贵阳段全线开工。川黔铁路上穿越大娄山山脉的凉风垭隧道长 4 270 m，当时为全国之最。1957 年 4 月的一声炮响，筑路工人向这个艰险工程发起进攻，只用了 27 个月，1960 年 3 月基本建成，平均月成洞达 142 m，创造了当时全国铁路隧道快速施工新纪录。

1959 年 3 月，巴县白沙沱长江大桥主体工程设计完毕，长 820.3 m，由 12 孔钢板梁、4 孔钢桁梁组成，墩台按双线一次建成。这是我国继武汉长江大桥之后，在长江上架设的第二座大桥。当年 12 月 10 日正式通车。白沙沱长江大桥完全是由我国技术人员自己设计施工的双线铁路桥。1958 年 9 月动工，原计划两年建成。我国的桥梁专家和桥梁工人在党的领导下，只用了 14 个月就修建完成，而且质量优良。

1961 年 8 月，因国家压缩基建战线，川黔铁路全线停工。直到 1964 年 9 月，因国际国内形势需要，西南铁路大会战全面展开，筑路大军再次奔赴川黔铁路各个工地，1965 年 7 月 8 日南北两端的铺路队伍在白沙窝桥汇合接轨，10 月 1 日川黔铁路全线正式通车。

川黔铁路全长 423.6 km，全线完成土石工程 4 930 m^3，新建挡土墙 29.7 万 m^3；新建改建隧道 105 座，总长 32 km；桥梁 124 座，总长 9.81 km；新建桥涵渠 1 255 座，正线铺轨 389.3 km，站线铺轨 102.3 km，新建、改建车站 56 个。中国人完全依靠自己的技术和力量，在地质情况异常复杂的山区完成如此巨大的工程，是何等的气魄和智慧！

川黔铁路修建初期，因其北段五岔站到赶水站间 81.4 km 的线路为原綦江铁路的旧线改建，技术标准差异大，运输能力受到限制。为了实现全线技术标准统一，以适应运量增长需要，于 1958 年由中铁二院进行改造设计。同年改造工程动工，1965 年改造工程完工。除线路改造外，还迁建了綦江、三江、东升坝、镇紫街 4 个车站，新建桥溪口、赶水 2 个车站，改建大夏坝、两河口、转关口 3 个车站。改造工程结束后，全线运量年年增长，又增建了小南垭、广兴 2 个车站。

改革开放以后，经济飞速发展，对铁路运输提出了高的要求，于是川黔铁路电气化纳入了国家第七个五年计划重点建设项目。1985 年中铁二院完成施工设计，1986 年 10 月开工，1988 年末技术改造基本完成。1990 年 12 月 17 日，赶水站至南宫山站实现电气化，并交付运营。1991 年 12 月 28 日，川黔铁路全线实现电气化。电气化改造后，赶水至南宫山段年通过能力由 400 万 t 增至 1 279 万 t，提高 3.2 倍；南宫山至贵阳南段年通过能力由 503 万 t 增至 1 279 万 t，提高 2.5 倍，取得了巨大的经济效益和社会效益。

进入 21 世纪以后，随着国家建设的快速发展，新建一条渝贵快速铁路已纳入国家铁路建设中长期规划。2009 年，中铁二院已完成了规划设计，设计运营速度为 200 km/h。渝贵铁路的总体走向为：以重庆火车站为起点，经江津小岚垭、夏坝、綦江和赶水，进入贵州，穿桐梓，过遵义到达贵阳，与正在建设的贵（贵阳）广（广州）高速铁路实现贯通。渝贵铁路主要功能是客运、快运和集装箱运输。现在渝贵铁路已经建成通车，原有川黔铁路改为货运专线，重庆和贵州两地之间缩短了时空距离，运能实现翻番。

（三）勘测设计建成襄渝铁路

襄渝铁路也凝聚着中铁二院勘测设计者的无私奉献。

襄渝铁路从东边的湖北襄阳到西边的重庆市，横跨鄂、陕、川、渝三省一市 19 个县，形成连接中南、西南地区的重要通道，是川渝地区的北通道。

当年，中铁二院的勘测设计队伍舍家忘我，在秦巴山区的崇山峻岭中，夜以继日，风餐露宿，呕心沥血，和其他兄弟单位一道，共同绘就了分外绚丽的彩虹。

襄渝铁路全线的土建设计分工，襄樊至胡家营由铁道部第四设计院负责，胡家营至重庆由铁道部第二设计院负责，部分大桥的设计则由铁道部大桥工程局负责。当年，襄渝铁路技术标准是西南铁路建设最高标准，为了严格按照标准选出一条高质量的襄渝铁路，铁二院曾先后研究过 40 多个方案。从 1958 年开始勘测设计，至 1976 年建成通车，线名变更 3 次，几上几下，从勘测设计到施工，前后经历了 20 年。

1966 年，襄渝铁路全线开始勘测和初步设计。当年 3 月，四总队派出先遣部队驻万源，突击巴山 27 km 越岭方案勘测，后担任达县至毛坝段初测初步设计。

1966 年 6 月，铁二院抽调 8 个勘测队，1 000 余人，组建六总队。总部设在陕西安康，突击胡家营到毛坝段 350 km 的初测和初步设计。1967 年 1 月，完成全线初步设计报铁道部鉴定。1967 年 10 月，铁道部军管会和铁道兵联合通知签发初步设计鉴定意见书。1968 年，中共中央指示“先修渝达线，缓建襄成线达成段”，重点移到重庆。1968 年 3 月，新四总队调回铁三院，六总队进入南充，负责襄渝铁路达县至渠县三汇镇段勘测设计工作。二总队指挥部移师重庆北碚，负责襄渝铁路重庆至渠县三汇镇勘测设计工作。

襄渝铁路中段穿越秦岭和大巴山，地形地势地质地貌十分复杂，不亚于成昆铁路。为了高标准严要求完成勘测设计任务，在时间十分紧迫的情况下，全院勘测队都实行了军管。勘测设计人员的压力大，工作十分紧张，边勘测、边设计、边施工，日夜突击。广大干部和勘测设计人员远离亲人、远离城市，风里来雨里去，每餐吃的都是苞谷粑，工作生活条件十分艰苦。

经过勘测设计人员和数十万军民的艰苦奋斗、奋勇拼搏，1979 年 12 月襄渝铁路全线交付营运。交付营运后，又开始对襄渝铁路分三段进行电气化改造。经过不懈努力，襄樊至安康段 373 km 电气化铁路于 1980 年 10 月通车，安康至达县段 276 km 电气化铁路于 1983 年 12 月通车，达县至重庆段 255 km 电气化于 1998 年通车。

21 世纪初，铁道部又决定修建襄渝铁路二线。2001 年开始，仅用两年时间，到 2003 年上半年中铁二院就完成了勘测设计。2004 年底至 2005 年初，襄渝铁路二线陆续开工建设，仅用 4 年多时间就全线完工，比一线建设工期大大缩短。

襄渝铁路二线与西气东输、西电东送、青藏铁路等并列为西部大开发十大工程之一、“十一五”国家重点项目。襄渝铁路二线是我国铁路主骨架和快速客运网的重要组成部分，为国家 I 级电气化铁路。它与武汉至胡家营复线、达州至成都复线共同构成另一沪汉渝蓉大通道，形成北有陇海、南有沪昆、中有沪汉渝蓉的区域路网格局，对快速扩充区段运输能力，改善运输条件，增进东中西部地区的沟通交流，促进区域经济及沿线经济可持续发展，具有重要的战略和现实意义。

（四）勘测设计建成渝怀铁路

随着改革开放前进的步伐，交通滞后成为川渝两地经济发展的“瓶颈”，渴望一条向东的大能力通道成为人们迫切的心愿。党中央、国务院及时决策，将渝怀铁路建设列入“八五”期间重大基本建设研讨项目。

渝怀铁路西与成渝、川黔、襄渝铁路相连，东与焦柳线、株六线相接，是川渝黔湘地区与中部和东南沿海交流重要通道。

1991 年，铁道部下达《关于开展西南东通路规划研究的通知》，确定规划研究范围为：西始宝成、成昆铁路，东至京广铁路；北始阳安、襄渝铁路，南至贵昆、湘黔铁路。上述范围的主体为四川盆地。

当年 11 月，负责渝怀铁路勘测设计工作的中铁二院就拿出了 5 个选线方案：

第一方案：成都—遂宁—达县—安康—谷城—襄樊—随州—信阳。

第二方案：成都—遂宁—达县—万县—利川—恩施—枝城—石门—长沙。

第三方案：成都—遂宁—重庆—涪陵—彭水—秀山—铜仁—怀化。

第四方案：成都—峨眉—宜宾—叙永—古蔺—遵义—思南—怀化。

第五方案：成都—遂宁—重庆—川黔复线—湘黔复线到怀化。

在以上 5 个方案中，中铁二院认为：放在较长的历史时期来考虑，上述 5 个方案互相不排斥，都应该修建，只是时序上有所排队。第三方案从比较看具有优势，其线路短、运量大、效益好。同时线路经过重庆涪陵和黔江、贵州铜仁以及湖南怀化等地区，这些地区不仅是革命老区，而且是我国苗族、土家族等少数民族聚集区，劳动力资源、旅游资源及矿产资源均十分丰富。由于这些地区交通不便，信息封闭，人民生活贫困，尤其是彭水、黔江、酉阳、秀山，是国家重点扶贫地区。铁路建成后，可以尽快拉动这些地区的经济社会发展，应当选取第三方案。

1995 年，重庆市及涪陵市①委托中铁二院进行重庆至长寿、长寿至涪陵两段线路的初步勘测及设计工作。1996 年 10 月，铁道部把渝怀铁路列入“九五”前期工作计划，并下达 1997 年勘测任务，要求中铁二院完善渝怀铁路可行性研究报告。

作为渝怀铁路建设的先遣队伍——中铁二院闻风而动，立即组织 20 多个专业的上百名技术人员奔赴武陵山区和乌江两岸，展开了紧张繁忙的勘测选线工作。工程师和勘测队员们披荆斩棘、顶风冒雪，精心测量、精心计算、精心划线，选择设计最佳路径。同时他们还利用现代化手段进行航测制图和初步导线测量。经过几十个勘测队的野外勘测和 1 000 多千米的方案比选，渝怀铁路技术设计终于在 2000 年 8 月通过了铁道部组织的专家审查，并得到铁道部、国家计委的批复。

2000 年 12 月 16 日，铁道部和重庆市、贵州省、湖南省在重庆市举行了渝怀铁路开工动员大会。随后，来自全国各省市区的 27 个局级施工单位 10 万筑路大军，全面打响了一场为川渝地区打通出海通道的战役。

按照设计，渝怀铁路全线长 625 km，有隧道 190 座，共 241 042 延长米。其中，5 000 m 以上的隧道 8 座，共 66 062 m。全线有 6 座隧道需要在洞内暗河上架设桥梁。全线有特大桥 14 座，共 10 646.15 延长米；大中桥 354 座，共 64 375.20 延长米；小桥涵 1 468 座，共 43 703.21 m。桥梁结构多种多样，有高桥、深水桥、大跨度预应力混凝土连续刚构桥、钢桁梁桥、多线桥等，施工难度大，技术含量高。

自渝怀铁路开工以来，中铁二院的专家和技术人员和参加渝怀铁路施工的 10 万筑路大军认真贯彻落实快速、有序、优质、高效的铁路建设方针，强化、优化、完善设计，强化现场管理和过程控制，依靠科技进步，提升工艺水平，连续奋战，攻克地质破碎带、岩溶涌突水突泥、高地应力、高瓦斯煤层等一道道难关。

在勘测、设计及配合施工过程中，中铁二院严格执行国家现行有关环境保护和水土保持的法律、法规，精心制作《环境影响报告书》和《水土保持方案》，得到国家有关部门的认可。同时在铁路选线方面，尽量绕避容易引起工程地质灾害或有大量弃渣或对城镇有影响的地段。在设计文件中明确给出环境保护及水土保持的工程措施和工程数量，在配合施工过程中严格执行环境保护和水土保持的工程措施。

2005 年 10 月，铁道部组织渝怀铁路工程验收，整体工程一次合格率达 100%，这在中国铁路建设史上是少有的。中铁二院的勘测设计者们和参加渝怀铁路施工的筑路大军不仅把渝怀铁路建成了一条精品线路，同时还建成了一条“绿色环保通道”。

① 注：当时重庆直辖市尚未成立，重庆市和涪陵市分属四川省，彭水、酉阳、黔江、秀山归四川省黔江地区管辖。

2006 年 1 月 15 日，新建渝怀电气化铁路正式交付成都铁路局和广铁集团接管营运，实现了安全优质一次性交付开通的目标。

渝怀铁路开通后很快运输能力就达到饱和，修建渝怀铁路二线成为沿线人民的新希望。于是国家和重庆市将渝怀铁路二线列入了《中长期铁路规划网》和《重庆市国民经济和社会发展“十一五”规划》的重点工程。2009 年 9 月 26 日，渝怀铁路二线重庆北至涪陵段工程在重庆渝北区洛碛镇破土动工，2013 年 12 月建成通车。渝怀铁路二线涪陵至秀山、梅江段于 2015 年动工，梅江至怀化段正在修建，预计 2020 年底通车。渝怀铁路二线全线开通后，与渝怀既有线形成双线电气化大能力通道，客货运输能力将翻一番多。中铁二院承担了渝怀铁路二线的设计任务，为川渝湘黔的发展建立了新的功勋。

渝怀铁路的勘测设计建设，不仅显示了中铁二院丰富的勘测经验和高超的设计技巧，展现了“追求卓越、敢于超越、精益求精、勇攀高峰”的精神境界。

几十年来，中铁二院为了确保大西南地区几十万筑路大军建设施工用图的需要，确保西南铁路大会战的顺利实施，几千名勘测设计人员几乎是年年加班，月月加班，有不少同志甚至是天天加班。几十年来，他们发扬连续作战的作风，敢打敢拼，攻坚克险，一往无前，在大西南乃至全国铁路建设工地上组织了一次又一次声势浩大的勘测设计大会战。他们勘测设计建成了成渝、宝成、川黔、襄渝、成昆、湘黔、南昆、内昆、水柏、成达万、渝怀、洛湛、包神、襄石、外福、福厦、海南、西环、广梅汕、长昆、云桂、西成、渝黔等长大铁路干线和高速铁路通道。中铁二院和兄弟单位精诚合作，努力奋斗，把铁路修到四面八方，像一道道彩虹铺在祖国的大地上，为我们铺就了经济起飞的跑道。

（五）从遂渝铁路入手开创我国高速铁路新技术

21 世纪初叶，是我国高速铁路跨越式发展的 10 年。在这一时期，中铁二院人以发展世界高速铁路领先技术水平为己任，先后承担总体设计和参与设计建成了遂渝、成渝、胶济、福厦、浙赣、成灌、郑西、武广、海南东环等高速铁路，以及担任了京沪、石太、广深港客运专线工程的设计咨询、设计监理。中铁二院技术人员通过创新、突破，在无砟轨道、综合接地技术、高精度测量、声屏障理论研究及设计时速 250 km 及以上系统集成等方面取得了显著成果，掌握了核心技术，形成了优势。

中铁二院设计建成的遂渝无砟轨道铁路，是我国第一段具有自主知识产权的高速铁路，推动了整个中国高速铁路技术的发展。

由于采用无砟轨道后，线路的平顺性、稳定性、耐久性大大提高，日常养护维修工作量仅为有砟轨道的 10% 左右。因此，国外在高速铁路修建时普遍采用了无砟轨道结构技术。我国科研人员也对这种技术进行了不少研究，取得了一些成绩，但在设计、制造、施工等成套技术方面缺乏系统性。

2004 年 9 月，铁道部决定在中铁二院承担勘测设计的遂渝铁路建设中进行无砟轨道试验，并结合工程建设开展无砟轨道关键技术及成套的研究。

中铁二院在接受了这项史无前例的任务后，迅速抽调各方面的力量组成课题组，在铁道部的统一领导下，坚持自主创新，以“产、学、研、用”相结合的方法，开展科技攻关。在此过程中，中铁二院、铁科院、中铁八局、西南交通大学、成都铁路局、北京全路通信信号研究院等 20 多个单位、800 余人参加了与本项目有关的各项工作。

经过中铁二院的技术专家们和相关单位的密切配合和艰苦努力，中国第一条无砟轨道成区段铺设于 2005 年 5 月开工建设，2006 年 12 月底试验段建设完成，2007 年 1 月 5 日至 1 月 10 日，现场实车试验成功。2008 年 1 月，遂渝铁路无砟轨道综合试验段关键技术试验研究通过铁道部组织的评审。这项技术一举填补了我国高铁技术的空白，推动中国高铁科技走进了世界先进行列。

遂渝铁路首次使用的无砟轨道技术获得了国家科学技术进步一等奖。

（六）征战重庆城市轨道交通

在山城重庆，中铁二院完成了一个里程碑式的项目——重庆轻轨项目。重庆轻轨较新线也称“重庆轨道交通 2 号线”，它是重庆的第一条轨道交通线，也是中国西部地区第一条轨道交通线，同时也是国内第一条采用跨座式高架单轨技术修建的轨道交通线。重庆轨道交通 2 号线全长 19.15 km（地下 2.2 km），中铁二院承担了该项目的可行性研究及设计总承包工作。

1999 年，国家批准了重庆轨道交通 2 号线项目建议书，随后工程可行研究报告通过中国国际工程咨询有限公司评估。同年 10 月，中铁二院作为设计总承包单位进驻现场开展总体总包设计工作。

图 4.4　重庆轨道交通 2 号线

重庆的跨座式单轨设计采用日本技术。中铁二院的技术人员依靠几盘录像带和有限的资料，很快完成了令人满意的初步设计。重庆轨道交通 2 号线不同于一般的轻轨，根据山高坡陡道路曲折的地形特征采用了噪声小、转弯半径小、爬坡能力强的高架跨座式单轨交通系统。这是中国第一次引进的中运量胶轮轻轨系统，该系统转弯半径小（150 m），爬坡能力强（60‰），采用橡胶轮胎，车辆运行噪声极小（70 dB 以下，如钢轮系统则为 80 ~ 90 dB），具有明显的环保特性。独特的高架轨道梁占用道路少（3 m），体量轻巧（0.85 m × 1.5 m），透光性强，可立体化。

1999 年 12 月 26 日，重庆轨道交通 2 号线一期工程全面开工。2005 年 6 月 18 日，正式顺利通车运营。该项目的实施为我国城市轨道交通的技术发展填补了空白，并为制定我国单轨交通技术规范打下了基础。重庆轨道交通 2 号线也以其技术含量获得“2005 年全国十大建设科技成就奖”。

重庆跨座式单轨的顺利建成为中铁二院赢得了声誉，创造出了在轨道交通项目管理和总体协调方面的核心竞争力。自从“重庆轨道交通 2 号线”项目取得令人赞叹的成功之后，中铁二院、重庆市轨道交通设计研究院有限责任公司又受重庆市轨道交通（集团）有限公司的委托，组成联合体承担重庆轨道交通 3 号线二期工程勘测设计总承包工作。重庆轨道交通 3 号线是重庆市开通的第三条轨道交通线路，由南向北延伸，连接重庆南岸、渝中和江北。重庆轨道交通 3 号线有两大突破：一是跨越两江，成为国内首条横跨长江的轨道交通线路；二是连接机场，使重庆成为继北京、上海、广州、深圳之后，国内第五个轨道交通直达机场的城市。重庆轨道交通 3 号线二期工程在轨道交通 2 号线（轻轨较新线）基础上进行了广泛的设计创新，信号采用基于移动闭塞的 CBTC 系统；更加注意防灾救援，在 PC 轨道梁下增设了检修救援疏散通道；车站设计更加注重以人为本，车站扶梯采用“一上两下”；由于重庆夏季酷热，在车站站台设置了空调候车室；考虑到轨道交通 3 号线接入江北机场，在主要换乘车站设置了自主值机柜台，乘客可以在轨道交通 3 号线两路口站和重庆北站直接办理登机牌，再乘坐轻轨车到机场登机，此举在国内轨道交通行业中也属首创。轨道交通 3 号线于 2008 年 3 月 28 日正式启动，2011 年 9 月 29 日首段四站四区间开通试运营，2011 年 12 月 30 日全线开通试运营。从此，中铁二院走在了全国轻轨行业“总体承包设计”和工程质量的前列，在激烈竞争的市场开辟了崭新的领域。

中铁二院自逐鹿广州，从“零”开始，智取并树立国内首个地铁设计总承包项目成功典范后，20 多年来，在北京、上海、深圳、广州、重庆、成都、杭州等 25 个城市主持或参与了 50 余条地铁的勘测设计总承包、工程设计及设计咨询，同时在伊朗、埃塞俄比亚、印度等国家承担了城市轨道交通的勘测设计、设计咨询项目。

经过 20 多年的城市交通轨道和地铁设计，中铁二院在线路、运营组织、车站及区间、车辆段及综合基地、通信、信号、供电、自动售检票（FAS）等系统和专业设计方面积累了丰富的设计和管理经验，对运营管理、系统配置、多制式的城市轨道交通系统、设备国产化方案有较深的研究，掌握国内外在上述领域的技术发展方向及动态信息。

中铁二院城市轨道交通设计先后荣获国家科技进步奖 1 项，省部级科技进步奖 9 项，全国优秀工程勘测设计奖 2 项，省部级优秀工程勘测设计奖 30 项，国家优质工程奖 2 项，中国土木工程詹天佑奖 2 项，全国优秀工程咨询成果奖 2 项，省部级优秀工程咨询成果奖 4 项，发明专利 4 项。

（七）进军高速公路

中铁二院是国内最早参与高速公路勘测设计的单位之一。在国内第一批建设的高速公路工程中，镌刻着中铁二院的名字。

20 世纪 80 年代末，中铁二院荣幸地承担了四川第一条高速公路——成渝高速公路重庆段的勘测设计任务。

成渝高速公路是当时四川境内成都与重庆连接的一条重要交通通道，它西起成都五桂桥，东至重庆陈家坪，全长 340.2 km。其中，由中铁二院勘测设计的成渝高速公路重庆段，西起桑家坡，经缙云山长隧道和中梁山特长隧道至重庆陈家坪，全长 114.2 km。这一路段是成渝高速公路建设难度最大、单位投资最高的一段，也是我国第一条在高山重丘地带修建的高速公路。

当年，高速公路在我国还几乎处于空白，其勘测设计没有成熟的理论和方法可以借鉴，也没有成熟的模式和经验可以照搬。中铁二院人凭借几十年来在铁路建设中培养起来的一大批优秀工程技术专家和具备的线路、桥梁、隧道、地质、路基、通信、信号、电气化、建筑、给排水及环境评价、地下铁道、航测等多专业化优势，抽调各专业资深专家和精兵强将会战成渝高速公路。

图 4.5　成渝高速公路重庆段

图 4.6　鸟瞰成渝高速公路

中铁二院人将丰富的山区铁路选线经验与高等级公路线标准要求相结合，进行了详细的现场勘测和技术方案比选，很快形成了独具特色的高速公路选线方法，取得了优秀的设计成果。成渝高速公路中梁山隧道、缙云山隧道的设计与修建成果最为突出。两隧道均为双洞双车道，总延长为 11 276 m，其中中梁山隧道长 3 160 m，缙云山隧道长 2 471 m。中梁山隧道是修建成渝高速公路的关键工程，是新中国第一座高速公路特长隧道。该隧道工程地质、水文地质、人文条件复杂，存在有岩溶、采空区、瓦斯、断层、岩爆、侵蚀性地下水等诸多问题，是集“五毒”于一身的隧道工程。中铁二院在设计中做了 20 个方案比较优化，采用先进的新奥法施工，展开了一系列科技攻关活动，从而为安全快速和降低造价提供了保障，为我国公路特长隧道建设的理论和实践作出了开创性贡献。中梁山隧道工程地质勘察和设计，分别获全国第六届优秀工程勘察铜奖和全国第八届优秀工程设计铜奖。成渝高速公路的勘察设计质量达到了国际同期水平，成为中国高速公路设计的先驱，为国家高速公路技术标准的制定奠定了基础。

继成渝高速公路之后，中铁二院人又勘察设计出优秀的重庆梁平至万县高速公路方案，得到各方好评并且采用。

图 4.7　梁万高速公路

全长 67 km 的梁万高速公路穿行于崇山峻岭之间，地质条件十分复杂，大滑坡多达 16 处；全线按四车道高速公路标准建设，沥青混凝土路面，时速为 80 km，总投资近 60 亿元。梁万高速公路高墩林立，最高的桥墩达 102.5 m；一路桥隧相连，16 座隧道单洞总长达 11 km，桥梁 54 座总长达 10 km，桥隧长度占总里程的 22%，当时属全国高速公路建设中最为艰巨的项目之一。

这条高速公路本已由其他设计院完成了可研报告及初步设计，但方案不稳定。在组织专家评审时，中铁二院专家组认为这个方案需要改进的地方太多。于是，中铁二院新成立的交通设计研究院组织大批人员重新踏勘，优化线路方案。在四川省交通厅重新组织的评审会上，中铁二院的新方案不但比原方案减少线路长度 5 km，而且节省工程造价近 1 亿元。评审会上，四川省交通厅领导当即决定由中铁二院做一段设计。

在中铁二院的精心设计下，梁万高速公路创造了很多第一：第一次运用抗滑桩、预应力锚等技术综合治理公路地质灾害；第一次将工程防护与生态防护相结合整体实施环保工程；第一次全线实施彩色诱导、震标警示、声屏降噪的高速公路项目。

现在，中铁二院承揽的高速公路工程项目，已经遍布祖国各地。

三、中铁二院重庆勘察设计研究院有限责任公司

（一）扎根山城的精锐勘测设计队伍

1953 年 12 月，在重庆市上清寺互助里，中铁二院重庆勘察设计研究院有限责任公司的前身——铁道部第二设计院第二勘测设计总队顺应时代号召，应运而生。

1956 年 1 月，第二勘测设计总队更名为第二派遣总队，总队机关驻宜宾，负责成昆线的

勘测设计工作，下属两个分队。

1957 年 2 月，第二派遣总队，改为第二勘测总队。

1958 年 2 月，铁二院决定成立第四勘测总队，1959 年 6 月第四勘测总队又被撤销，铁二院将四川省境内的铁路勘测设计任务交由第二勘测总队承担。

1961 年 2 月，撤销第二勘测总队，对外业务的管理和指导工作划归铁二院勘测处直接领导。

1964 年 9 月，为适应西南铁路建设的需要，重新成立第二派遣总队（驻峨眉），负责督促、检查成昆线成都至西昌段作业队（组）的生产工作和担任该段现场设计及配合施工任务。

1964 年 12 月，铁二院恢复三级管理体制，第二派遣总队改名为第二总队。

1965 年 2 月，铁二院组织成立第四总队，担负成昆线泸沽至金江段的勘测任务，总队机关驻西昌。

1965 年 10 月，为进一步贯彻“谁勘测，谁设计”的方针，第二、第四总队改称为第二、第四勘测设计总队，所属勘测队一律改为勘测设计队。

1966 年 6 月，铁二院成立第六勘测设计总队，担负襄成线安康至光化段勘测设计任务。

1970 年 9 月，铁二院所属各总队改名为“交通部第二铁路设计院第 × 总队”。

1971 年 5 月，铁二院通知撤销第四总队，第四总队与第二总队合并，合并后称“交通部第二铁路设计院第二总队”，总队机关驻四川省蓬溪县蓬莱镇。同年 11 月，第二总队机关迁至四川夹江县。

1971 年 7 月，铁二院通知第六总队改名为第四总队（新四总队），总队机关驻重庆市南岸区。

1972 年 11 月，铁二院决定撤销第四总队（新四总队）及其所属第四地质队、第四站场设计队。

1975 年 1 月，恢复“铁道部第二勘测设计院二总队革委会”。

1978 年 4 月，第二总队更名为第二勘测设计总队。

1983 年 7 月，设立重庆设计处，负责重庆地区铁路勘测设计及基地建设管理工作。下辖原二总队的第十勘测设计队和精密测量队，机关设党委办公室、纪委、工会、组织科、宣传科、处长办公室、行管科、基建科、计划技术科、设计科、公安科等机构。此后随着形势的发展和生产任务的需要，机构有所变动。先后增设人武部；撤销党委办公室，成立政治处；设技术室，撤销设计科；设计划财务科、人事科；设建筑设计室；新设汽车队、物资科。

1984 年 8 月，第二总队和重庆设计处改为“铁道部第二勘测设计公司第二分公司”和“铁道部第二勘测设计公司重庆分公司”；对外分别称“中国华阳工程咨询公司第二公司、重庆分公司”。1985 年 9 月，又恢复称第二勘测设计总队和重庆设计处。

1988 年 1 月，重庆设计处改称为“铁道部第二勘测设计院重庆分院”。下辖原第二总队的勘测设计七队、勘测设计八队、勘测设计十九队、地质二队，人员由 394 人增至 928 人。同时，管辖原第二总队成都修配厂，设立重庆地区上标修理组。为便于生产调度，增设重庆分院成都办事处。

1989 年 5 月，重庆分院改称为“铁道部第二勘测设计院第二分院”。增设卫生所、监审科、质量管理办公室；撤销技术室，成立总工程师办公室、线路设计室、地质室、路基设计室、桥隧设计室、站场设计室；计划财务科分为计划经营科和财务科；并成立退休职工办公室。1992 年 8 月以后，又增设施预室、综合档案室和工程承包部；撤销劳动服务公司，设立多种经营公司。原公安段更名为第二公安分处；原退休办改为退休科。

2007 年 4 月，改名为中铁二院工程集团有限责任公司重庆设计研究院，其业务由以勘察为主转型为以设计为主。

2010 年 6 月，改制为中铁二院重庆勘察设计研究院有限责任公司（以下简称重庆公司），由过去的分公司改为子公司。此后至今未再更名。

名称在变，辉煌不变，在迄今近 70 年的伟大历程里，重庆公司的发展离不开历任领导打下的坚实基础。

改制前（2010.7 前）历任领导名单

历任分院（总队、处）长（含革委会主任）：张永平、马元俊、钟名荣、王德胜、王朝贵、张永昌、燕生、张双英、孙芝星、孙阳艾、赵俊发、肖应中、宋吉仁、唐敬华、符刚昌、卓文森、秦大禹、穆亚翔、陈杰、向林

历任副分院（总队、处）长（含革命会副主任）：孙阳艾、张永昌、王德胜、杨茂庭、冯俊岩、赵俊发、丁国臣、严勋、王兆丰、张宝珊、李澜昌、孙芝星、马可进、祝云诚、王永皋、熊振华、石岩、胡文、李俊臣、陈荣富、张敬阁、宋吉仁、吴哲昌、孟庆国、唐敬华、符刚昌、杨明辉、吴克铭、胡根连、李宏森、罗成模、韩传银、漆宝瑞、秦大禹、陈杰、钟坤华、陈德君、何旗、杨正国、李正川、唐先国

历任分院（总队、处）党委书记（政委）：张永平、李树茂、钟名荣、刘俊德、祝云诚、石岩、贺长盛、苏昌明、牟绪则、宋吉仁、卓文森、杨明辉、李宏森、张文健、秦大禹、陈杰、龙旭

历任分院（总队、处）专职党委副书记（政治处主任）：刘喜才、杨茂庭、金树文、严勋、张宗云、李树茂、钟名荣、郭明文、王永皋、文桂生、黄祖兴、李俊臣、包修义、崔启富、刘期武、宋吉仁、吴克铭、杨明辉、许成兆、梁隆佐

历任分院（总队、处）总工程师：窦瑞芝、梅福强、任安石、高书楼、郑凤池、李华、凌爵刚、唐康侯、贾毅、肖应中、李开其、曾永清、张文健、胡新民、周定祥

历任分院（总队、处）专职纪委（监委）书记：郭明文、徐本富、韩传银、罗范章、谷钢铁、向林、王爱国、何旗

历任分院（总队、处）工会主席（主任）：项亚东、王德臣、李良明、王绍业、于学刚、张元岭、程忠盈、张灵贵、向林、王爱国、何旗

改制后（2010.7 后）公司历任领导人名单

党委书记（含董事长、执行董事）：龙旭、向林
历任党委副书记（含总经理）：向林、李正川
历任监事会主席（含监事）：何旗、唐先国、翟松泉
历任专职党委副书记：唐先国
历任副总经理：李正川、周定祥、唐先国、周大印、李青良、刘贵应
历任总工程师：周定祥
历任纪委书记：何旗、唐先国、翟松泉
历任工会主席：何旗、唐先国、翟松泉
历任总会计师：陈安敏、朱海异

重庆公司业务范围主要是：铁路工程、公路工程、城市轨道交通工程、市政公用工程、工业与民用建筑工程、地质灾害防治工程、环境工程、港口及码头工程的设计咨询、工程造价咨询、建设工程项目管理等。设有线路、轨道、地质、环评、路基、站场、经调、行车、城市规划、交通规划、物流、建筑、结构、给排水、暖通、电气化、电力、通信、信号、工程经济等 20 多个专业。

伴随着中铁二院前进的步伐，重庆公司走过了 67 年的风雨历程。在中铁二院的辉煌史册上，有重庆公司浓墨重彩绘就的画图。重庆公司近 300 名员工中，博士、硕士、高级工程师和各类注册工程师等高级专业技术人才占 60% 以上。同时拥有铁路评标专家 36 人，拥有重

图 4.8　中铁二院重庆勘察设计院有限责任公司办公楼

庆市建筑行业专家库专家、重庆市综合评标专家、重庆市重大项目稽查专家库专家、重庆市科学技术局咨询专家、重庆国土房管局土地整治专家等38人，中铁二院专业技术带头人6人，重庆交通大学客座教授和兼职教授9名。

重庆公司借助中铁二院拥有的工程项目咨询、工程勘察、工程设计、工程监理等24个涉及铁路、公路、建筑、市政建设、广电通信、环境保护等多个行业、专业的40多项资质证书，其中包括国内铁路勘察设计企业中唯一的国家建设部颁发的具有公路勘察设计“四甲”资质证书、ISO 9001质量体系认证证书、英国皇家认可委员会（UKAS）颁发的“国际标准认证证书”、中国船级社质量认证公司颁发的“质量管理认证书”等，秉承“唯物求实、精心设计、团结协作、艰苦创新”的企业精神，秉承“以科技求发展、以质量求生存”的服务理念，秉承“精心勘察、精心设计、科学管理、严格把关”的服务方针，攻坚克难、勇于跨越、追求卓越，在铁路、公路、轻轨、地铁、市政建设、环境工程、地质灾害防治等各个方面创造了多个辉煌的篇章。

（二）重庆公司一路走来

重庆公司独立承担设计任务的铁路项目有：内昆铁路大关至苍坪段、渝怀铁路重庆至涪陵段、隆昌至泸州铁路技改、南川至涪陵铁路、三江至南川铁路、重庆至万州铁路客运专线、郑州至万州铁路客运专线、渝怀铁路增建二线、兰渝铁路南充东至高兴段单线、重庆至黔江城际客运专线、铜仁至玉屏城际客运专线、遵义—金沙—毕节铁路、新建地方铁路叙永至大村线以及重庆长寿川维铁路专用线、重庆南川水江铁路专用线、重庆白涛化工园区铁路专用线、重庆长寿化工园区铁路专用线、重庆鱼嘴进港铁路专用线、重庆涪陵区北拱货场铁路专用线、重庆合川区路口电厂铁路专用线、重庆合川化工工业园区铁路专用线、重庆至万州铁路客运专线、新建郑州至万州高铁、新建重庆至万州高铁、新建兰渝高铁重庆至遂宁段、新建渝湘高铁重庆至黔江段、新建渝湘高铁黔江至吉首段、新建重庆至昆明高铁、新建渝武高铁重庆至利川段、成渝中线高铁、渝贵高铁、渝昆高铁引入重庆东站枢纽段工程、南川至涪陵铁路、三江至南川铁路、东环线、改建渝怀线涪陵至秀山段增建第二线、新建市郊铁路磨心坡至合川线、地方铁路叙永至大村线、新建地方铁路连界至乐山线、新田港铁路集疏远中心等。

参与勘察设计的铁路项目有：宝成电气化铁路增建二线、成昆铁路电气化改造、南昆铁路、黎湛铁路增建二线、湘黔铁路、湘桂铁路黎塘至南宁段扩能应急工程、川黔铁路电气化改造、襄渝铁路增建二线、达成铁路、胶济铁路电气化改造、株六铁路增建二线、内昆铁路、渝怀铁路、焦柳铁路襄樊至石门段增建二线、黔桂铁路扩能改造、达万铁路、福厦铁路、厦深铁路、浙赣铁路复线电气化改造、兰渝铁路、遂渝铁路、郑西客运专线、武广客运专线、成都铁路枢纽、重庆铁路枢纽、青岛铁路枢纽、厦门铁路枢纽、南宁铁路枢纽、攀钢铁路专用线、西昌卫星发射中心铁路专用线等。

在城市轨道交通方面，重庆公司依托中铁二院雄厚的技术实力，先后参与勘察设计的城市轨道交通项目有：重庆轨道交通2号线较（场口）新（山村）线一期工程、重庆轨道交通

3号线二期工程（龙头寺—江北机场）、重庆轨道交通5号线、深圳地铁3号线、昆明城市轨道交通工程3号线、重庆轨道交通3号线北延伸、成渝铁路重庆站至江津站段改造工程、深圳地铁13号线、重庆市域轨道交通26号线、重庆市域轨道交通27号线、重庆市域快线璧山至铜梁线、较新线。尤其在重庆轻轨的勘察设计过程中，积累了许多宝贵的经验。

在高速公路方面，重庆公司参与勘察的公路项目主要有：成渝高速公路、重庆至邻水高速公路、重庆至长沙高速公路彭水至武隆段、广深珠高速公路、沪宁高速公路（无锡段）、上海亭枫公路、广东中山南三公路、南京外环一级公路、二滩水电站重载公路、深圳南头至光明高速公路、广州沿江高速公路、国道210线重庆机场快速路、广州东南西环高速公路、重庆万梁高速公路、甘肃白银至兰州高速公路。承担设计的公路项目有：达渝高速公路罗江至仰天湾段、遂渝高速公路高滩岩至土主段、重庆云阳农坝至江口公路、重庆酉阳县渤海至桂棠公路、重庆彭酉公路彭水至龚滩段、黔江至咸丰公路、省道S901线巫山桃树垭至金盆寺公路等。

在市政工程方面，重庆公司可谓成绩显著，先后承担设计的市政项目有：重庆南滨路、重庆城市快速干道陈庹路、重庆双碑隧道、重庆永川港桥工业园道路、重庆合川白鹿山片区道路、重庆北碚菜家组团B区道路、重庆云阳新县城北部新区道路、重庆合川工业园区道路、重庆江北国际机场东航站区及配套设施方案规划设计、重庆沙坪坝火车站换乘枢纽综合改造工程方案设计、重庆市快速路一横线歇马隧道工程、重庆菜园坝火车站换乘枢纽综合改造工程方案设计及可行性研究、重庆沙坪坝天星桥至杨公桥道路拓宽改造红槽房立交工程、重庆北碚十里温泉城市政景观道路工程、重庆两江新区复盛综合交通枢纽、重庆快速路三纵线红岩村嘉陵江大桥至五台山立交段工程、星光隧道、梁平南综合交通枢纽、云阳站综合交通枢纽、巫山站广场及配套设施、万州北综合交通枢纽、二横线物流园区至礼白立交工程设计等。

在地质灾害防治方面，重庆公司具有设计、评估、咨询的雄厚技术实力，通过承担三峡库区重庆市第一至第三期地质灾害防治工程技术顾问工作，赢得了市场的普遍赞誉和认同。先后承担了三峡库区重庆市第一至第三期地质灾害防治项目、四川省地震灾区重大地质灾害防治工程项目、都江堰市深沟泥石流、玉垒关危岩、鲜家沟滑坡等项目的勘察设计任务以及重庆云阳张飞庙滑坡抢险治理工程。

同时，重庆公司还承担了中国铝业水江铁路（企业）专用线EPC项目的总承包、铜梁导轨电车EPC项目、云阳站综合交通枢纽EPC项目，参与了中铁二院工程集团有限责任公司阿尔及利亚BBA至THENIA铁路和格鲁吉亚第比利斯绕城铁路等海外项目。

在勘察设计的日常工作中，重庆公司坚持“设计与科研两手抓、双促进”的原则，完成了一批经典工程，收获了一批科研成果，如红层高边坡稳定性分析与治理措施及滑坡动态预报系统研究、三峡水库周期性水位变化对滑坡抗滑工程效果影响研究、三峡水库175 m蓄水对奉节县猴子石滑坡体上房屋基础及安全影响认证、三峡库区高边坡稳定的可靠性研究、重庆轨道交通3号线下穿江北机场跑道的隧道工程关键技术研究、山区铁路四线双柱式墩及预应力混凝土盖梁研究、西南地区铁路层状岩石边坡抗震优化技术研究、新建高速铁路重庆至万州客运专线无砟轨道减振技术研究、复杂城市环境下特大异形连拱隧道快捷修建关键技术研究、叙大铁路龙山车站高路堤椅式桩板墙应用研究、54 m超宽斜弯连续箱梁桥建造关键技术研究、大型综合交通枢纽火灾防控技术研究、大规模高密度城市隧道群修建关键技术研究、都市快轨与国铁线网关系研究、都市快轨列车线综合控制系统研究、胶轮导轨电车路面结构与材料关键技术、复杂城市环境下综合交通枢纽成套技术研究、长江峡谷四线铁路斜拉桥关键技术研究、郑万高铁大断面隧道安全快速标准化修建关键技术研究、郑万高速铁路重庆段桥隧工程建造关键技术研究、超大深基坑开挖支挡及临近既有高层建筑变形控制研究、渝怀铁路高陡峡谷区增建二线路基工程关键技术研究。

近70年来，重庆公司扎根重庆，走向全国，走向世界，为重庆乃至全国的铁路、公路、市政等基础设施贡献了青春、汗水和热血，取得了一项又一项成就，谱写了一篇又一篇辉煌乐章，先后获得国家、铁道部、四川省、重庆市27项奖励。

今天，重庆公司站在新的起跑线上，全体员工以只争朝夕的精神，自强不息，开拓进取，在迈向具有独特优势的发展之路上，依靠自己的智慧和勤劳创造更加辉煌的业绩，迎接更加灿烂的明天。

附 录

FULU

附录一 重庆铁路发展大事记

1949 年

12 月 8 日 中共中央西南局进驻重庆，时任中共中央西南局第一书记邓小平即向中央提议修建成渝铁路，“以修建成渝铁路为先行，带动百业发展，帮助四川恢复经济”。中共中央西南局关于修建成渝铁路的报告，很快通过周恩来总理审定，得到毛泽东主席批准。

1950 年

6 月 中国人民解放军筑路总队在重庆九龙坡、油溪等地开始施工成渝铁路。当时尚存国民党残匪，部队一边施工，一边剿匪。

10 月 抗美援朝战争开始，中国人民解放军筑路部队归还建制并且参战。西南军政委员会决定，川东、川南、川北、川西 4 个行署组织动员 10 万民工继续施工。

1952 年

7 月 1 日 成渝铁路胜利通车，2 万多人在重庆菜园坝车站举行通车典礼。铁道部部长滕代远代表毛泽东主席向成渝铁路通车表示祝贺，并将毛泽东主席题词“庆祝成渝铁路通车，继续努力修筑天成路”颁给西南铁路工程局。

9 月 18 日 铁道部决定将西南铁路工程局一分为二，勘测设计方面成立铁道部新建铁路设计总局西南设计分局（中铁二院前身）。12 月，该局机关由重庆市两路口迁至重庆市上清寺互助里 43 号。1954 年迁往成都。1956 年 1 月，更名为铁道部第二设计院。1985 年 8 月，更名为铁道部第二勘测设计院。2001 年 9 月，更名为铁道第二勘测设计院。2006 年 7 月，更名为中铁二院工程集团有限责任公司，简称中铁二院。该院是中国勘察设计行业的领军企业。

1953 年

1 月　綦江铁路是解放前重庆唯一一段准轨铁路，1943 年 1 月开工，至 1949 年底完成 67.5 km 里程。重庆解放以后，延修綦江铁路，1950 年 10 月，綦江至三江 18 km 线路通车；1953 年 1 月，三江至赶水 41 km 通车。后来，这些线路成为川黔铁路的一部分。

1959 年

10 月 1 日　白沙沱长江铁路大桥建成通车。这是我国继武汉长江大桥以后建成通车的万里长江第二桥。该桥是川黔铁路的组成部分。

1965 年

10 月 1 日　川黔铁路全线建成通车。川黔铁路修建经历了艰难曲折的过程。1956 年初，川黔铁路勘测设计任务全部完成，同年 6 月全线重点工程开工建设，1960 年国民经济调整下马，1963 年恢复建设。1964 年，“三线建设”开始，作为重点铁路工程加紧修建。1965 年 7 月全线接通。

1979 年

12 月　襄渝铁路全线交付运营。1969 年底，中共中央决定修建襄渝铁路。由中国人民解放军铁道兵 24 万人和川陕鄂三省 50 余万民兵展开大会战。1973 年 10 月 9 日全线接通。1975 年临时运营。

1991 年

12 月底　川黔铁路电气化工程全面完成。川黔铁路电气化工程于 1986 年 3 月开始施工。至此，该线小南海至赶水段年输送能力由 900 万 t 提高到 2 050 万 t，赶水至贵阳段由 400 万 t 提高到 1 279 万 t。

1992 年

7 月 1 日　成渝铁路电气化工程全面完成。全线输送能力由 650 万 t 提高到 1 300 万 t，其中重庆至内江段能力提高到 1 520 万 t。成渝铁路电气化工程 1980 年 2 月开工，由成都站逐站推向重庆。同时，重庆站（菜园坝）完成扩建改造。

1995 年

12 月　襄渝铁路渝达段电气化工程全面竣工投运。至此，襄渝铁路全线实现电气化。该线电气化工程分三段进行。襄阳至安康段于 1980 年 10 月竣工，电气化工程与线路交付运营同步。安康至达州段于 1983 年 12 月竣工。达州至重庆段于 1993 年 8 月开工。襄渝铁路全线电气化工程完成以后，成为西南地区客车运行速度最快的线路。渝达段客车运行时速达到 120 km，达州至襄阳达到 100 km；全线货物输送能力由每年 850 万 t 增至 1 724 万 t，终达 2 200 万 t。

2002 年

10 月　通往三峡库区的铁路干线达万线建成，开通货运，于 2004 年 11 月开通客运。该线于 1997 年 10 月开工，设计能力日通行客车 8 对，年货物通过能力 661 万 t。2010 年初，开始电气化改造，同年 12 月 7 日竣工，年通过能力提升到 2 200 万 t。

2006 年

1 月　渝怀铁路建成，开通货运。该线于 2000 年 12 月 16 日举行开工动员大会，2005 年底竣工交验。渝怀铁路为 I 级单线、预留复线条件，一次性建成电气化，是西部开发十大工程之一。2007 年 4 月，渝怀铁路开通客运。2009 年 9 月，渝怀铁路二线渝涪（重庆北至涪陵）段开工，2013 年 12 月建成投运。渝怀铁路二线涪梅段（涪陵至秀山梅江）2015 年底开工，预计 2020 年竣工，梅江至怀化段亦将同时竣工。届时，渝怀铁路将形成双线电气化大能力通道。

同月　遂渝铁路建成通车。遂渝铁路设计速度为 160 km/h，是当时西南地区设计速度最快的线路，与渝怀铁路共同构成川渝地区铁路东通道。该线于 2003 年 2 月开工，为单线电气化 I 级干线。2009 年遂渝铁路二线开工，2012 年 12 月全线开通运行。旅客列车设计行车速度为 200 km/h。

2009 年

12 月　团结村集装箱中心站建成投入运营，该站是全国铁路系统 18 个集装箱中心站之一。

2010 年

6 月　中铁二院重庆勘察设计研究院有限责任公司改制成立。该司是中铁二院工程集团有限责任公司的全资子公司。其前身系铁道部第二勘测设计院重庆设计处，1983 年 6 月成立，

1988 年改名为铁道部第二勘测设计院重庆分院。1997 年重庆直辖时改名为铁道部第二勘测设计院重庆勘测设计研究院。2007 年 4 月改名为中铁二院工程集团有限责任公司重庆设计研究院。此次改制，由过去的分公司改为子公司。

2011 年

3 月　重庆率先开通渝新欧铁路物流通道。该集装箱班列由团结村始发，经新疆进入哈萨克斯坦，再经俄罗斯、白俄罗斯、波兰，到达德国杜伊堡。后全国多地开行类似班列，经铁道部协调，统一命名为中欧（××）班列。

2012 年

9 月 30 日　南涪铁路建成通车，该线是铁道部与重庆合资建成的第一条铁路，与三万南铁路共同构成渝黔与黔怀两大铁路通道之间联络线。按国铁Ⅱ级标准设计，单线电气化，设计速度为 120 km/h。2009 年开工，2012 年 5 月铺轨完成，8 月全面交验。

2013 年

12 月　渝利铁路开通运营。渝利铁路是沪汉蓉快速客运通道的组成部分。2008 年 12 月开工建设，2013 年 7 月完成铺轨。该线是以客运为主、兼顾货运的国铁Ⅰ级双线电气化铁路，设计客运时速为 200 km。至此，连接上海、武汉、重庆、成都的快速客运通道全线打通。

2014 年

8 月　兴隆场编组站投入运营，是全国路网性编组站之一，双向三级七场，日解编能力 2.4 万辆。原重庆西编组站改造为重庆西客站的动车维修所。

9 月　国务院印发的《关于依托黄金水道推动长江经济带发展的指导意见》提出：形成快速大能力铁路通道，建设上海经南京、合肥、武汉、重庆至成都的沿江高速铁路。改扩建沿江大能力普速铁路，规划建设衢州（经黔江）至丽江铁路。加快建设上海、重庆等 14 个全国综合性交通枢纽。充分利用区域运输通道资源，重点加快城际铁路建设。成渝城市群要建设以重庆、成都为中心的“一主轴、放射状”城际交通网络。

2015 年

1 月　重庆北站北广场建成，站房面积为 11 万 m^2。此前于 2006 年 10 月建成投运的重庆北站南广场站房面积为 1.6 万 m^2。重庆北站是全国铁路特等车站。

11 月　长寿化工园区铁路专用线建成通车，该线起自渝怀铁路珞璜站，终至长寿晏家站。2012 年 3 月开工。主要服务于川维、巴斯夫等特大型化工企业。

12 月　成渝高铁建成通车。成渝高铁，又称成渝客运专线，是贯穿成渝城市群的第三条铁路走廊。该线为双线无砟轨道，旅客列车设计速度目标值为 350 km/h。2010 年 11 月 17 日开工，2014 年 7 月 30 日开始铺轨，2015 年 9 月进入联调联试阶段。成渝高铁建成通车使成渝两大城市旅行时间缩短为 1 h 多。

12 月　郑万高铁开工。该线是国家快速路网京昆通道的组成部分，双线电气化客运专线，设计速度为 350 km/h，建设工期 5 年。该线河南段于同年 10 月开工，湖北段于 2016 年 12 月动工。

2016 年

7 月 13 日　国家发展改革委、交通运输部、中国铁路总公司联合印发《中长期铁路网规划（2016—2030 年）》。该规划经国务院批准，确定构筑“八纵八横”高速铁路主通道，通过重庆的有京昆、包（银）海、兰（西）广三大纵向通道，沿江、厦渝两大横向通道。

11 月　渝万城际开通运营。渝万城际是我国铁路网中长期规划中重要客运专线郑渝（郑州—重庆）高铁的一段。2013 年初开工，2016 年 3 月完成全线铺轨，7 月进行联调联试。

12 月 5 日　三万南铁路扩建改造工程竣工投运。该线由三江至万盛、万盛至南川两段铁路组成。2010 年 12 月，三万南铁路扩建改造工程开工，由铁道部与重庆市合资修建，设计标准等级为国铁Ⅱ级，单线电气化，行车时速 120 km，客货兼营。

2017 年

9 月 29 日　兰渝铁路建成通车。兰渝铁路于 2008 年 9 月正式开工，预定建设期 6 年。因长大隧道地质状况异常复杂形成限制性因素，造成整个工期延迟，2014 年中国铁路总公司作出“逐年分段开通”的决策。2015 年 12 月，广元至重庆段建成通车。2017 年 9 月，夏官营至岷县段开通，随后全线通车。至此，兰渝铁路建成通车，历时 9 年。

2018 年

1 月 25 日　重庆西站建成投入使用。该站建筑面积 12 万 m^2，是全国铁路系统特等客站、十大高铁客站之一。

1 月 25 日　渝贵铁路开通运营。渝贵铁路又名渝黔铁路，或渝黔快速铁路，为国铁Ⅰ级双线电气化客货共线快速铁路，设计目标值按 200 km/h，并适当预留提速条件。2010 年 10 月 23 日，全线开工；2017 年 3 月 26 日，全线铺通；10 月 12 日，开始联调联试；12 月 23 日，全面进入运行试验。该线投入运行以后，川黔铁路转换为货运专线。

8 月 18 日　中国铁路工程总公司、重庆市人民政府批复《重庆铁路枢纽规划（2016—2030 年）》，主要明确了枢纽范围、规划年度、枢纽总图方案及近期工程等事项，确定客运系统形成重庆、重庆西、重庆北、重庆东站“四主”客运站布局；货运系统形成“1 ＋ 2 ＋ 12”三级物流节点网络，其中，团结村为一级物流基地，小岚垭、鱼嘴为二级物流基地。

11 月 23 日　渝湘高铁重庆至黔江段开工。该线是国家中长期路网规划渝厦通道的组成部分，设计技术标准为双线高速铁路，行车速度为 350 km/h。建设工期 5 年，预计 2024 年全线建成通车。

2019 年

7 月　黔张常铁路开始联调联试，2019 年 12 月开通运营。该线是国家中长期铁路网规划渝厦快速铁路的组成部分，为国家Ⅰ级双线电气化快速铁路，设计时速 200 km。

9 月 2 日　国家发展改革委颁布《西部陆海新通道总体规划》，规划的三条主通道中有两条起自重庆：一是自重庆经贵阳、南宁至北部湾出海口，二是自重庆经怀化、柳州至北部湾出海口。至此，由重庆倡导的陆海新通道上升为国家行为。2017 年 4 月，重庆开往北部湾的集装箱班从团结村发出。9 月 25 日，首个常态化班列正式开通。

9 月 29 日　渝昆高铁重庆段正式开工建设，中国国家铁路集团有限公司和重庆市人民政府举行开工典礼。渝昆高铁四川段在泸州市同步启动。渝昆高铁是国家中长期铁路网规划京昆通道的南段，为双线高速铁路，设计时速为 350 km，建设工期 6 年。

11月8日　重庆与中国国家铁路集团有限公司成立了合资的重庆铁路投资集团有限公司，这对实施重庆铁路发展愿景具有决定意义。

附录二 专家评论

陈之惠（重庆市人大常委会原副主任）：我是新中国建设的第一条铁路——成渝铁路的见证者，参加了成渝铁路的通车典礼。中铁二院成立初期在重庆市市中区上清寺办公时，我作为市计委工作人员常去那里。我们双方合作很好，心情愉快。中铁二院有国家大院风骨，敢担当。70年一路走来，我经历了重庆铁路发展的历史，也是亲身参与者。这本书是一部重庆铁路发展史诗，也是中铁二院的奋斗史、创业史。我阅读书稿倍感亲切欣慰。相信这本书对读者会有许多启迪。这本书还有一个特点，即不但是讲历史，还展望未来，集中展示和解读中央和市政府关于发展规划中涉及重庆铁路建设的安排，并搜集分析整理了相关机构包括中铁二院的研究成果，对2035年重庆铁路发展愿景作了描述。这部分内容是十分珍贵的，一般读者很难接触到，对于政府工作人员、规划工作者也会有所帮助。如果经过大家的共同努力，能够大体实现这个愿景，我们重庆的发展前程将更加辉煌。

吴家农（重庆市人民政府原副市长）：本书对重庆铁路发展史如何写，作了有益的探索。它既不同于志书，也不同于一般的文学描写；既有历史史实记述，也有艰苦奋斗的场景；既有翔实的数据，也有图文并茂的佐证；既有过去的成就，也有对未来的展望。各方面综合起来，使我们读后既了解了过去，也对未来充满了希望。重庆铁路建设经过几十年的发展，取得了翻天覆地的变化，本书记录了这些变化过程，讴歌了建设者的奋斗业绩，是一份很好的研究成果。

艾新全（著名党史专家、重庆市委党史研究室原巡视员）：本书介绍了重庆铁路70年发展历程，科学地把70年划分为三大时期，叙述了三个时期重庆铁路发展的特点：即筚路蓝缕、奠定基础；调整巩固、稳定发展；快速发展、提档升级。特别是按建设开工年份为序，介绍了各条铁路干线的项目背景、建设情况、难点和关键、建成通车后的意义和影响，我读后深感震撼。重庆铁路短短几十年发生了巨大变化，取得的发展成就是在中国共产党领导下，全市人民在各方面支持下，艰苦奋斗，共同努力的结果，特别是凝聚了中铁二院工程技术人员的无私奉献。课题大量采用政府部门和铁路建设管理、设计、施工等相关单位的资料，来源可靠、数据翔实、图文并茂，给我们展现了一幅幅史诗般的恢宏图卷，给人留下深刻印象。

周建池（重庆市发展改革委副主任）：重庆铁路70年来发生了巨大变化，取得了辉煌成就，这是广大干部、群众和工程技术人员共同奋斗和奉献的成果。重庆铁路已经初步形成大通道、大枢纽的格局，具备更快更好的发展条件。重庆市发展改革委是市政府综合经济部门，负责全市经济社会发展的总体策划和运行调控。推进交通基础设施建设是重庆市发展改革委的重要职能。几十年来，重庆市发展改革委直接策划、参与和推动了若干铁路重大建设项目，取得了显著的成绩。本书全景式地展现重庆 70 年铁路建设的壮丽画卷，也展示了铁路建设参与者的业绩与风采，其中也有我们重庆市发展改革委创造的一份荣耀。本书还轮廓性地描述了重庆铁路发展的美好愿景，尽管是一家之言，但不乏闪光点。所以，我认为，这是一本很好的书。本书还可以作为年轻人很好的国情教育教材，也可以为政府发展规划工作人员提供有益的帮助。

杨进（林同棪国际工程咨询（中国）有限公司总裁、教授级工程师）：我们林同棪国际公司是一个技术服务型的跨国公司，总部设在重庆，业务与中铁二院既有交叉又有重叠，既有竞争也有合作。阅读本书后，第一次对重庆铁路发展的巨大成就有了全面了解。谈几点感想：一是新中国的铁路从成渝铁路开端，令人感慨万端。我们公司创始人林同棪先生在新中国成立前就曾参与过成渝铁路的筹建工作，但是在旧中国社会动荡、民不聊生的大环境下，即使有本事的工程技术人员也难有作为。新中国成立后短短两年，就建成了成渝铁路，包括林同棪先生在内的无数仁人志士几十年为之奋斗的梦想变成了现实。成渝铁路之后重庆几十年铁路建设的成就，更加辉煌。二是中铁二院几十年来立足铁路，开拓创新，走向全国，走向世界，不断发展壮大，现在已经成为海内外知名、提供全方位工程技术服务的研究型设计院，通过服务国家重点工程和海外大型工程，充分展现出了国家队的风采，值得我们钦佩、学习。三是我们愿意与中铁二院相互支持，共同发展。我认为，本书不仅是一部建设史，也是一部创业史，应该推向更多读者。

刘建平（重庆市交通局铁路处处长）：课题史实详尽，结构清晰，时间跨度大，能在较短的时间内完成，很不容易。

参考文献

CANKAO WENXIAN

［1］国家统计局 . 中国统计年鉴：2005［M］. 北京：中国统计出版社，2005.

［2］国家统计局 . 中国统计年鉴：2006［M］. 北京：中国统计出版社，2006.

［3］国家统计局 . 中国统计年鉴：2017［M］. 北京：中国统计出版社，2017.

［4］国家统计局 . 中国统计年鉴：2018［M］. 北京：中国统计出版社，2018.

［5］国家统计局 . 中国统计年鉴：2019［M］. 北京：中国统计出版社，2019.

［6］国家统计局 . 中国统计年鉴：2020［M］. 北京：中国统计出版社，2020.

［7］重庆市统计局，国家统计局重庆调查总队 . 重庆统计年鉴：2005［M］. 北京：中国统计出版社，2005.

［8］重庆市统计局，国家统计局重庆调查总队 . 重庆统计年鉴：2006［M］. 北京：中国统计出版社，2006.

［9］重庆市统计局，国家统计局重庆调查总队 . 重庆统计年鉴：2017［M］. 北京：中国统计出版社，2017.

［10］重庆市统计局，国家统计局重庆调查总队 . 重庆统计年鉴：2018［M］. 北京：中国统计出版社，2018.

［11］重庆市统计局，国家统计局重庆调查总队 . 重庆统计年鉴：2019［M］. 北京：中国统计出版社，2019.

［12］重庆市统计局，国家统计局重庆调查总队 . 重庆统计年鉴：2020［M］. 北京：中国统计出版社，2020.

［13］重庆市发展和改革委员会 . 重庆市志：发展改革志（1986—2005）［M］. 重庆：西南师范大学出版社，2010.

［14］重庆市交通委员会 . 重庆市志：交通志（1986—2005）［M］. 重庆：西南师范大学出版社，2010.

［15］郝瀛 . 中国铁路建设概论［M］. 北京：中国铁道出版社，1998.

［16］林晓言，刘秀英 . 中国交通运输发展（1978—2018）［M］. 北京：社会科学文献出版社，2018.

［17］马述林，张海荣．重庆发展与布局研究［M］．重庆：西南师范大学出版社，2013.
［18］马述林．鸿爪雪泥话当年：重庆发展改革口述史料［M］．重庆：西南师范大学出版社，2015.
［19］马述林．渝怀壮歌［M］．重庆：重庆出版社，2015.
［20］马有举．崛起之路：中铁二院 60 年发展纪实［M］．北京：作家出版社，2012.
［21］回忆西部大开发：重庆卷［M］．北京：中国文史出版社，2015.
［22］兰渝铁路有限责任公司编《壮哉兰渝》.
［23］中铁二院重庆勘察设计院有限责任公司编《追求跨越，追求卓越》.

后　记

HOUJI

本书为纪念中华人民共和国成立 70 周年而编写，主要反映重庆铁路发展的成就。重庆市人大常委会原副主任陈之惠、重庆市人民政府原副市长吴家农、著名党史专家重庆市委党史研究室原巡视员艾新全、重庆市发展改革委副主任周建池、林同棪国际工程咨询（中国）有限公司总裁杨进、重庆市交通局铁道处处长刘建平等审读了书稿，给予高度评价，并提出若干修改意见，本书已采纳。中共重庆市委宣传部原副部长、重庆市地方史学会会长、著名学者周勇为本书作了题为“为国史增添新篇章”的序言，为本书增光添彩。

本书反映重庆铁路发展成就，重在建设领域，对于铁路系统技术进步和创新成就，如客货运输组织、装卸作业、牵引动力、行车组织、线路维护、通信、安全等领域方面的成就，一般不涉及。铁路管理体制改革、对外开放等方面的成就，本书也不涉及。

本书共分三个部分。

第一部分：绪论，简述重庆铁路发展历史，分析新时期重庆铁路运输结构性变化，概述铁路对重庆经济社会发展的贡献。

第二部分：包括第一章至第四章，为本书主体。第一章为“新中国 70 年重庆铁路建设”，按 1950—1979 年、1980—1996 年、1997—2019 年三个时期叙述重庆铁路干线建设的历史情况。枢纽及支线、专用线建设投资分散在各年，为避免零碎而集中在一起叙述。第二章为“重庆铁路主要建设项目”，按建设开工年份为序，逐个介绍各条干线项目前期准备工作、建设情况以及建成通车以后的意义和影响。许多长大干线跨越多个省区，我们把重点放在重庆境内路段。本章内主要铁路干线项目在第一章中已有简要叙述，但这里作更详尽的记载，文字处理上尽量避免重复。第三章为“重庆 2035 年铁路发展愿景”，我们对重庆铁路发展前景作了展望，属于研究性质，一家之言，仅供参考。第四章为“中铁二院与重庆铁路发展”，简要介绍中铁二院的发展历史，重点放在该院对重庆铁路发展以及高速公路、轨道交通建设作出的贡献。中铁二院诞生在重庆，从重庆走向全国、走向世界。几十年来，中铁二院为重庆的经济社会发展作出了不可磨灭的贡献。重庆境内一条条铁路、一座座大桥、一个个市政工程，都凝结着中铁二院人的智慧和汗水。这些工程都铭刻着中铁二院的丰功伟绩。

第三部分：重庆铁路发展大事记，按编年与纪事本末体裁相结合叙事，以便读者完整地了解事件经过。

本书在编写过程中，得到重庆市发展改革委、重庆市交通委员会等有关部门，中铁二院重庆勘察设计研究院、成都铁路局、兰州铁路局、重庆市交通开发投资有限公司以及相关单位的支持，在此谨表感谢。

本书由马述林、孙力达策划，总纂由马述林负责。绪论、第一章、第三章由马述林撰写，第二章由马述林、张海荣撰写，第四章由张海荣、陈嘉闻撰写。“重庆铁路发展大事记”由孙力达整理。本书铁路线路示意图的作者是夏臣芝、王茜；摄影图片的作者有孙力达、刘建平、蔡碧林、高愓、曹宁。本书采用了一些历史照片，由于年代久远，无法找到作者，如涉及版权使用问题，请与本书作者联系。通信地址：重庆市两江新区人兴路 48 号，邮编：401121。

由于本书编写时间紧迫，资料搜集整理工作量较大，错漏之处难免，殷切期待各有关方面和读者不吝指教。